PARA ESTAR EN EL MUNDO

Una introducción al pluralismo en las religiones del mundo

Una introducción al pluralismo en las religiones del mundo

Harold Coward

OCEANO

EDITOR: Rogelio Carvajal Dávila

UNA INTRODUCCIÓN AL PLURALISMO EN LAS RELIGIONES DEL MUNDO

Título original: PLURALISM IN THE WORLD'RELIGIONS

Tradujo JOSEFINA ANAYA de la edición original en inglés de Oneworld Publications

© 2000, Harold Coward

D. R. © 2002, EDITORIAL OCEANO DE MÉXICO, S.A. de C.V.
          Eugenio Sue 59, Colonia Chapultepec Polanco
          Miguel Hidalgo, Código Postal 11560, México, D.F.
          ☎ 5279 9000   📠 5279 9006
          ✉ info@oceano.com.mx

PRIMERA EDICIÓN

ISBN 970-651-642-5

IMPRESO EN MÉXICO / PRINTED IN MEXICO

Índice

Prefacio

1. El pluralismo religioso y el judaísmo, 15
   La respuesta bíblica al pluralismo religioso, 16
   Respuestas de las épocas clásica y medieval, 19
   Respuestas modernas, 22
   Conclusión, 31

2. El pluralismo religioso y el cristianismo, 33
   El Nuevo Testamento y otras religiones, 36
   El cristianismo primitivo y otras religiones, 40
   Cristo, el Logos y los primeros padres de la iglesia, 43
   El cristianismo, el islamismo y el periodo medieval, 46
   El encuentro del cristianismo moderno con otras religiones, 47
   Acontecimientos recientes, 51
   Enfoques teocéntricos, 52
   Enfoques cristocéntricos, 67
   El enfoque dialogal, 75
   Resumen y conclusión, 85

3. El pluralismo religioso y el islamismo, 89
   Encuentros históricos del islam con otros credos, 90
   La unidad y el Pueblo del Libro, 93
   El islamismo y las religiones occidentales, 96
   El islamismo y las religiones orientales, 102
   Respuestas militantes del moderno islam, 108
   Conclusión, 113

4. El pluralismo religioso y el behaísmo, 117
   La teología behaísta del pluralismo religioso, 122
   El relativismo como base para la teología behaísta, 124
   El enfoque behaísta del diálogo interreligioso, 130
   Conclusión: la misión behaísta en la India, 132

5. El pluralismo religioso y el hinduismo, 137
   El periodo clásico, 139
   El encuentro del hinduismo con el islam, 146
   El hinduismo y los sikhs, 150
   El hinduismo y el cristianismo, 151
   El hinduismo y la India secular, 161
   Conclusión, 166

6. El pluralismo religioso y el budismo, 169
   Los inicios del budismo y otras religiones, 170
   El budismo mahayana y otras religiones, 177

7. El pluralismo religioso y el futuro de las religiones, 185
   Pluralismo religioso: la situación actual, 186
   El futuro de las religiones, 195

Notas, 209

Índice analítico, 241

Prefacio

La experiencia religiosa ha sido definida como la búsqueda de la realidad última. En esta búsqueda, las religiones suelen proclamar que son únicas y universales. Muchas tienen la tendencia innata a declarar que son *la* verdadera religión, que ofrecen *la* verdadera revelación como *el* verdadero camino a la salvación o la liberación. Sería en sí mismo contradictorio que semejante postura aceptara cualquier expresión de la realidad última que no fuera la suya. Sin embargo, una de las cosas que caracteriza al mundo de hoy es el pluralismo religioso. En el mundo siempre ha habido pluralidad religiosa. Pero durante los últimos veinte años el rompimiento de los límites culturales, raciales, lingüísticos y geográficos ha sido tan grande que carece de precedentes. Por primera vez en la historia registrada parece que nos estamos convirtiendo rápidamente en una verdadera comunidad global. Hoy, Occidente ya no está cerrado sobre sí mismo. Ya no puede mirarse como el centro histórico y cultural del mundo, ni como el poseedor de una religión que es la única manera válida de rendir culto. Lo mismo cabe decir de Oriente. Hoy todo mundo es el vecino de al lado y el vecino espiritual de todo el mundo.

En Canadá, en casi todas las ciudades hay un día especial para celebrar una feria cultural. Los miembros de diferentes comunidades étnicas, hoy ciudadanos canadienses, ofrecen su música, bailes, artesanías y platillos típicos. Además de estas experiencias domésticas, viajamos mucho más y tenemos la experiencia existencial de otras culturas. Lo mismo ocurre en el contacto con otras religiones. No necesito ir a la India para encontrarme con el hinduismo. En Calgary hay una comunidad hindú muy extensa, dos congregaciones budistas jodo shinsu, grupos de budismo zen y de budismo tibetano, tres mezquitas islámicas y cinco sinagogas judías, sin mencionar las llamadas nuevas religiones, muy numerosas, como la meditación trascendental y los hare krishnas. Hoy toda religión, al igual que toda cultura, es una posibilidad existencial que se ofrece a cualquier persona. Las religiones extrañas se han convertido en parte de la vida cotidiana, y las experimentamos como un desafío a las pretensiones de verdad de nuestra propia fe.

La finalidad de este libro es examinar la forma en que algunas religiones han reaccionado o están reaccionando al desafío del pluralismo. Espero que un estudio como éste ayude a personas de diferentes tradiciones a comprender mejor la religión de los demás y a aprender las verdaderas dimensiones de la vida espiritual en un mundo plural.

Para la revisión de la edición original de 1985 consulté a académicos sobresalientes de cada religión y seguí sus consejos para actualizar cada capítulo. Bastante material nuevo ha sido incluido, así como un capítulo sobre el behaísmo, para mostrar su posición de nueva religión mundial con un enfoque singular del pluralismo religioso. Un cambio en mis propios puntos de vista se refleja en la sección final del capítulo 7, "El futuro de las religiones en el diálogo".

Deseo expresar mi agradecimiento a Novin Doostdar de Oneworld por alentarme a realizar esta revisión. Ha sido un placer trabajar con Novin y con el personal de Oneworld Publications.

También deseo agradecer al profesor Balasubramanian y a los miembros del Instituto para Estudios Avanzados de Filosofía Dr. S. Radhakrishnan, de Madrás, India, por haberme invitado a dar una serie especial de conferencias que abrieron originalmente la oportunidad para la realización de este libro. Mi agradecimiento también a muchos colegas que leyeron y criticaron los borradores de varias secciones del manuscrito: Peter Craigie, Thomas Dean, Eva Dargyay, Yvonne Haddad, T. R. V. Murti, Hugo Meynell, Andy Rippin, Moshe Amon, Leslie Kawamura, Martin Jaffee, Paul Knitter,

Fred Denny, Seena Fazel, Anantanand Rambachan y David Loy. Así como a Vicki Simmons por la captura y preparación del manuscrito revisado y a June Thomson por su ayuda en la búsqueda bibliotecaria.

Harold Coward

1 El pluralismo religioso y el judaísmo

El judaísmo es una tradición apropiada para iniciar el estudio del pluralismo religioso y de las religiones mundiales.[1] Desde la destrucción del Segundo Templo en Jerusalén (*ca.* 70 d.C.), y especialmente a partir del fracaso de la revuelta de Bar-Kokhbah (*ca.* 135 d.C.), los judíos han vivido como una diáspora, es decir, como comunidades muy dispersas de creyentes que viven como grupos minoritarios en el seno de otras sociedades. El pueblo judío comenzó a dispersarse desde 586 a.C., con la caída de Jerusalén y el exilio babilónico. Así, durante 2,500 años los judíos han constituido subculturas en medio de otras culturas más extensas, con frecuencia luchando por mantener una identidad y una existencia judías. La experiencia de ser un grupo minoritario en otras culturas, situación cada día más común para todas las religiones a medida que el pluralismo religioso se extiende, ha sido la norma para el judaísmo por incontables generaciones. Desde el periodo bíblico hasta nuestros días, los judíos han tenido que formular sus creencias y prácticas frente a los desafíos de otras culturas y religiones. Los sucesos que tuvieron lugar durante el siglo xx, el Holocausto en particular, han dado renovada intensidad y agudeza a la vieja pregunta: "¿Cómo se canta el canto del Señor en un país extraño?".

Otra razón para comenzar este estudio con el judaísmo es que, de las tres religiones monoteístas occidentales de origen bíblico (el judaísmo, el cristianismo y el islamismo), fue la primera en alcanzar sus formas y sus creencias distintivas. Estas formas y creencias proporcionaron el contexto a partir del cual surgieron el cristianismo y el islamismo. Esta relación integral (un tanto parecida a la del hinduismo y el budismo en Oriente) ha ocasionado que filósofos y teólogos judíos examinen su posición frente a los puntos de vista de las otras tradiciones con las que están tan estrechamente vinculados.

La respuesta bíblica al pluralismo religioso

La Biblia judía o Torá relata cómo Israel se separó de la vasta muestra de religiones diferentes que caracterizaron al antiguo Cercano Oriente. Los judíos remontan su origen a Abraham, que emigró de Mesopotamia a Canaán. La importancia religiosa del viaje de Abraham radica en que, al abandonar Mesopotamia, también dejó atrás a los dioses mundanos, a los ídolos y a las deidades de la naturaleza para servir al Señor, el creador del cielo y de la tierra. Según el pensamiento judío, este hecho marcó no sólo la aparición de un nuevo pueblo sino también de una nueva idea religiosa: un solo Dios, el creador, separado de toda la creación y trascendiéndola.[2]

Las primeras experiencias del pueblo judío con el Dios de Abraham tomaron la forma de una relación pactada. Los estudiosos sugieren que esta relación pactada puede haber sido establecida igual que los tratados de esclavos comunes en aquella época. Por ejemplo, al relatar la liberación de los judíos de la esclavitud en Egipto, el Deuteronomio entiende que ahora los judíos están en esclavitud con Dios a través del pacto establecido por Moisés. En vez del cautiverio mundano en el que estuvieron en Egipto, los judíos están comprometidos en una relación de servicio y obediencia a Dios. Peter Craigie escribe: "Al igual que las demás naciones pequeñas que rodeaban a Israel, éste habría de convertirse en un estado sometido, pero no a Egipto ni a los hititas; su lealtad era exclusivamente para con Dios".[3] Esta noción de estar comprometidos con Dios es fundamental en la teología judaica y en la manera en que los judíos entienden la relación de otros pueblos con Dios. Como Dios ha establecido una relación pactada especial con los judíos, no hay razón por la cual Dios no podría establecer otras relaciones con otros pueblos. Aun cuando la Torá suele referirse a las religiones

16

practicadas por otros pueblos como "abominaciones", en el Deuteronomio y en los profetas posteriores (por ejemplo, Ezequiel), se presenta la idea de que Dios podría establecer relaciones con otras naciones. De manera que, desde el punto de vista bíblico judaico, las diversas religiones pueden ser consideradas como la expresión de las relaciones obtenidas entre otros pueblos y Dios. Mientras que para los judíos el pacto mosaico —y más tarde el davídico— es el verdadero y definitivo, para otros (por ejemplo los cristianos o los musulmanes) es su particular relación con Dios la verdadera y definitiva. Por cierto que en la relación pactada más antigua, que se describe en Génesis 9:8-17, Dios establece una alianza con Noé, su familia y toda persona y todo animal vivos. En el pacto con Noé vemos una sencilla pero poderosa declaración del amor de Dios por todo ser vivo. Una resonancia posterior de este tema se encuentra en el canto de Moisés:[4]

> Cuando el Altísimo hizo heredar a las gentes, cuando hizo dividir los hijos de los hombres, estableció los términos de los pueblos según el número de los hijos de Israel. Porque la parte de Jehová es su pueblo; Jacob la cuerda de su heredad. [Deuteronomio 32:8-9]

Israel es sólo una más de las múltiples naciones que recibieron su herencia de Dios y que vieron sus límites establecidos por Dios. Craigie observa que es difícil determinar el sentido preciso de la frase "según la cantidad de hijos de Dios", pero parece referirse a un consejo divino de ángeles o hijos de Dios con uno para cada nación o pueblo.[5]

La índole personal de la relación pactada entre Dios y su pueblo es significativa en el judaísmo. Los israelitas experimentaban la divinidad como un Dios muy personal que presidía su destino. R. J. Zwi Werblowsky escribe: "Dios no sólo estaba ahí y actuando; se había vuelto hacia el hombre, solicitando cosas de él y pidiendo su respuesta cooperadora".[6] El llamado de Dios a la humanidad se experimentó como la palabra de Dios pronunciada por mediación de Moisés y los profetas. Según la comprensión judaica, Dios llama a los seres humanos, y lo único que éstos tienen que hacer es escuchar y obedecer. Esta concepción de un Señor único al que los israelitas guardan lealtad y obediencia fue el poder unificador en el seno del judaísmo. En vez de ver a una variedad de dioses que realizan funciones específicas (por ejemplo, los dioses especiales para los diferentes poderes de la naturaleza), que controlan sitios geográficos específicos o que representan a las fuerzas metafísicas del bien y el mal, los judíos experimentaron al Dios único como la fuente trascendente y la unidad de todo lo que existe.[7] Según esto, la interpretación teológica de la derrota de los israelitas por los babilonios no es que Yaveh, el Dios de los judíos, hubiera fallado, sino más bien que Yaveh, el Señor de todos, utilizó a los babilonios como instrumento para castigar a los judíos por romper su alianza con Dios. Cuando los derrotados israelitas fueron al exilio babilónico (587-538 a.C.), este hecho se entendió como el castigo de Dios a Israel por su deliberado rompimiento del pacto.[8] Muchos judíos ortodoxos aún piensan de esta manera.

En el exilio babilónico los judíos se convirtieron completamente al monoteísmo e iniciaron la tradición de no mezclarse con otras naciones. Vivir en Babilonia produjo una dolorosa revaluación cuya finalidad era liberar a los judíos de cualquier práctica que pudiera evocar el castigo divino del exilio (Levítico 17-26; Ezequiel 40-48). También durante el exilio tuvo lugar una modificación del alfabeto: el alfabeto cananeo fue sustituido por el arameo. Alrededor de mil años después la tradición oral se cristalizó en el Talmud babilónico.

El final del exilio babilónico y el retorno a Palestina señalaron el inicio de un acercamiento más exclusivista a otros pueblos o religiones. Ello se debió, en gran medida, a que estos judíos vivieron entre gentiles en una forma que los judíos del prexilio no habían experimentado. Bajo el liderazgo de Esdras y Nehemías, ambos intensos y rígidos, se alimentó un fuerte sentimiento de separación religiosa,[9] necesario tal vez a la sazón, para ayudar a la comunidad agitada y desmoralizada que había vuelto a Palestina a recuperar su identidad y reconstruir a Jerusalén. Pero la prohibición de los matrimonios mixtos (Nehemías 10) y la desaprobación de otros pueblos sentaron las bases de una actitud más exclusivista, que fue la que predominó durante el periodo posterior al exilio. Hay otros lugares en las escrituras donde se condena a otras religiones y se insiste en que Yaveh es el único Dios o en que cualquier otro dios debe postrarse ante Yaveh (Deuteronomio 5; Éxodo 20). Pero aun en medio del exclusivismo reno- vado que siguió al periodo posterior al exilio, los libros de Ruth y de Jo- nás afirman que la preocupación de Yaveh va más allá de las fronteras de Israel. En la vida de una mujer moabita llamada Ruth y en el arrepenti- miento de la ciudad extranjera de Nínive, la compasión de Yaveh por to- dos los seres humanos triunfa sobre el estrecho provincianismo. Así, Israel no debía asumir la exclusividad de Dios sino cumplir con su pacto de res- ponsabilidad de ser una luz para las naciones.

Durante el siglo III a.C. las comunidades judías en Egipto empeza- ron a adorar fuera del templo en Jerusalén, hecho por demás revoluciona- rio. Esta práctica de orar fuera del templo gradualmente evolucionó, du- rante el siglo I d.C. y en adelante, en la sinagoga,[10] que más tarde serviría de prototipo para la iglesia cristiana y la mezquita islámica.

Respuestas de las épocas clásica y medieval

Con la derrota de Babilonia por los persas en 539 a.C. y el final del exilio babilónico, algunos judíos regresaron a Judea, su hogar. Pero otros se quedaron en Babilonia y formaron una comunidad judía en el seno de esa sociedad. Dos siglos después, el proceso de dispersión se intensificó gracias a las conquistas de Alejandro: en Alejandría se formó una ámplia e impor- tante comunidad judía, así como en Antioquía, Roma y la mayoría de las ciudades grandes del mundo grecorromano.

El primer gran pensador de la dispersión judía fue el filósofo y esta- dista Filón, el Judío de Alejandría (20 a.C.-50 d.C.).[11] Filón era un judío leal que estaba convencido de que Dios había hablado decisivamente a Is- rael en la Torá y por medio de los profetas. Filón también era amante de Platón, y alegaba que el Dios que hablaba a través de la filosofía griega y del judaísmo era el mismo. Afirmaba que Dios, en tanto que espíritu abso- luto, trasciende enteramente todas las limitaciones humanas. Dios se rela- ciona con la materia a través de una serie de intermediarios (como las ideas de Platón) que se derivan del Logos, o la razón divina. El Logos, para Filón, era el instrumento de Dios para la actividad creativa, así como para la estructura racional del universo. Las diferentes religiones (así como la filosofía griega) podrían entenderse como manifestaciones variadas del único y divino Logos. Debido a esta mezcla de pensamiento griego y judaico, Filón tuvo muy poca influencia en los rabinos conservadores de su tiempo. Sin embargo, tuvo una fuerte e inmediata influencia en el cristianismo, tal como se evidencia en la apropiación de su concepto de Logos en el evangelio según san Juan. La idea de un único Logos divino que se manifiesta en diversas tradiciones religiosas sigue siendo una noción cara a los teólogos y a los filósofos de la religión.[12] Filón influyó en las enseñanzas de los primeros padres cristianos, como Clemente de Alejandría, Orígenes y Gregorio de Niza. Su obra no fue conocida por los filósofos judíos de la Edad Media, pero Azariah dei Rossi la dio a conocer de nuevo en el siglo XVI entre los judíos.[13]

El primer filósofo judío de la Edad Media fue Saadiah Gaon (882-942), que dirigió la academia rabínica próxima a Bagdad,[14] y había recibido una fuerte influencia del Kalim Mutazilite islámico y del pensamiento platónico. Gaon formuló un Kalim judío que afirma que Dios es uno pero posee muchos atributos. Esto promovió el entendimiento de que las diversas religiones son diferentes atributos o manifestaciones del Dios único.

El pensador más importante del judaísmo medieval fue Maimónides (1135-1204). Además de tener los estudios judaicos tradicionales, Maimónides, médico de profesión, estaba versado en el pensamiento griego y el Kalim islámico. Era tanto un judío devoto como un pensador racional consumado. A consecuencia de la persecución de los judíos en España, él y su familia deambularon por Israel y África del Norte, estableciéndose finalmente en Egipto, donde ocupó el cargo de médico privado del gobernante musulmán Saladino. Conocía bien el desafío que representa la dispersión: el desafío de vivir y pensar según los cánones judíos en el centro de una religión y una cultura extranjeras. Para Mamónides, de todas las religiones el judaísmo era el único credo revelado por Dios y el único verdadero en todos aspectos:

La diferencia entre nuestra religión y las demás religiones, con las que se pretende compararla, es como la diferencia entre el hombre vivo, sensitivo, y la imagen esculpida por el artesano en la madera.[15]

La base de la discriminación de otras religiones es obviamente la prohibición mosaica de la idolatría. Al revés que Filón, para Maimónides no hay intermediarios entre Dios y la humanidad. Postular algún intermediario es abrir la puerta para que se convierta en objeto de adoración y, por ende, plantar las semillas de idolatría. Para Maimónides toda otra religión es un intento del hombre por emular a la judía, erigiendo sistemas de creencias que, como la imagen esculpida, son falsas y de índole idólatra.

Pese al rigor de sus opiniones, Maimónides es sorprendentemente tolerante. Aunque para él tanto Jesús como Mahoma son falsos profetas, sus actividades formaban parte de la sabiduría divina y facilitaron el camino para la difusión del judaísmo y la llegada del Mesías y del reino. El punto a favor de los cristianos es que consideran la Torá como escritura sagrada. El punto a favor del islamismo es que, al igual que el judaísmo, se opone firmemente a la veneración de ídolos. Maimónides encuentra incluso, entre los gentiles, meritos dignos de mención, y admite que los devotos entre ellos tendrán un lugar en el "mundo que vendrá" si alcanzan el conocimiento del creador y corrigen su alma practicando las virtudes. Para Maimónides el criterio para ser espiritualmente aceptable es claro:

Cualquiera que enmiende su alma con la pureza de la moral y la pureza del conocimiento en la fe del creador con seguridad formará parte de los hijos del mundo que vendrá.[16]

No toda la comunidad judía medieval estaba de acuerdo con la visión racionalista y un poco exclusivista de Dios y la religión. Casi en la misma época empezaba a tomar fuerza la tradición mística de la Cábala. Su libro más famoso, el Zohar, que tal vez fue escrito por Moisés de León en España (*ca.* 1258), contiene muchas ideas gnósticas y neoplatónicas. Se

21

considera que Dios en el Absoluto, más allá de toda interpretación humana. Entre Dios y el mundo existen una serie de emanaciones, cuyos receptores son los seres humanos. La lógica de la Cábala se asemeja al Logos de Filón: un Absoluto, del cual hay muchas manifestaciones, o un único Dios que se fenomenaliza en la forma de las diversas religiones.

Respuestas modernas

Aun cuando el judaísmo existió en la dispersión a lo largo del periodo medieval, en el seno de las comunidades dispersas era, efectivamente, una sociedad cerrada. Los judíos vivían como una clase única dentro de una sociedad rígida. El impacto de la modernidad ha dado lugar a que, como nunca antes, los judíos se mezclen libremente con los no judíos. Este hecho ha dado un perfil más elevado a la relación entre el judaísmo y otras religiones, particularmente en Occidente, donde cada vez más los judíos buscan un denominador común con la cultura cristiana prevaleciente. Una de las primeras obras significativas de la era moderna, *Jerusalem*,[17] de Moses Mendelssohn, da testimonio de este hecho. Mendelssohn (1729-1786) se dedicó a cerrar la brecha entre el gueto judío medieval y la Europa moderna. Intentó juntar el elevado lugar que los filósofos de la Ilustración daban a la razón, como Immanuel Kant, con la lealtad incuestionable al Dios del Sinaí. Siguiendo a Kant, Mendelssohn afirmaba que la verdad de la religión no depende de la revelación sobrenatural, sino que es inmanente a la razón humana y por tanto accesible para cualquiera. Le parecía inconcebible que Dios hubiera revelado la verdad exclusivamente a una parte del género humano, en detrimento del resto, dejándolos sin acceso a la felicidad. Ninguna religión puede ser el instrumento único a través del cual Dios haya revelado la verdad.

Según los principios del judaísmo, todos los habitantes de la tierra tienen derecho a la salvación, y los medios para hacerlo son tan variados como la humanidad misma.

La Providencia ha hecho que surjan hombres en todas las naciones a los que ha dotado del don de ver claramente dentro de ellos mismos así como a su alrededor, de contemplar las obras de Dios y de comunicar sus percepciones a los demás.[18]

Así, para Mendelssohn el judaísmo no pretende poseer la revelación exclusiva de la verdad necesaria para la salvación. Ésta es accesible para todos a través de la razón. La única revelación dada a los judíos en la ley mosaica es un código de conducta que los vincula con Dios y los une como pueblo. La ley mosaica es única y válida para el pueblo judío solamente. Su finalidad es guiar a los judíos en su conducta moral y espiritual y hacerlos ponderar en la naturaleza y el destino de la vida. Para Mendelssohn el Dios de la razón y el Dios del Sinaí son el mismo. Todas las religiones comparten la misma verdad dada por Dios a través de la razón, pero cada religión tiene su propio código, el cual da significado y guía la vida práctica. A los que le replicaron que la práctica de la religión, así como su verdad, debería ser iguales para todos, Mendelssohn respondió: "No es necesario que todo el rebaño apaciente en un mismo pastizal, o que entre y salga por la casa del amo por una sola puerta. Ello no concordaría con los deseos del pastor ni conduciría al crecimiento de sus rebaños".[19] Exigir una unión de las religiones no es tolerancia, sino todo lo contrario. El ejercicio de la razón y la libertad de conciencia exigen el pluralismo en la experiencia religiosa.[20]

La modernidad también trajo un cambio de actitud en lo que toca a los peligros de la idolatría. Escribe Emil L. Fackenheim, un filósofo judío moderno: "Naturalmente en este mundo moderno, de tecnología y desmitologizado, la antigua veneración de los ídolos está muerta y enterrada".[21] Aunque la ley rabínica considera que la veneración de imágenes es peligrosa, al grado de que está prohibido poseerlas, aun cuando la intención no sea adorarlas, el judío moderno, lejos de dejarse tentar por ídolos, no puede comprender que semejante atracción haya existido. "En realidad —dice Fackenheim—, este asunto aparentemente muy grave se ha convertido en pura broma, como en el cuento del parroquiano que informa a su ministro que ha roto nueve de los diez mandamiento pero, está orgulloso de decirlo, nunca ha venerado imágenes."[22] Para el judío moderno, venerar imágenes ya no presenta una amenaza real. Pero a nadie se le ocurriría hoy —dice Fackenheim— que un vitral en donde se represente a Abraham o a Moisés pueda convertirse en un ídolo. La mera idea es extravagante para la mente moderna.[23]

Como dijimos arriba, la noción de idolatría fue la base del rechazo de otras religiones por parte de Maimónides. Parece que la actitud de los judíos hacia otras religiones procede del temor a la idolatría más que del exclusivismo. Como este temor a la idolatría no tiene cabida en la conciencia judía moderna, la base para el rechazo de otras religiones también ha sido extirpada. Evidencia de ello es la disposición de los judíos modernos a participar en un diálogo interreligioso y el difundido interés en la cooperación entre credos. Fackenheim concluye que un judío moderno no podría considerar que otra religión es idólatra sólo porque las imágenes o la estatuas forman parte de ella, no en tanto el objeto de adoración sea el Dios único, irrepresentable.[24] Si el judío moderno llega a pensar en la idolatría, lo hace en términos de veneración del sexo, el dinero o el nacionalismo (especialmente la idolatría de los nazis)[25] en detrimento de la veneración del Dios de la Biblia.

La perspectiva del judío moderno abre la posibilidad a relaciones con el cristianismo, el islamismo y acaso el hinduismo; en categoría aparte queda el budismo, sobre todo el mahayana. La conciencia budista en la que no se reconoce a un Dios trascendental y la percepción del mahayana de lo divino en lo secular puede parecer una forma de idolatría moderna al filósofo judío. Para Fackenheim, la idolatría sigue siendo posible si se pierde la noción de un único Dios trascendente.[26] Los pensadores judíos no parecen haber reconciliado este entendimiento con el budismo.

Representativos de otras respuestas importantes y dignas de mención a los desafíos generados por los judíos cuando se relacionan libremente con no judíos son la figura de Franz Rosenzweig en Europa y pensadores como Abraham Heschel, Robert Gordis y Jacob Agus en América. Consideremos primero el pensamiento de Franz Rosenzweig en relación con otras

24

religiones.[27] Rosenzweig desarrolla su postura en reacción con el idealismo hegeliano. En oposición al hincapié de Hegel en las ideas universales, él se centra en la experiencia individual de la integración entre Dios, la humanidad y el mundo. Ninguna de las partes de esta experiencia, ninguna de las partes de esta integración, puede ser comprendida separadamente de las demás. Cualquier separación conlleva un estado de imaginería pagana: "En él encontramos al héroe trágico, mudo, ajeno al hombre y a Dios; el cosmos plástico: sin principio y sin fin, sin relación con el hombre ni con Dios; los dioses del mito incógnitos, alejados de los actos de los hombres".[28] Esta visión pagana del mundo es trascendida por una revelación de las relaciones reales que prevalecen entre el ser humano, el mundo y Dios. El judaísmo es una revelación tal. El cristianismo es otra.

> Ambos constituyen representaciones del mundo real (y como tales son iguales ante Dios) y anuncian el fin de la visión pagana del mundo. El judaísmo, que permanece con Dios, contrasta con el cristianismo, que se envía para conquistar al mundo irredento y se encamina siempre hacia Dios.[29]

Glatzer concluye que la obra de Rosenzweig es el primer intento del pensamiento judío por entender al judaísmo y al cristianismo como religiones igualmente verdaderas y válidas. Sin embargo, esto no sugiere ni levemente una transacción ni una armonización. Para Rosenzweig las dos religiones existirán paralelamente hasta el fin de los tiempos: el cristiano estará siempre en el camino y el judío tendrá el privilegio de alcanzar la eternidad dentro del tiempo. A ello se debe que el día de veneración de los cristianos sea el primero de la semana y el día santo de los judíos sea el último. En cuanto a que el judaísmo sea la verdad o que el judaísmo y el cristianismo juntos constituyan la verdad, Rosenzweig da esta respuesta: la verdad trasciende a la humanidad. "Sólo Dios es la Verdad, al hombre (judío o cristiano) se le da parte de la verdad (*Wahrheit*) en la medida en que hace realidad en la vida activa su parte de la verdad (*bewahren*)."[30] Rosenzweig concluye su libro *The Star of Redemption* diciendo que la visión distante de la verdad no conduce al más allá sino "a la vida".[31]

Aunque no parece existir ninguna razón filosófica para que el análisis de Rosenzweig no se aplique a otras religiones aparte del cristianismo (al menos al islamismo o al hinduismo), Rosenzweig restringe netamente la verdadera religión al judaísmo y al cristianismo. Al islamismo lo tilda de parodia del cristianismo y el judaísmo.[32] En una de sus cartas comenta sobre lo inapropiado del islamismo en comparación el de aquellos dos:

> [El musulmán] tiene más en común con Goethe que con el cristiano o el judío... No conoce, ni puede conocer, la actitud considerablemente ultramundana del alma que, sin embargo, exhala el mundo en cada soplo... *Cómo* tiene lugar esta exhalación del mundo es el gran contraste entre judíos y cristianos, pero su terreno común es que esta exhalación tiene lugar. En el islamismo veremos siempre que Dios y el mundo permanecen perfectamente separados, y así lo divino desaparece en el mundo o bien el mundo desaparece en Dios.[33]

Aunque no lo dice con todas sus letras, deja implícito que tanto el hinduismo como el budismo adolecen de la misma falla, cuando al finalizar la carta dice que juntar a Dios y al mundo es algo que "sólo judíos y cristianos pueden hacer, y nadie más".[34]

En lo que respecta a los pensadores americanos, como Abraham Heschel, Daniel Breslauer ha elaborado un útil análisis en el que asienta que su marca distintiva es "la perspectiva ecuménica".[35] El rasgo característico de esta perspectiva ecuménica en los modernos Estados Unidos es la del "judío que abraza las religiones no judías como compañeros en la misma batalla".[36] Se considera que el judío y el no judío religioso hacen frente juntos a la secularidad demónica. Por ejemplo, el filósofo judío Abraham Heschel alega que parecería que es la voluntad de Dios que no haya más de una religión. Sin embargo, la investigación indica que esta perspectiva no se funda en textos tradicionales ni enseñanzas, sino más bien en la percepción que Heschel tiene del desesperado estado en que se encuentra la condición espiritual del hombre. Para él, "la tarea del judío era ser profundamente religioso desde el punto de vista judío, y de esta manera incrementar el contenido espiritual de Estados Unidos desde el punto de vista comunal".[37] El papel del moderno judaísmo norteamericano es reavivar la vida religiosa del país entero. Este nuevo papel ecuménico del judaísmo norteamericano se hace eco del llamado que Dios hizo a Abraham en Génesis 12:3: "Y bendeciré a los que te bendijeren, y a los que te maldijeren maldeciré: y serán benditas en ti todas las familias de la tierra".

En esta nueva perspectiva ecuménica, dice Breslauer, el judío moderno ve la diversidad como un elemento positivo. La diversidad es creativa cuando su resultado es un pluralismo, que es "una situación en la cual varias tradiciones religiosas actúan entre sí con respeto las unas por las otras y un sentido de unidad espiritual pese a la diversidad".[38] Pero la perspectiva ecuménica judía moderna no busca una religiosidad con un "común denominador"; más bien pone el peso en la necesidad de que las religiones individuales conserven su identidad única.

Otro pensador judío norteamericano moderno, Jacob Agus, describe el pluralismo como "la aprehensión de la unidad y la polaridad, es la percepción de un lazo en la unión en cierto sentido, junto con la realización de la separación y la desunión categóricas".[39] La singularidad de cada tradición religiosa da testimonio de la variedad de respuestas posibles a lo divino. Se considera que la riqueza de la variedad fortalece a la entera comunidad espiritual plural. En palabras de Abraham Heschel,

> La voz de Dios habla en muchas lenguas, se comunica en una diversidad de intuiciones. La palabra de Dios nunca finaliza. Ninguna palabra de Dios es la última palabra.[40]

De manera que Dios habla de forma única a cada tradición religiosa, y es a través de los esfuerzos ecuménicos de cada tradición como las otras escucharán la palabra única que Dios ha pronunciado para ella. Sólo si uno escucha las lenguas de todas las religiones escuchará todas las palabras que Dios ha pronunciado. Escuchar la palabra de Dios en otras religiones lo estimula a uno a un desarrollo creativo dentro de su propia religión. De esta manera las diferencias religiosas proveen del reto de mantener vivas y fuertes a las religiones. Pero semejante variedad estimulante sólo es posible cuando las religiones comparten un universo de discurso común y, por ende, la necesidad de la perspectiva ecuménica.[41] En esta luz, se considera que el pluralismo religioso es intrínsecamente bueno para todas las religiones.

Además de recalcar la importancia de la diversidad, la perspectiva ecuménica judía también insiste en la unión. Varios escritores norteamericanos modernos identifican la base de esta unión en la diversidad como "la dimensión profunda de la fe".[42] La dimensión profunda se refiere a la experiencia interna, personal, de la religión que lo pone a uno en contacto con la esencia de la religiosidad. Esta esencia o profundidad de la religión se identifica como un encuentro personal con Dios, encuentro que tiene lugar en la eternidad y trasciende las formas religiosas externas, histórica y culturalmente condicionadas. Sin embargo, a través de estas formas de rituales y veneración es como uno puede sustraerse al tiempo histórico y pasar unos momentos con Dios. Compartir internamente la eternidad de Dios es el terreno común sobre el que reside la diversidad de las diferentes religiones. Para Heschel, mientras que los rituales externos y los dogmas separan a las personas, es la intuición espiritual interna y profunda la que las une en una comunidad plural de personas espirituales.[43] En el plano de la experiencia exterior, esta dimensión profunda se identifica como una protesta en contra de cualquier forma histórica o condicionada que se considere absoluta. Esta esencia de la religiosidad en el seno de cada una de las religiones las empuja a autotrascenderse y a renovarse. El pluralismo religioso es útil en este sentido porque necesariamente señala la insuficiencia de cualquier pregunta individual.

Este último punto suena asombrosamente similar a la formulación de Paul Tillich del "principio protestante": el rechazo de cualquier tendencia absolutizadora como manifestación del demonismo institucional.[44] Que los pensadores judíos modernos y Tillich sean tan semejantes no es realmente tan insólito si se recuerda que las fuentes de ambos son los profetas bíblicos.[45] Tillich también comparte la idea de que la esencia religiosa interna (que para él es el Espíritu Santo) es el rompimiento dinámico y creativo con el secularismo y el demonismo hacia nuevas formas de autotrascendencia religiosa.[46]

A pesar de que la idea de una dimensión profunda purificadora y unificadora reverbera fuertemente en el cristianismo (especialmente entre los protestantes), así como en el islamismo y el hinduismo, se topa con graves problemas en el budismo. Una dimensión profunda definida como un encuentro personal con Dios probablemente no tendría nada en común con el budismo. Aunque la noción de renovación creativa sería ampliamente aceptable, lo más probable es que el budista no concordaría en que el compartir internamente la eternidad de Dios sea un campo en el que la experiencia budista pudiera residir y unirse a las demás religiones. Mientras que los pensadores judíos norteamericanos no parecen estar al tanto de este problema en particular, han avanzado mucho más que los pensadores europeos como Rosenzweig en el intento de admitir, en la perspectiva ecuménica, en una familia espiritual a las demás religiones.

Sin embargo, también es importante recordar que los grandes pensadores judíos modernos (Mendelssohn, Fackenheim, Rosenzweig, etc.) de los que hablamos antes apenas son y han sido leídos por judíos que no han tomado cursos de "pensamiento judío moderno" en las universidades. Son representativos de una pequeña minoría intelectual de judíos modernos. La mayoría de los judíos norteamericanos, por ejemplo, son pluralistas por puro pragmatismo y tienen pocos "principios" intelectuales que respalden sus convicciones. También los judíos europeos se han identificado con la liberalización de la religión y la creación de una sociedad plural por ser "bueno para los judíos". Pero ha habido igualmente francos recalcitrantes: no sólo el hasidismo y otras formas de ortodoxia europeo-oriental, sino también importantes corrientes del judaísmo "ortodoxo moderno" son pluralistas sólo en la medida de lo prudente. No son menos modernos que los que optan por el pluralismo intelectual, simplemente defienden que la cultura del pluralismo es perjudicial para los judíos en la medida en que los aparta de la observancia del pacto de la Torá en beneficio de la participación en proyectos de gentiles.[47]

Desde mediados del siglo XX el judaísmo se ha visto atrapado por dos acontecimientos históricos principales. Está por un lado el Holocausto: la exterminación a sangre fría promovida por Hitler de cerca de seis millones de judíos ante la mirada pasiva de los cristianos. Por el otro lado está la emergencia del estado de Israel. En palabras de Zwi Werblowsky: "Ningún judío puede haber dejado de sentirse tocado por el significado existencial que los antiguos símbolos de su fe adquirieron de repente: santificación del Nombre en el martirio y la promesa del regreso a Sión".[48] En términos de la interacción con otras religiones, los peligros de estos dos acontecimientos eran que "el sufrimiento conduzca a la autoelevación o la injusticia, la fe en la providencia a la arrogancia, y el mesianismo al chauvinismo. Incluso el sionismo religioso cae en la tentación de tomar equivocadamente por cumplimiento aquello que en realidad es una prueba y por logro aquello que esencialmente es una etapa más en el largo camino del destino mesiánico de Israel".[49]

En sus comienzos el sionismo ofrecía una respuesta al desafío de las demás religiones. La respuesta comprendía emancipar al judaísmo de la ley mosaica. Los judíos podrían unirse plenamente al mundo secular moderno. En Israel hoy, sin embargo, la hazaña judía ha sido dada por sentado por un nuevo movimiento mesiánico, Gush-Emunim, y por otros grupos religiosos de derecha. Éstos desean tomar por asalto al sionismo y utilizarlo para crear un "estado regido por la Torá" en el que los judíos estén separados de las demás naciones. Hoy se hacen colectas de dinero en Israel y Norteamérica para la construcción del Tercer Templo, y en los últimos años uno de los yeshivot o seminarios en Jerusalén se ha especializado en la preparación de sacerdotes para todos los aspectos de las tareas del Templo, incluyendo el sacrificio de animales. Este movimiento es de índole "nacionalista-fundamentalista", más que pluralista.[50]

En los últimos tiempos la situación se ha vuelto muy compleja. Algunos de los líderes sionistas más antiguos se oponen a un sionismo político cerrado. En oposición al filósofo alemán Hermann Cohen, Martin Buber defiende un sionismo espiritual en el que los judíos sirvan a Dios fielmente de acto y de palabra. Para esto se requeriría establecer una comunidad humana en concordancia con la voluntad de Dios.[51] No es fácil ni está claro como se haría semejante cosa. Existe un estado judío que está obligado a aceptar musulmanes, cristianos y otros como ciudadanos israelíes: una prueba empírica para Israel como comunidad de Dios en la tierra.[52] Y al mismo tiempo el judaísmo debe existir como una minoría religiosa de israelitas que son ciudadanos leales de Francia, Alemania, Inglaterra, Canadá, Estados Unidos y muchos otros países. El desafío del pluralismo religioso para el judaísmo moderno sigue existiendo.

Conclusión

El judaísmo surgió de un contexto pluralista del antiguo Cercano Oriente. La respuesta judía al desafío del pluralismo religioso tiene una larga historia que se remonta al exilio babilónico en 586 a.C. Durante los períodos clásico y medieval, pensadores judíos importantes abordaron directamente la cuestión de la relación entre el judaísmo y otras religiones. Filón consideraba las diversas religiones (así como la filosofía griega) como diferentes manifestaciones del único Logos divino. Maimónides enseñaba que de todas las religiones el judaísmo era el único credo revelado por Dios y por lo tanto era verdadero en todos sentidos. Su rechazo a otras religiones se basaba en una interpretación de ellas como formas idólatras y, por ende, sujetas a la prohibición mosaica de la idolatría. En el periodo medieval posterior la Cábala ganó considerable influencia. La lógica de la Cábala era similar al Logos de Filón, esto es, que hay un solo Absoluto o Dios, del cual existen muchas manifestaciones en las formas de las diversas religiones.

En la época moderna los judíos han comenzado a establecer relaciones con no judíos. En el mundo moderno tecnológico y desmitologizado parece haber desaparecido la amenaza y la tentación de idolatría en la conciencia del judío. Tres respuestas judías son el movimiento de emancipación de Moses Mendelssohn, en el siglo XVIII, el pensamiento europeo de Franz Rosenzweig y la perspectiva ecuménica norteamericana de pensadores como Abraham Heschel. Rosenzweig hace hincapié en la integridad de la relación entre seres humanos, el mundo y Dios. Esta integridad se revela dentro del judaísmo y el cristianismo, pero no en otras religiones. Los pensadores judíos norteamericanos modernos, en cambio, parecen estar abiertos a considerar a todas las religiones como manifestaciones variadas de la palabra de Dios. La diversidad entre las religiones es considerada un elemento positivo que fortalece creativamente a la comunidad religiosa entera en su oposición a las fuerzas circundantes de la sociedad secular. La unidad entre religiones se funda en la experiencia que el creyente individual tiene de la dimensión profunda, el encuentro directo con Dios. Ésta está abierta a la experiencia del creyente en cada una de las tradiciones, y por ello constituye el terreno común de todas las religiones.

Sin embargo, no todos los judíos modernos, europeos o norteamericanos, adoptan la respuesta intelectual de sus grandes pensadores modernos. La mayoría son pluralistas por motivos prácticos o por prudencia. Con la respuesta judía norteamericana parece que hemos cerrado el círculo de una lógica nada diferente del modelo del Logos propuesto por Filón. Hay también aparentes afinidades entre la respuesta judía norteamericana y el Principio Protestante de Tillich. Pero acaso el desafío más fuerte para el judaísmo está en su respuesta al budismo. Mientras una religión se base en la experiencia de un Dios trascendente, el judaísmo puede establecer una asociación espiritual con ella. Pero si la experiencia no es válida para el budismo —si no es un Dios trascendente lo que se experimenta—, ¿es posible que el judío acepte al budismo como un socio espiritual? El judaísmo todavía tiene que responder a esta pregunta.

Algunos aspectos del sionismo y el surgimiento de Israel han dado la oportunidad de salir de un judaísmo cerrado. Puede que ésta sea la experiencia familiar de la intolerancia que tiene lugar cuando una religión se ve obligada a ponerse al servicio de fines políticos o nacionales. En todo caso, ha replanteado el desafío del pluralismo religioso al judaísmo en nuevas y complejas formas.

2 El pluralismo religioso y el cristianismo

La relación entre el cristianismo y las demás religiones es una de las cuestiones clave en la comprensión que el cristianismo tiene de sí mismo. Tal vez el pluralismo es un reto tan apremiante debido al enfoque misionero exclusivista adoptado por esta doctrina durante varios cientos de años. Muchos cristianos han sostenido que la presencia de un número suficiente de misioneros regados por el mundo produciría la conversión a Jesucristo de todo hombre y toda mujer. Hoy, los cristianos reconocen que, lejos de desaparecer, el judaísmo, el islamismo, el hinduismo y el budismo siguen vivos y activos, pese a todos los esfuerzos misioneros cristianos, hecho que ha motivado a estos creyentes a replantear seriamente su entendimiento de la voluntad de Dios, las enseñanzas contenidas en las escrituras relativas a Jesús y las doctrinas teológicas de la cristología y el evangelismo. En el rápidamente creciente acervo bibliográfico resultante del encuentro con otras religiones, muchos teólogos cristianos están llegando a la conclusión de que la teología cristiana no puede seguir formulándose aislada de las demás religiones, y de que, en realidad, la evolución de la teología cristiana será el resultado directo de un diálogo serio con ellas.[1] Un factor que ha promovido este diálogo es la disponibilidad de datos para los teólogos sobre las otras doctrinas, en gran parte gracias a los esfuerzos de los estudiosos de las religiones comparadas y de la historia de las religiones. Con este conocimiento, y como hay cada vez más personas que forman parte de la situación existencial de los teólogos cristianos, tanto la realidad teórica como la realidad concreta los están obligando a cuestionarse sobre las pretensiones de exclusivismo de su fe.

Algunos teólogos han descrito la tarea de la teología en términos de un encuentro con las demás religiones. R. Whitson sugiere que la tarea de la teología es hacer accesible la propia religión a otra tradición religiosa.[2] John Dunne propone experimentar con la otra religión y luego reflexionar sobre la propia con la experiencia adquirida. Pero estos enfoques abiertos a las tareas de la teología se topan con la firme objeción de la pretensión de singularidad y normatividad del cristianismo. Esta pretensión se basa fundamentalmente y en primer término en la cristología, esto es, el entendimiento que el cristianismo tiene de Jesús, y también en las doctrinas cristianas de la salvación y la revelación. Lucien Richard plantea el problema:

> ¿Puede el cristianismo aceptar otras tradiciones religiosas como caminos válidos hacia la salvación sin renunciar a su convicción fundamental acerca de la perfección y singularidad de Jesucristo? ¿Es posible creer simultáneamente que Dios actuó concluyentemente y para la salvación de todos en la persona de Jesucristo, y que judíos, hindúes, musulmanes y budistas están autorizados a seguir siendo lo que son y a proseguir por su propio camino a la salvación?[4]

El problema teológico tiene sus raíces en las doctrinas cristológicas formuladas en Nicea y Calcedonia, que convirtieron al cristianismo en una religión mundial exclusivista. Con el paso de los siglos, la pretensión cristiana de la singularidad y universalidad de Jesús se ha cimentado en la doctrina de la "unión hipostática" definida en Calcedonia de la siguiente manera: "Jesús de Nazaret es único en el sentido preciso de que, siendo plenamente un hombre, es verdad que él, y sólo él, también es plenamente Dios, la segunda persona de la Trinidad en coigualdad."[5] Es esta doctrina fundamental la que ha cuestionado y desafiado seriamente el hecho y la experiencia del pluralismo religioso de hoy.

34

Como consecuencia de la formulación, presentada en Calcedonia, de la encarnación única de Dios en Jesús, la iglesia cristiana se concibe como la única "sociedad perfecta", frecuentemente identificada con el reino de Dios.[6] Poseyendo toda la verdad, la iglesia no considera necesario escuchar las voces ni a otras religiones del ancho mundo. Por el contrario, la iglesia cristiana medieval se retiró "a un espléndido aislamiento, concentrándose en su vida interna a través de una poderosa centralización y reaccionando defensivamente a las corrientes externas de pensamiento y de la vida".[7] Esta actitud es la que ha impedido cualquier contacto significativo entre el cristianismo y las demás religiones, con la obvia excepción de los esfuerzos misioneros destinados a convertir a los no cristianos y atraerlos así a la iglesia. Sin embargo, después del Concilio Vaticano II tuvo lugar una modificación en la perspectiva de la iglesia católica romana. En el intento de subsanar los contactos rotos con el mundo circundante, la iglesia ha aceptado dialogar con la comunidad mundial de pueblos y religiones como actitud fundamental. Esta modificación de la actitud fue motivada en parte por la creciente naturaleza plural del mundo. Los cristianos conviven en todas partes con personas de diferente credo, y han descubierto que sus vecinos extranjeros son personas religiosas que viven sus propias tradiciones desde adentro, que están convencidas de que ellas también tienen una verdad o un mensaje para el mundo.[8] En cierto sentido, por el deseo de compartir su propia verdad con los demás, todas las religiones tienen pretensiones misioneras. Esta nueva situación está obligando a la iglesia cristiana a abandonar la actitud omnisciente de "ven a que te enseñe" a la de escuchar la sabiduría y los cuestionamientos procedentes de otras religiones. Esta nueva actitud de disposición al diálogo está obrando grandes cambios en la doctrina cristiana tradicional de la iglesia: la interpretación cerrada del dicho "fuera de la iglesia no hay salvación" ya se ha abandonado; se reconoce la índole espiritual de otras religiones, así como la presencia de la voluntad salvadora de Dios en sus enseñanzas y prácticas.[9]

A pesar de que las iglesias están modificando su eclesiología con el fin de despejar el camino para que se establezca el diálogo con otras religiones, la cristología fundamental que yace tras la eclesiología tradicional

35

apenas está empezando a cambiar. Hasta que la doctrina de la singularidad de Jesús no sea examinada y reinterpretada en relación con las pretensiones de verdad de las demás religiones, la eclesiología modificada carecerá de un fundamento firme, y por ende será poco significativa. De ahí que el siguiente análisis se centrará en la cristología en relación con otras religiones. Se examinará la cristología del Nuevo Testamento, se considerará la visión de los padres de la iglesia y se estudiarán las posiciones de los teólogos modernos.

El Nuevo Testamento y otras religiones

El cristianismo tomó forma dentro del contexto del judaísmo. Jesús nació en el seno de una familia judía y fue criado por unos padres judíos devotos.[10] Sus escrituras fueron escrituras judías y su método de enseñanza no difería del de los rabinos de su época. Sin embargo, Jesús se veía a sí mismo como el iniciador de algo nuevo. Aunque dentro del linaje de los profetas, parece haberse experimentado como "algo más". En tanto que los profetas se consideraban exclusivamente portavoces de Dios, anunciando lo que proclamaban con una "así dijo Dios", Jesús repetidamente utilizó las palabras "Yo os digo", en el entendido de que poseía la autoridad inherente para hablar de esa manera. Éste es uno de los motivos que provocara el enojo de los judíos, pues para ellos, al hablar así, Jesús estaba cometiendo una blasfemia al ponerse en pie de igualdad con Dios.[11] Las declaraciones acerca de su relación con Dios ciertamente definirían una posición única. En el Evangelio según san Juan, se describe a Jesús como el Logos, la Palabra encarnada, y se dice que declaró: "el Padre está en mí, y yo en el Padre" (Juan 10:38) y "yo y mi Padre somos uno" (Juan 17:22). En el Evangelio según san Mateo, se dice que Jesús proclamó que todas las cosas le fueron dadas por el Padre y que nadie conoce al Padre excepto el Hijo y aquellos a los que el Hijo elige para revelarles al Padre. Estas declaraciones (aun si resultan ser declaraciones de fe de la iglesia primitiva, más que las propias palabras de Jesús) sin duda sentaron las bases para posteriores pretensiones relativas a la singularidad de Jesús. También coadyuvaron a la separación entre el judaísmo y el cristianismo.

Un aspecto de la conciencia judía, esto es, su sentido de ser el "pueblo de Dios" elegido para una alianza especial (Deuteronomio 7:6), proveyó un suelo fértil para el desarrollo de la exclusividad cristiana y las actividades misioneras. Los judíos eran un pueblo que tenía una misión: "a mí se doblará toda rodilla, jurará toda lengua" (Isaías 45:23); y en la época en que Jesús vivió se desarrollaba una actividad misionera judía sin precedentes.[12] En Romanos 2:17-23, san Pablo dice que el pueblo judío tenía la certeza absoluta de poseer la verdad de Dios y la obligación de dar a conocer esta revelación a los demás. A pesar de que aparentemente Jesús prohibió a sus discípulos predicar ante los no judíos, cuando dijo: "por el camino de los gentiles no iréis, y en ciudad de samaritanos no entréis" (Mateo 10:5), inmediatamente después de la resurrección vemos a sus discípulos entregados a obras misioneras. A la luz de la resurrección, las primeras comunidades cristianas veían en Jesús el cumplimiento de todas las promesas de las escrituras hebreas y como la personificación de la acción redentora de Dios para todos los hombres (Lucas 1:55, 73). La alianza establecida con Dios por Abraham y Moisés se centró en la persona única de Jesucristo: "Y en ningún otro hay salvación, porque no hay otro nombre debajo del cielo, dado a los hombres, en que podamos ser salvos" (Hechos 4:12). La apropiación por los cristianos de la motivación misionera judaica parece ser total.

Es importante reconocer también que en los evangelios, tal como los escribieron los primeros cristianos, Jesús no se presentó como un nuevo profeta, sino como Dios que vino hasta los hombres. Por ejemplo, Jesús apoya la declaración mesiánica de Pedro: "Tú eres el Cristo, el Hijo del Dios viviente" (Mateo 16:16). Jesús pide fe en su persona igual a la que hasta entonces sólo se había tenido en Dios: "El que cree en mí... ríos de agua viva correrán de su vientre" (Juan 7:38). Habla a la gente como sólo se podría imaginar que Dios lo haría: "Ve, tus pecados te son perdonados" (Mateo 9:2). Cambia las reglas sobre la veneración a la divinidad y proclama ser el "Señor del sábado" (Marcos 2:28). Y hasta se atribuye la fórmula utilizada en el monte Horeb para designar a Dios: "Antes que Abraham fuese, yo soy (Juan 8:58). Jesús zanja la cuestión sucintamente: "El que me ha visto, ha visto al Padre" (Juan 14:9). Esta identificación directa de Jesús con Dios fue proclamada por las primeras generaciones de cristianos.[13]

En los escritos de Pablo y Juan es donde se sientan las bases para las posteriores doctrinas sobre la reencarnación. En Romanos 5-8, Pablo describe a Jesús como el segundo Adán, Dios que viene como una nueva creación que encarna el destino escatológico de los hombres. Jesucristo es el Señor para todos y el padre de toda la nueva humanidad. "El cual es la imagen del Dios invisible, el primogénito de toda criatura, porque por él fueron creadas todas las cosas" (Colosenses 1:15-16). Según Pablo, Jesucristo es una presencia universal, activa, en todo el mundo y en toda la historia de la humanidad; en pocas palabras, es el Logos. Sin embargo, el que Dios enviara al Hijo al mundo es un acto decisivo de salvación y la manifestación única de ese Logos divino. Jesucristo es una nueva encarnación pero en continuidad con la antigua relación de Dios con Israel. Él encarna su cumplimiento. Dios y Cristo se convierten en el doble objeto de la fe de Pablo.[14] La experiencia de Jesús con Pablo es más mística que histórica: nunca lo vio pero el Cristo vino a él en una visión y tuvo un impacto en él igual al del Dios de Abraham en su experiencia judía. Para Pablo, uno llega a Dios con el Cristo y en Cristo. Juan, en cambio, se centra más en Cristo. Aunque comparte la misma creencia judía en el Dios de Abraham, su pensamiento se centra en la persona de Jesús, la Palabra encarnada que vivió entre los hombres (Juan 1:14). Para Juan, en su evangelio y sus cartas, todo procede de Jesús. Todo lo escrito por Juan está permeado por su encuentro con Jesús. Gira, pues, más alrededor de Cristo que los escritos de Pablo.

Lucien Richard resume las enseñanzas del Nuevo Testamento de la siguiente manera:

> Lo que emerge del Nuevo Testamento son dos diferentes corrientes de pensamiento que sirven de fundamento a las pretensiones de singularidad y finalidad. El universalismo del Nuevo Testamento tiene su origen y cimiento en la única persona de Jesucristo como

agente muy especial de Dios y en última instancia como el cumplimiento de Sus promesas. La doctrina de la encarnación es un intento de expresar la especial mediación de Jesucristo... La otra afirmación sobre Jesucristo en el Nuevo Testamento es que en él llega a su fin la historia sagrada. La escatología de la realización es una de las raíces de las proclamaciones de la Iglesia sobre la singularidad y finalidad del Cristo.[15]

Así, las pretensiones cristianas de singularidad y finalidad de Cristo están fundadas en los conceptos del Nuevo Testamento de la encarnación y de la escatología cumplida, conceptos ambos considerados por teólogos cristianos contemporáneos como obstáculos a la apertura de los cristianos a otras religiones. Los dos conducen a "la absolutización y a detener la atención en un solo ser humano y en un momento de la historia".[16]

Pero el Nuevo Testamento también contiene elementos que pueden alentar un enfoque más abierto. El que los judíos den importancia fundamental al Dios de Abraham como el Dios soberano de todos los pueblos es un rasgo que continúa en el Nuevo Testamento: Mateo ve en Jesús más a un mediador que a una encarnación plena.[17] La perspectiva de Pedro se centra en gran medida en Dios, el Padre de todos. Además, Jesús no es presentado manifestando una visión del mundo estrecha y exclusivista. Trató con toda seriedad las opiniones espirituales de una mujer samaritana, se preocupó por un oficial romano y contó parábolas en las que un hombre de otra religión (un samaritano) era la encarnación de la verdadera espiritualidad, su oposición a los fariseos y los saduceos no estaba dirigida a su religión propiamente, sino contra su enfoque legalista y doctrinario de la religión que, para él, era insensible a la vida espiritual. Trató con dignidad y respeto a los creyentes sinceros cuya visión difería de la suya. Examinando la conducta y las enseñanzas de Jesús y su interacción con otras religiones encontramos que existe una base para la apertura del cristianismo a otros credos. Krister Stendahl ha señalado recientemente que la apertura de Jesús es perceptible en el hecho de que vino a predicar a Dios y el reino (Marcos 1:14). En la iglesia de los primeros tiempos, cuando el reino de Dios no llegó, el lenguaje se modificó para centrarse en Jesús como el Señor. Así, aunque Jesús había predicado el reino, la iglesia predicó a Jesús.[18]

El otro enfoque aparentemente abierto que se encuentra en el Nuevo Testamento se basa en la doctrina de la preexistencia de Cristo y su título de Logos. La idea de que Jesús estuviera activamente presente en toda la creación ha sentado las bases de un universalismo cristiano que veía a Cristo en obra en todas las religiones. Sin embargo, éste no ha sido el tema básico de la cristología en la iglesia occidental, y aun cuando sea tomado en serio presenta el peligro de reducir a las otras religiones a algo inferior a lo que éstas afirman que son. Krister Stendahl también señala que las pretensiones de universalidad corren el riesgo de conducir a diversas clases de cruzadas y modelos de imperialismo: "Si mi religión es universalista, entonces todos deben ver el mundo como yo lo veo". Para Stendahl el papel de los cristianos en un mundo pluralista es ser la "luz", una comunidad que dé testimonio, y encomendar el resultado de ese testimonio en manos de Dios.[19]

El Nuevo Testamento contiene líneas de pensamiento cristocéntricas y cerradas y puntos de atención teocéntricos más amplios; pueden encontrarse en él interpretaciones tanto exclusivas como inclusivas.[20] Estos dos polos dieron origen a problemas para los cristianos del Nuevo Testamento en sus relaciones con personas de otras religiones.

El cristianismo primitivo y otras religiones

El primer conflicto de envergadura que se presentó en la iglesia cristiana primitiva fue si el cristianismo debía permanecer dentro del judaísmo como una de las múltiples sectas de éste. Si el cristianismo fuera una simple variante del judaísmo, los gentiles conversos debían someterse a la circuncisión, a las obligaciones relativas a la alimentación y a otros aspectos de la ley judaica. Aunque los cristianos de Jerusalén estaban a favor de estos requisitos, Pablo alegó que el que los cristianos insistieran en la ley judaica significaba que no habían comprendido la esencia del evangelio. Su punto de vista fue ampliamente aceptado y el cristianismo se vio librado de los requisitos judaicos relativos a la circuncisión, la alimentación y la observancia del sábado. Esto coadyuvó a distinguir al cristianismo y considerarlo una religión diferente del judaísmo.[21]

Cuando el cristianismo se liberó del judaísmo y se desplazó hacia el mundo no judío, se topó con la filosofía y la religión griegas, hecho que dio nacimiento a los intentos de reinterpretar el evangelio en términos de las categorías filosóficas helénicas. El cristianismo empezó a interiorizar la distinción tajante entre espíritu y materia que había pasado a formar parte del pensamiento griego gracias al movimiento órfico siglos antes de Jesús. Se perpetuó a través del platonismo y del neoplatonismo y moldeó la forma de venerar y de pensar de los cristianos conversos con antecedentes helenistas.[22] En aguda divergencia con la tradición judaica, a la que pertenecieron Jesús y Pablo, el enfoque griego consideraba la materia, incluida la carne, como algo maligno, y el espíritu puro como algo bueno. El pensamiento hebreo consideraba cuerpo, mente y espíritu como una unidad psicosomática única y no identificaba el mal con la carne. En la perspectiva hebrea, el mal tenía lugar **cuan**do la unidad total cuerpo/espíritu de una persona obraba motivada **negativa**mente, y el bien cuando la unidad cuerpo/espíritu de la personalidad obraba motivada positivamente.[23] La división que hicieron los griegos de la naturaleza humana y la identificación del mal con el aspecto material de la existencia tuvo una influencia perdurable y desafortunada en el cristianismo. Los asuntos relativos al instinto natural, como la expresión de la sexualidad humana, empezaron a experimentarse como malos y pecaminosos, aun cuando se realizaran dentro de los lazos matrimoniales requeridos. Esto ha ocasionado mucha culpa y mucho sufrimiento innecesarios. Para los griegos la salvación necesita la emancipación del espíritu de la contaminación de la carne. Aunque ésta era una solución atractiva para el problema del mal, hacía parecer absurda la insistencia del Nuevo Testamento en la resurrección del cuerpo, requisito enteramente congruente con el pensamiento hebraico. Esta influencia griega es un tema recurrente en el ascetismo y el misticismo cristianos.

Durante los primeros siglos de su existencia el cristianismo también fue cuestionado por el dualismo griego, que ejerció su influencia a través del gnosticismo, que era sumamente sincretista y se había originado en una gran variedad de fuentes: el dualismo órfico y platónico, concepciones sirias, el dualismo persa, los cultos de los misterios, la astrología mesopotámica y la religión egipcia. K. S. Latourette escribe: "Al combinarse con ciertos elementos cristianos, el gnosticismo resultó tan atractivo que, según se dice, y aun cuando no sea posible dar cifras precisas, la mayoría de los que se consideraban cristianos se adhirieron a una u otra de sus múltiples formas".[24] Los gnósticos creían en una gnosis, o conocimiento, que había sido revelada y transmitida a los que recibían una iniciación especial. Profesaba ser universal, ya que comprendía las verdades de varias religiones. La salvación, liberar al espíritu de la materia corrupta, se alcanzaba con la comprensión de la verdad revelada presentada en forma de misterios.[25] Se integraba las creencias gnósticas al pensamiento cristiano interpretando alegóricamente las escrituras cristianas y judaicas y recurriendo a ciertas enseñanzas de Jesús que, según se decía, no habían sido escritas sino transmitidas secretamente por tradición oral. El gnosticismo dio muchas interpretaciones distintas de Jesús. Por ejemplo, había quienes sostenían que en realidad había sido puro espíritu y sólo aparentemente estaba asociado a la carne.[26] El gnosticismo minimizó el elemento histórico del cristianismo e intentó divorciar la sabiduría de Jesús de su vida, sus actos, su muerte y su resurrección.

Las pretensiones de los gnósticos y de otros (los marcionitas y los montanistas) hicieron que los cristianos que no concordaban con ellos clarificaran y sistematizaran el evangelio. Esta respuesta asumió tres formas: 1) la identificación autorizada de líneas de sucesión entre los obispos, 2) determinar cuáles eran los escritos de los apóstoles y cuáles contenían claramente sus enseñanzas, formando así el canon de las escrituras cristianas y 3) formular los postulados, claros y concisos, de la doctrina cristiana (por ejemplo, el Credo de los Apóstoles), de manera que cualquier persona pudiera conocer los elementos esenciales de la fe y estuviera protegida de desviaciones como el gnosticismo. Así pues, la respuesta al reto del gnosticismo tuvo como resultado una afinación de la identidad cristiana. Gerard Vallee ha señalado que el deseo de la cristiandad de mostrarse abierta y pertinente conduce inevitablemente a una crisis de identidad. También afirma que, aunque la reducida comunidad del Nuevo Testamento buscó tender puentes con la comunidad judía y los mundos griego y romano dentro de los cuales vivía, estos intentos de demostrar apertura y pertinencia conllevaban ciertos peligros:

- Encuentro con el judaísmo: peligro de convertirse en una secta; peligro de perder su cristología característica.
- Encuentro con los gentiles: peligro de perder su monoteísmo característico.
- Encuentro con los grupos gnósticos: peligro de perder su identidad como religión histórica; peligro de volverse elitista y esotérica.
- Encuentro con los cultos grecorromanos: peligro de idolatría y de sincretismo.
- Encuentro con el imperio romano: peligro de minimizar su carácter religioso distintivo; peligro de sobreadaptación.
- Encuentro con la filosofía helenista: peligro de disolverse sen doctrinas filosóficas; peligro de perder su carácter histórico.
- Encuentro con la ley romana: peligro de perder su carácter profético y escatológico; peligro de asimilación estructural.[27]

Los textos de los primeros padres de la iglesia fueron una respuesta a estos peligros, y como tales pusieron límites a la apertura del cristianismo frente al desafío pluralista.

Cristo, el Logos y los primeros padres de la iglesia

Durante los siglos II y III los padres de la iglesia expresaron diversas opiniones sobre la relación de Jesús con Dios. Una visión común —y que goza de renovada atención en el moderno encuentro del cristianismo con otras religiones— se centraba en la identificación de Cristo con el Logos.[28] Justin Martyr, influido por Filón, sostenía que el Logos era una especie de "segundo Dios" encarnado en una persona histórica, Jesús, para la salvación de los seres humanos. Aunque este Logos encarnado no era diferente en naturaleza del Dios Padre, era un segundo Dios. Ireneo, por otra parte, afirmaba que el Logos, que encarnó en Jesucristo, era el agente divino de la revelación. Contrariamente a la visión de los gnósticos de que Jesús fue un hombre sólo en apariencia, Ireneo insiste en que

> Jesucristo era tanto hombre como Dios, un hombre completo y desde el principio la encarnación del Logos; que es Jesús. Dios mismo sufrió por los hombres (que no merecían nada de Él), y que al mismo tiempo Jesús como hombre en todas las etapas de su vida... cumplió cabalmente lo que Dios quería que el hombre y toda su creación fueran, y así, como representante del hombre, ganó para el hombre el derecho a que Dios reconociera que había cumplido todas sus expectativas.[29]

Tertuliano declaró que, aunque en sustancia Dios es uno, Dios tiene tres actividades o personas: es una unidad de sustancia pero una Trinidad de manifestación. También el Logos, o la razón, está en Dios y se expresa en la palabra. En Jesús, dice Tertuliano citando el Evangelio según san Juan, la Palabra fue encarnada.

En la gran escuela catequística de Alejandría, Clemente sostenía que Dios es cognoscible sólo a través del Logos, la mente de Dios. El eterno Logos es el espejo perfecto de Dios y el medio por el cual Dios se da a conocer. El Logos inspiró a los filósofos griegos, y Jesús es el Logos, el guía de toda la humanidad. El sucesor de Clemente en la escuela catequística de Alejandría fue Orígenes. Fundamentando su explicación en las escrituras, Orígenes enseñó: 1) que hay un solo Dios, el Padre, justo y bueno y el creador de todas las cosas, 2) que Jesucristo, el hombre-Dios, era la encarnación el Logos y es coeterno con el Padre, aunque le está subordinado y 3) que el Espíritu Santo, increado, está asociado con el Padre y con el Hijo. Sostenía que las personas derivan su existencia del Padre, su naturaleza racional del Logos, el Hijo, y su santificación del Espíritu Santo. Después de Orígenes siguió la prolongada disputa entre Ario y Atanasio sobre la naturaleza de la identidad de Dios y el Hijo y de su relación. Ario propugnaba una distinción que daba al Hijo un comienzo pero describía a Dios sin comienzo. Esta interpretación, que subordinaría al Cristo y lo pondría en segundo lugar después de Dios, era inaceptable para Atanasio, que insistía en la singularidad de Cristo, de la revelación cristiana y la identidad eterna de esta revelación con Dios. El debate entre ambos contendientes es demasiado largo y retorcido para presentarlo aquí. Baste decir que los seguidores de Atanasio triunfaron a la larga en su insistencia en la singularidad de Cristo y su identidad con Dios. Aunque las controversias sobre la relación de lo divino y lo humano en Jesús continuaron, no son tan determinantes para la relación del cristianismo con las demás religiones. La importancia de la disputa entre Ario y Atanasio es que la posición del primero (que hace de Jesús una encarnación subordinada) hubiera dado al cristianismo la posibilidad de otras encarnaciones, mientras que la visión del segundo produjo un cristianismo cerrado, exclusivista, en el que Jesús es la única encarnación verdadera.

Después de esto, los primeros pensadores de la iglesia cristiana occidental, como Agustín, volvieron la atención al análisis de la naturaleza humana, la gracia divina y la iglesia como instrumento de salvación. El enfoque primario del pensamiento cristiano se trasladó de lo que el Cristo dijo a lo que hizo. El pensamiento de Agustín se centró más en la naturaleza de la presencia del Cristo en el sacramento de la Eucaristía que en alguna inquisición especulativa de la relación entre Dios y el Cristo.[30] Aunque estos cambios en el foco de atención fueron importantes para el desarrollo interno del pensamiento cristiano, no se introdujo ninguna modificación a los supuestos cristológicos básicos de la teoría atanásica. Lo mismo ocurrió en la iglesia oriental (ortodoxa).[31] En la iglesia primitiva el centrarse exclusivamente en la disputa doctrinal sobre la relación entre Dios y el Cristo fue consecuencia, en gran medida, de una reacción a las enseñanzas de los gnósticos y muchas otras religiones griegas y romanas. La fortaleza de la resultante exclusividad del cristianismo la señala el hecho de que hacia 500 d.C. esta fe había modificado profundamente la vida religiosa del imperio romano. Las religiones griegas y romanas prácticamente habían dejado de existir. Su calmo sincretismo había cedido el lugar a la insistente pretensión del cristianismo de que sólo a través de él se encontraría la salvación.[32] Además, la iglesia católica tendía a identificarse con el reino de Dios en la tierra. El pensamiento cristiano se vio influido por el concepto del Logos y adoptó el término y el concepto para describir la relación entre Jesús y Dios. Con miras más estrechas, la identificación del mal con la carne y sus deseos en la iglesia primitiva condujo a que el cristianismo en general rechazara ciertos aspectos de la naturaleza humana, pero en especial el monaquismo cristiano.

El cristianismo, el islamismo y el periodo medieval

A partir de 622 d.C. el cristianismo se vio confrontado por una religión más joven y más vigorosa: el islamismo. Un siglo después los gobernantes islámicos dominaban más de la mitad del mundo cristiano. Mahoma conocía el cristianismo y honraba a Jesús como profeta, pero negaba la encarnación. Esta diferencia fundamental entre el islamismo y el cristianismo sigue existiendo. Para los musulmanes el abismo existente entre ambos es demasiado grande como para ser cubierto por Jesús o cualquier otra persona. Algunos cristianos de los primeros siglos del islamismo consideraban a éste una herejía cristiana, cosa que los musulmanes negaban. El islamismo se tenía por una nueva revelación de Dios y la última religión.[33] Su influencia en la iglesia cristiana bizantina no produjo una nueva teología, más bien marcó una desaceleración de la actividad cristiana creativa.

Durante la Edad Media el cristianismo retomó su expansión hacia fuera. Se enviaron misioneros a Europa y Asia y se establecieron misiones en la India y China que pusieron al cristianismo en contacto directo con el hinduismo, el budismo, el confucianismo y el taoísmo. Sin embargo, fiel a su tendencia exclusivista, el cristianismo se cerró a cualquier contacto importante con estas religiones. Para los cristianos, los judíos existían en un gueto espiritual. Una teología antisemita afirmaba que ni siquiera podían interpretar correctamente sus propias escrituras. Para los cristianos occidentales el islamismo era un enemigo político y religioso que había que pasar por la espada. Pese a algunas brillantes excepciones, como Nicolás de Cusa y los primeros misioneros dominicos y franciscanos, se estaba de acuerdo en que se había llegado al límite de la universalidad cristiana y del reino de Dios en la tierra.

El encuentro del cristianismo moderno con otras religiones

Varios factores de la experiencia contemporánea están haciendo que muchos teólogos cristianos reexaminen seriamente la actitud cerrada y exclusivista que ha prevalecido desde los tiempos de los primeros padres de la iglesia. Por primera vez los estudiosos cristianos tienen a su disposición información basada en los hechos sobre las demás religiones del mundo. Además, está la experiencia existencial del pluralismo cultural y religioso: de un lado al otro del mundo los creyentes de diferentes tradiciones viven codo con codo como ciudadanos en el mismo país. Los cristianos ya no pueden considerar que los hindúes, los budistas y los musulmanes son paganos que viven en comarcas apartadas y necesitan ser convertidos por misioneros cristianos. Hoy los que profesan esas religiones conviven como vecinos con los cristianos en las culturas que antiguamente estaban dominadas por ellos en Europa y en Norteamérica. Las religiones orientales, en particular, ejercen atracción en los occidentales a través de movimientos sectarios tales como la meditación trascendental y el budismo zen.[34] En las universidades occidentales, los departamentos de estudios religiosos atraen a grandes cantidades de alumnos y les ofrecen la oportunidad de estudiar cada una de las religiones del mundo en su lengua original y en medio de una atmósfera académica abierta. Todos estos factores están obligando a los teólogos cristianos, tal vez por primera vez desde el Concilio de Calcedonia, a reexaminar seriamente la tradicional exclusividad de la doctrina cristiana. En la iglesia católica romana, algunas de las declaraciones del Concilio Vaticano II han dado paso a una actitud más positiva hacia otras religiones.[35] En círculos protestantes, desde los años setenta el Consejo Mundial de Iglesias ha dado cada vez más importancia al diálogo con otras religiones[36] y ha elaborado unos *Lineamientos para el*

47

Diálogo que generan comentarios y estudios en el seno de cada una de las iglesias que pertenecen a él.[37] Fuera del ámbito de las actividades formales de las instituciones eclesiásticas, la enseñanza académica de los dos últimos decenios muestra el interés creciente en la cuestión de teólogos y estudiosos de la religión.[38]

Los primeros pensadores cristianos modernos se agruparon alrededor de dos interpretaciones opuestas de Jesucristo: una representada por el concepto central de Kant de la idea o principio del Cristo como una encarnación eternamente presente, la otra representada por el rechazo de los aspectos metafísicos y ontológicos de Calcedonia por parte de Schleiermacher y su deseo de apoyarse en la experiencia humana. Immanuel Kant, en su análisis de Cristo como una manifestación de la razón universalmente inherente a la experiencia humana, representa una cristología idealizante. Para Kant, el Jesús histórico no era una necesidad.[39] Schleiermacher se opuso a las tendencias enajenantes y universalizadoras de Kant e inauguró un nuevo acercamiento humanista. Interpretó el significado de Cristo desde la perspectiva fundamental de la humanidad de Cristo. Supuso la existencia de una conciencia religiosa universal que describió como un sentimiento de dependencia absoluta.[40] Cimentó la fe cristiana en el fenómeno humano universal de la experiencia religiosa, y no en razones abstractas o fuentes autorizadas. El volverse hacia adentro, hacia percepciones subjetivas, dejando de lado la autoridad externa, fue un cambio radical de enfoques anteriores. Desde Schleiermacher la cristología ha tendido a desarrollarse o a refutar su posición. Aun cuando ni Kant ni Schleiermacher tenían un conocimiento profundo de otras religiones, abordaron el problema del exclusivismo cristiano. Kant, a través de la razón, y Schleiermacher, a través del sentimiento subjetivo de dependencia absoluta, cimentaron el cristianismo en universales humanos que abrieron las puertas al relativismo religioso.

David Friedrich Strauss dio un duro golpe al hecho de basar las pretensiones cristianas en la historia, en su libro *The Life of Jesus Critically Examined.*[41] En su escepticismo sobre la confiabilidad histórica de los evangelios —que los modernos estudiosos científicos de la Biblia han incrementado en cierta forma—, Strauss rechaza los hechos históricos como base para el conocimiento del cristianismo.

En el siglo xx se agregó un tema más a la noción de relativismo religioso: el de progreso evolutivo. Ernst Troeltsch entendió la historia religiosa en una perspectiva evolutiva, como un desplazamiento humano hacia la perfección.[42] Como la historia humana entera comprende el movimiento evolutivo total, no se puede excluir a otras religiones ni a otros movimientos. Se niega el absolutismo y la revelación se considera un movimiento progresivo hacia el Absoluto, que no se puede alcanzar nunca completamente. Las revelaciones de Dios en las escrituras hebraicas y en Jesús son sólo estadios en la historia general de la revelación. Para Troeltsch, Jesucristo no puede ser identificado con Dios, sino que tiene que ocupar su lugar junto con los fundadores de otras grandes religiones. Jesús aportó los requisitos necesarios para la evolución de la religión cristiana. Jesucristo es el medio por el cual los cristianos pueden aprehender la esencia de la religiosidad. Ni el cristianismo ni ninguna otra religión pueden aspirar a la validez absoluta. La verdad sólo puede ser verdad para mí, para mi cultura, para mi religión. Sin embargo, a pesar de este relativismo, para Troeltsch existe el sentido de un Absoluto potencial como meta común del proceso evolutivo de todas las religiones.

> [Las religiones] son el producto del impulso hacia la verdad objetiva absoluta, y tienen efecto en la esfera práctica bajo una autopurificación crítica constante y un esfuerzo de superarse... Todas parecen estar impelidas por una fuerza interna a ir hacia delante, hacia una altura final desconocida, donde sólo puede encontrarse la última unión y la validez objetiva final. Y, como toda religión tiene una meta común en lo Desconocido, el Futuro, tal vez en el Más Allá, también tiene un terreno común en el Espíritu Divino que está siempre empujando a la mente infinita a ir hacia arriba, hacia donde hay más luz y conciencia más plena, un Espíritu que mora en el espíritu finito, y cuya unión final con él es el propósito de todo el proceso multifacético.[43]

Para Troeltsch cada religión es una manifestación cultural diferente de la lucha del espíritu humano de la fuente divina a la meta divina.

En el lado opuesto del espectro está el punto de vista de Karl Barth, que reaccionó en contra de Troeltsch presentando una visión inflexible y exclusivista de la autorrevelación de Dios en Jesucristo. Describe su base para la evaluación teológica de la humanidad como el tema central de todas las religiones:

> Será el hombre por quien Jesucristo (lo conozca o no) nació, murió y volvió a levantarse. Será el hombre al que se dirige (lo sepa o no) la Palabra de Dios. Será el hombre que (esté enterado o no) tiene en Cristo a su Señor.[44]

Aunque Barth es inexorablemente exclusivista en su cristología, no acepta una simple identidad en pie de igualdad de la verdadera religión con la religión cristiana o la iglesia cristiana. Ambas son condenables por sus fallas como cualquier otra religión o institución religiosa. Pero en la medida en que la religión cristiana o la iglesia cristiana a través de la gracia vive por la gracia, es el sitio de la verdadera religión.[45]

A primera vista Barth parecería abrir su definición de religión verdadera a cualquier religión que "a través de la gracia vive por la gracia", pero es igualmente evidente que Barth restringe la gracia a la asociación con Jesucristo. Cuidadosamente distingue gracia de la piedad fanática, el racionalismo hegeliano y kantiano y el relativismo o escepticismo histórico, que descarta como las peores formas de intolerancia, y afirma que la verdadera tolerancia de otras religiones se encuentra sólo en la indulgencia de la gracia de Dios tal como se manifestó en Jesucristo. La teología de Barth en este sentido se basa en dos puntos que encuentra en las escrituras cristianas: 1) que las religiones son fútiles intentos humanos de conocer a Dios y que sólo con la revelación es posible conocerlo, y 2) que en la revelación de Jesucristo experimentamos la gracia con la cual nos reconciliamos con Dios.[46] Para Barth, revelación y gracia se oponen dialécticamente a religión y religiones. La religión cristiana y la iglesia cristiana son pecaminosas y por tanto no son la verdadera religión. Pero si abandona sus pretensiones de superioridad o de verdad absoluta y, por la gracia de Dios, manifiesta la revelación de Jesucristo, el cristianismo podrá ser considerado por Dios la correcta y verdadera religión.[47]

Barth da una analogía del sol que ilumina la tierra como una manera de entender el cristianismo en relación con otras religiones:

> Como el sol, la luz de Cristo cae sobre una parte de la tierra y no en la otra, iluminando a una y dejando a la otra en la oscuridad, y esto sin que la religión misma cambie nunca. Todo depende de que la luz del Cristo brille aquí y no allá en el "acto de elección divina". La única diferencia entre el cristianismo y las demás religiones es que el cristianismo está a la luz del sol, y las demás en la sombra.[48]

La teología de Barth toma muy en serio lo pecaminoso de la naturaleza humana, que corrompe a todas las religiones, el cristianismo incluido. Crítica vigorosamente cualquier noción de superioridad u orgullo entre los cristianos o la iglesia en los encuentros con otras religiones. Sólo la gracia de Dios en Cristo puede ayudar, y ocurre que su sitio es en el cristianismo y no en ninguna otra religión.

Acontecimientos recientes

En los dos últimos decenios los teólogos cristianos han tomado diversas posiciones a lo largo del espectro entre el pluralismo religioso de Troeltsch y el cristianismo exclusivista de Barth. El que Troeltsch absolutizara el relativismo y el que Barth absolutizara la fe han producido un laberinto dialéctico del que los teólogos cristianos contemporáneos desesperadamente están tratando de escapar. El resultado ha sido una mezcolanza teológica. No está a la vista ninguna solución clara y única. Al analizar esta amplia variedad de respuestas teológicas, utilizaremos los términos "teocentrismo" y "cristocentrismo" como encabezados para clasificar y revisar muchas de las posiciones contemporáneas. El modelo dialogal será examinado como el enfoque que parece ser el más esperanzador para los procesos futuros.

Enfoques teocéntricos

Los enfoques teocéntricos a otras religiones se centran primordialmente en Dios y no en Cristo. Es característico que los teólogos que tienen esta perspectiva señalen pasajes de las escrituras hebraicas donde se entiende que el pacto de Dios con Abraham y con Noé se aplica a toda la humanidad y donde Dios elige a varios pueblos, no sólo a Israel.[49] También se apuntan las afirmaciones teocéntricas de Jesús, que solía hablar de Dios como el Padre y colocarse por debajo de Él, como cuando dice: "el Padre es mayor que yo" (Juan 14:28). Se hace resaltar el papel de Jesús como el que señala hacia Dios y lo revela, y se distrae la atención de las declaraciones de Jesús cuando se equipara con Dios, por ejemplo: "Yo y el Padre una cosa somos" (Juan 10:30). Se saca a relucir los pasajes donde Jesús apunta a Dios más que a sí mismo. En pasajes de las epístolas, repetidamente se hace resaltar la prioridad de Dios y como el que exaltó a Jesús, por ejemplo cuando se describe la vida eterna como "que te conozcan [como] el sólo Dios verdadero, y a Jesucristo, al cual has enviado" (Juan 17:3). Dios no sólo es anterior a Jesucristo, sino también posterior en el final escatológico: "Luego que todas las cosas le fueren sujetas, entonces también el mismo Hijo se sujetará al que les sujetó a él todas las cosas, para que Dios sea todas las cosas en todos" (1 Corintios 15:28). Quienes postulan este enfoque no consideran que al hacerlo se ignore la divinidad del Cristo, sino más bien se reconoce la grandeza y la libertad de Dios: evitan centrarse de manera tan exclusiva en Cristo que sea imposible tener alguna relación positiva con otras religiones.

La teología ortodoxa

Un punto de vista que se olvida frecuentemente en el debate contemporáneo es el de las iglesias orientales, el de los cristianos ortodoxos

concentrados en lugares como Grecia, Rusia y Ucrania. Los teólogos ortodoxos parecen sentirse más a gusto con el pluralismo religioso que muchos
de sus homólogos occidentales. No es sorprendente, ya que los cristianos
ortodoxos han convivido como pluralistas durante muchos siglos dentro del
cristianismo, desarrollando una percepción de sí mismos que este último ha
reprimido en gran medida.

La teología ortodoxa, con su énfasis en el Espíritu Santo, ve la continuidad de la verdad reveladora de Dios en todas las naciones con anterioridad y con posterioridad a la encarnación del Logos en Jesucristo. La contribución de la filosofía griega a la teología cristiana inclusiva a través de
Justino, Clemente y Orígenes se prefiere a las formulaciones más intransi-
gentes de Tertuliano. La interpretación de san Pablo de que los atenienses
eran cristianos sin saberlo en su veneración del Dios desconocido (Hechos
17:23) y la invocación del Logos al inicio del evangelio de Juan prepararon
el camino para una actitud positiva hacia la verdad no bíblica. Por ejemplo, la enseñanza de Sócrates de que "es malo devolver mal por mal"[51] se
consideraba más humana y pía que el mandato de la Torá "Y no perdona-
rá tu ojo: vida por vida, ojo por ojo, diente por diente" (Deuteronomio 19:
21). Al rechazar las formulaciones exclusivistas y militantes del Occidente cristiano, los teólogos ortodoxos pretenden absorber y consagrar el bien
dondequiera que uno lo encuentre, como parte de la verdad.[52] Nadie puede
limitar la presencia de Dios. No le corresponde a los cristianos ni a nadie
juzgar donde no está Dios. Como admitió Pedro: "Por verdad hallo que Dios
no hace excepción de personas, sino que de cualquier nación que le teme
y obra justicia, se agrada" (Hechos 10:34-35). Para los ortodoxos esto no
niega en absoluto la afirmación de Jesús de que él es "el camino, la verdad
y la vida" (Juan 14:6). Cristo no tiene limitaciones de tiempo ni espacio;
su Espíritu vive, habla y obra por doquier en la historia humana. El Espíritu Santo manifestado por la iglesia cristiana primitiva (Hechos 2:1-4) es
el Espíritu de Dios que inspira y eleva a *todas* las personas. Esta doctrina
de la omnipresencia del Espíritu Santo es la base del acercamiento positivo de los cristianos ortodoxos a las demás religiones.

La orientación teocéntrica del pensamiento ortodoxo es visible también en su actitud hacia la responsabilidad social y el rito. En la sociedad bizantina, por ejemplo, tanto en la iglesia como en el mundo la autoridad se refería directamente a Dios.[53] Se consideraba que tanto los sacerdotes como la autoridad civil procedían directamente de Dios. En el rito, Dios es directamente accesible al devoto ortodoxo en la experiencia personal de la divinidad.[54] Así, desde la perspectiva ortodoxa la vida toda está enteramente centrada en Dios. Esto propicia un sentido de comunidad espiritual con los miembros de otras religiones teocéntricas.

Los cristianos ortodoxos señalan que durante muchos siglos millones de ellos han vivido penando como pacíficos vasallos en el seno del islamismo. Señalan los frutos del exclusivismo occidental —por ejemplo, las cruzadas en contra del islamismo— como pruebas empíricas de lo erróneo de semejante teología. El cristianismo ortodoxo considera que su pasado ha transcurrido en medio del pluralismo, y que su futuro en el contexto de otros credos no será distinto. El objetivo teológico del cristianismo ortodoxo es la absorción del ser humano en Dios a través de la veneración. Su cristología y su relación con otras religiones se resume así:

> El Cristo no es un mero hombre ni Dios, sino el *theanthropos* (el hombre-Dios), que aspira a elevar a los seres humanos a la *theosis*. Mientras otras religiones tengan el mismo objetivo, la elevación de la humanidad a la vida divina, para los ortodoxos serán instrumentos de Dios en el mundo de Dios.[55]

Paul Tillich

Paul Tillich,[56] teólogo protestante, desarrolla una posición que, al igual que la perspectiva ortodoxa, propugna por una apertura con base en la acción omnipresente del Espíritu Santo. Lo que él quiere es salvaguardar la trascendencia de Dios por sobre cualquier manifestación finita; de ahí se desprende su frase "Dios por encima de Dios" y la orientación teocéntrica de su teología.[57] Tillich ve al cristianismo como una constante tensión entre lo particular y lo universal. Lo particular se centra naturalmente en la aparición y la recepción de Jesús de Nazaret como el Cristo. Éste es el criterio que debe regir todo encuentro del cristianismo con las demás religiones y la autoevaluación de los cristianos. Tillich se explica de la siguiente manera:

> Su particularidad estriba en que sacrificó lo particular en él mismo en bien de lo universal. Esto libera a su imagen de estar atada tanto a una religión particular —la religión a la que pertenecía habiéndolo expulsado— como a la esfera de lo religioso como tal: el principio del amor en él comprende al cosmos entero, incluyendo tanto a la esfera religiosa como a la secular. Con esta imagen, particular pero libre de la particularidad, religiosa pero libre de la religión, se dan los criterios para que el cristianismo se autoevalúe y, al hacerlo, evalúe las otras religiones.[58]

Así, para Tillich la apertura del cristianismo está en la tensión entre evaluar a las religiones que le salen al encuentro y aceptar ser evaluado por ellas. Éste fue el poder vital del cristianismo en los primeros siglos de su existencia: su habilidad para constituir un centro de cristalización de todos los elementos religiosos positivos después de someterlos al criterio de Jesús en tanto que el Cristo. Esa apertura y esa receptividad se fueron perdiendo poco a poco al fortalecerse la autoridad jerárquica, hasta que "la tradición dejó de ser una corriente viva; se convirtió en una suma siempre en aumento de postulados e instituciones válidos e inamovibles".[59] Este estancamiento y ensimismamiento del cristianismo, que tuvieron como consecuencia un rechazo del pluralismo, perduraron a lo largo del periodo medieval y de la Reforma. Con el surgimiento del secularismo moderno los cristianos se abrieron a un encuentro más creativo con las demás religiones. Tillich da ejemplos de la forma en que este cristianismo más abierto evaluó a otras religiones y aceptó ser evaluado por ellas. Esta actitud, según él, pone fin a los intentos de los cristianos de convertir a los judíos, los musulmanes, los hindúes o los budistas, y en su lugar apela a la autocrítica y al diálogo. El objetivo no es una mezcla de religiones ni que prevalezca una religión sobre las demás, sino penetrar aún más, por medio del diálogo autocrítico, en la profundidad de la religión de cada uno. En la profundidad de cada religión, dice Tillich, "hay un punto donde lo particular se abre camino a la libertad espiritual —y a una visión de la presencia de lo espiritual en otras expresiones del significado último de la existencia humana".[60] Como Tillich concibe a Dios en términos muy abstractos,[61] su teología puede resultar más aceptable como base para el diálogo con los budistas que el enfoque de otros teólogos teocéntricos contemporáneos.

John Hick

John Hick es un filósofo de la religión y teólogo británico. Últimamente se habla mucho de sus puntos de vista en círculos anglohablantes. Para uno de los títulos de sus obras toma una frase del *Bhagavad-Gita*: "Cualquier sendero que los hombres escojan es mío".[62] Define su posición en reacción al enfoque cristocéntrico dominante en la teología occidental contemporánea. Teólogos como Karl Rahner, para quien el musulmán, el hindú o el judío devotos son "cristianos anónimos", son criticados por Hick por seguir trabajando dentro del viejo dogma que sostiene que Cristo es quien está en el centro y no Dios. Desde este punto de vista solamente los cristianos pueden salvarse, "de modo que tenemos que decir que los no cristianos devotos y píos en realidad son, en algún sentido metafísico, cristianos o futuros cristianos sin saberlo".[63] La intención, dice Hick, no es un mensaje doble sino la caritativa extensión de la gracia a las personas religiosas que antes eran rechazadas. Este lance tiene para Hick la función psicológica de puente entre el exclusivismo del pasado que ha dejado de ser aceptable y una nueva visión de apertura en ciernes. Pero tarde o temprano los cristianos tendrán que cruzar el puente para llegar a la otra orilla. Ofrece su propia posición como una que se encuentra en el nuevo campo —ya enteramente en la otra orilla del puente del "cristiano anónimo".

Hick desarrolla su posición tomando como ejemplo a la astronomía tolemaica y a la copernicana. Tal como en la astronomía tolemaica se pensaba que la tierra era el centro del sistema solar y los planetas giraban alrededor de ella, en la teología tolemaica se considera que Cristo es el centro del universo de las religiones, y que éstas giran alrededor del cristianismo en diferentes grados, según a qué distancia se encuentren de él. Hick observa que este enfoque tolemaico podría ser utilizado por cualquier otra religión. Un hindú, por ejemplo, podría decir que los cristianos sinceros son hindúes implícitos, que otros credos proveen, en diversos grados, senderos ordinarios que conducen a la verdad, pero que el hinduismo es el sendero extraordinario, que el hinduismo no es una religión, sino la verdad eterna que evalúa y sobrepasa a todas las religiones (tal como dice Barth), etcétera. Cualquier teólogo de cualquier religión pueden asumir esta posición, pero será una posición temporal mientras nos preparamos para la teología copernicana. Tal como Copérnico cayó en la cuenta de que es el sol el que está en el centro y no la tierra, también "nosotros tenemos que caer en la cuenta de que el universo de la fe se centra en Dios, y no en el cristianismo ni en ninguna otra religión. Él es el sol, la fuente que da origen a la luz y a la vida, el que todas las religiones reflejan en su propia peculiar manera".[64] Si esto es así, entonces cabe esperar que Dios, tal como se refleja en las distintas civilizaciones, se manifiesta en diferentes revelaciones o religiones. Pero aun cuando las diversas revelaciones difieran, podemos creer que por doquier el Dios único ha estado obrando y "apremiando al espíritu humano".[65]

Hick defiende su posición reinterpretando la cristología tradicional. Descarta las pretensiones bíblicas de la singularidad del Cristo (por ejemplo, "Yo y mi Padre somos uno", "Nadie llega a Dios más que a través de mí") basándose en críticas al Nuevo Testamento, alegando que fueron agregadas por la comunidad cristiana de los primeros y que no son palabras de Jesús. Es oportuno anotar que estudios bíblicos recientes no apoyan uniformemente la interpretación de Hick. Por ejemplo, tras una cuidadosa revisión de los estudios sobre el Nuevo Testamento, James Dunn concluye que "en las primeras formulaciones del Nuevo Testamento la idea de una preexistente filiación divina de Jesús no parece haber cruzado aún el umbral del pensamiento, ni se afirma ni se niega, y qué de los postulados formulados algunos se pueden ver desde una perspectiva posterior para adaptarlos al pensamiento de la preexistencia y la encarnación mientras otros ocupan una posición incómoda junto a él".[66] Tocamos este problema porque es basándose en su comprensión de la erudición bíblica como Hick concluye que Jesús no pensaba en sí mismo como Dios[67] y así construye la teoría de que las declaraciones sobre la encarnación de Jesús deben entenderse como mitológicas.[68] Estas declaraciones, dice Hick, son simples formas figurativas de decir que para los cristianos Jesús es el contacto vivo con Dios. Al ver esto nos liberamos de tener que "llegar a la conclusión negativa de que él [Jesús] es el único punto efectivo de contacto del hombre con Dios".[69]

El trasfondo kantiano de la teología de Hick es de todo punto visible. Dios es una idea a priori estructurada por la experiencia humana. Sin embargo, un problema latente es el uso que hace del término "Dios" como un apriori inaceptable para el budismo y para los hindúes advaita vedanta. Esto cuestionaría que la Revolución copernicana de Hick fuera aceptable para todas las religiones. Mientras que Hick parece haber cruzado el puente del "cristianismo anónimo", desde el punto de vista de algunas religiones orientales está atrapado en el "puente del teísmo". Hick ha reconocido este problema, y en los capítulos 5 y 6 de su libro *God Has Many Names*[70] utiliza el término "Dios" no para referirse a la deidad personal de los credos teístas, sino a la realidad infinita aprehendida de manera diferente a través de las diversas formas de la experiencia religiosa. En un artículo intitulado "The Theology of Religious Pluralism" aclara su posición:

> He tratado de utilizarlo [el término "Dios"] de manera tal que cabe preguntarse si Dios es personal. Pero concuerdo en que este uso puede malinterpretarse. Por ello prefiero hablar de "lo Real", y distinguir entre la experiencia humana de lo Real como personal (que adquiere formas concretas, como Yaveh, Shiva, Vishnu, el Padre Celestial, etc.) y de lo Real como no personal (que adquiere formas tales como Brahman, el Tao, el Dharma, Nirvana, Sunyata, etc.).[71]

Wilfred Cantwell Smith

Wilfred Smith fue un teólogo e historiador de las religiones, y uno de los pocos teólogos cristianos que tuvo una experiencia vívida con otras religiones, ya que fue profesor en la India de 1941 a 1945. De vuelta en Canadá, fue nombrado profesor de religiones comparadas en la Universidad McGill; al poco tiempo organizó el Instituto McGill de Estudios Islámicos. En 1946 fue nombrado director del Centro para el Estudio de las Religiones del Mundo de la Universidad de Harvard, fundado específicamente para iniciar un diálogo con la Escuela de Teología de Harvard y la teología cristiana en general. Tanto en McGill como en Harvard, Smith reunió a estudiantes y profesores de las principales religiones y los instó a que desarrollaran y pusieran a prueba sus teologías unos con otros. Él se puso el objetivo de "construir teorías que fueran aceptable para judíos y budistas, musulmanes y cristianos por igual, y también que fueran congruentes con la tradición académica".[72] Smith se percató de que éstos eran unos requisitos bastante inusuales para hacer teología, pero había reconocido que la experiencia religiosa del mundo estaba entrando en una nueva fase: la del pluralismo religioso. Un requisito fundamental de esta nueva fase es que a todos se nos pide que entendamos las tradiciones religiosas diferentes de la nuestra. Ya no es apropiado construir teologías en el seno de una sola tradición religiosa aislada. Tal como en el pasado los teólogos cristianos juzgaron necesario construir su teología a la luz de la filosofía griega o de los avances científicos, el reto que hoy enfrentan es estar conscientes de su posición como miembros de una sociedad mundial donde hay otros teólogos, igualmente inteligentes, igualmente devotos, igualmente morales, que pueden ser hindúes, budistas o musulmanes. Los teólogos deben tener presenta que los lectores de su teología "son tal vez budistas, o tienen un esposo musulmán o un colega hindú".[73]

Smith da inicio a su postulado teológico señalando que existen implicaciones moral tanto como conceptuales de la revelación cristiana. En el plano moral, la revelación de Dios en Cristo exigía la reconciliación y un sentido profundo de comunidad: "Debemos luchar por romper las barreras, cerrar brechas, reconocer que todos los hombres son nuestros semejantes e hijos de Dios Padre, que están en Su búsqueda, que Lo encuentran, que son buscados por Él y que son encontrados por Él. En este nivel de cosas, no seremos verdaderamente cristianos hasta que no nos hayamos esforzado por alcanzar una comunidad que convierta a toda la humanidad en un total 'nosotros'".[74] Al formular postulados teológicos, éstos no deben permitir a los cristianos perpetuar la actitud de "nosotros"/"ustedes" a que frecuentemente dio pie el exclusivismo del pasado. Semejante actitud está marcada por la arrogancia, y no por la humildad que enseñó Cristo, y es sencillamente inmoral. En palabras de Smith, "no es moralmente posible salir al mundo y decir a nuestros devotos e inteligentes semejantes: "nosotros estamos salvos y ustedes están condenados", o "estamos convencidos de que conocemos a Dios, y estamos en lo correcto; ustedes creen conocer a Dios, pero están completamente equivocados".[75] Lo contrario también es verdad, es inaceptable sostener que si las creencias de otra persona resultan válidas, entonces el cristianismo es falso. Desde el punto de vista cristiano, dice Smith, esta clase de lógica exclusivista es moralmente inaceptable. Cuando uno conoce o sabe de un hindú, un musulmán o un budista que llevan una vida piadosa y moral, que parece estar tan cercana a Dios y en tal sentido tan "apropiada" como el modo de vida cristiano, "entonces el cristiano debería llenarse de alegría, tener la esperanza de que tal cosa es cierta, aunque pudiera temer que no fuese así... No servirá tener una religión que puede verse socavada porque Dios salve a la persona que está a nuestro lado; o temer que resulte que otros hombres estén más cerca de Dios de lo que a uno se le ha hecho creer".[76]

En el nivel conceptual, Smith comienza diciendo que cualquier formulación de la fe cristiana debe incluir algo de la doctrina de otras religiones. Debe incluir igualmente el punto positivo de las teologías cristianas previas, esto es, "que en Cristo Dios murió por nosotros los hombres y por nuestra salvación, y que a través de la fe en Él seremos salvos".[77] El problema estriba en reconciliar una caridad verdaderamente cristiana con la correcta relación doctrinal. Smith rechaza las cristologías exclusivistas por violar la caridad cristiana. Su propuesta es afirmar "que un budista que encuentre la salvación, o un hindú o un musulmán o quien sea, se salva, y se salva solamente por ello, porque Dios es la clase de Dios que Jesucristo reveló que era".[78] Sigue diciendo:

> Si la revelación cristiana *no* fuera verdadera, entonces sería posible imaginar que Dios permitiría al hindú adorarlo, al musulmán obedecerlo o al budista sentir compasión por sus semejantes, y no respondería, no les tendería los brazos para abrazarlos. Pero como Dios es lo que es, como es los que Cristo demostró que era, *por eso* otros hombres *viven* en Su presencia. Además, nosotros (como cristianos) sabemos que esto es así.[79]

La posición de Smith es enteramente teocéntrica, pero se basa en un Dios que se revela a través del Cristo. A través de Cristo sabemos que Dios nos tiende la mano con amor para todos. Como criaturas finitas de la creación de Dios, no nos corresponde poner límites a ese amor.

Smith ha llevado su posición teológica a un análisis del uso que hacemos del término "religión". En su obra clásica, *The Meaning and End of Religion*, señala que el uso de teologías exclusivistas tiene como consecuencia que la religión de otras personas se considere idolatría y que sus dioses se conviertan en falsas deidades. A manera de ejemplo cita un postulado del teólogo cristiano Emil Brunner: "El Dios de 'las otras religiones' es siempre un ídolo."[80] De forma similar, para muchos musulmanes Jesús como Cristo es un ídolo. Tales ejemplos de exclusivismo estrecho ejemplifican la arrogancia religiosa que es inaceptable para el seguidor de Jesús. La finalidad de toda religión es la meta a la que conduce: Dios. Smith escribe: "Dios es la finalidad de la religión también en el sentido de que, una vez que se presenta ante nosotros vívidamente, en Su profundidad y amor y verdad inconmovible todo lo demás se disuelve; o cuando menos toda la parafernalia religiosa cae por su propio peso en el sitio mundano que le corresponde, y se pone fin al concepto de 'religión'".[81] Como cristiano, Smith sintió que esta comprensión de la religión es necesaria si hemos de hacer justicia "al mundo en que vivimos y a lo que conocemos de Dios tal como Cristo nos Lo reveló".[82] Toda religión, cristiana, musulmana, budista, hindú u otra, debe ser entendida como un encuentro divino-humano vital y que nos cambia. Así, el papel del misionero cristiano debe ser entendido de una manera fresca. Más bien que pretender convertir a los demás al cristianismo, el misionero debe ahora participar en el encuentro humano-divino de las otras religiones con el fin de ayudar en su desarrollo evolutivo. Desde esta nueva perspectiva el misionero será bien acogido por los líderes religiosos de otras tradiciones. Como ejemplos Smith cita el papel de C. F. Andrews en la vida de Gandhi, y la influencia que Martin Buber, judío, tuvo en el cristianismo moderno. Los cristianos modernos, dice Smith, han aprendido de Buber acerca de Dios, acerca de sí mismos y acerca de la tradición cristiana. Y no sólo eso, "lo acogieron, lo aplaudieron, le pidieron que regresara y que les diera más".[83] A los ojos de Smith, Buber representa el modelo del misionero moderno.

Tras esta nueva visión del cristianismo y de las otras religiones está la comprensión de Smith de cómo es que obtenemos conocimiento. A su modo de ver, es en el encuentro con otras personas, y no en la soledad del estudio del teólogo, como llegamos al conocimiento de Dios, de nuestro mundo y de nosotros mismos. No podemos conocernos unos a otros más que en el mutualismo: en el respeto, la confianza, la igualdad y el amor. En el conocimiento religioso, como en todo conocimiento humano, debemos dejar de pensar que los miembros de otra religión son distantes y diferentes y pensar en ellos como miembros iguales de una comunidad religiosa mundial. Utilizando algunas de las conexiones entre los pronombres como metáforas, Smith dice que debemos dejar de hablar de una religión como un *ella* para hablar de *ellos*, que evoluciona a un *nosotros* hablando de un *ellos*, y pronto en un *nosotros* hablando de *usted*, y un *nosotros* hablando con *usted*, y finalmente todos *nosotros* hablando de *nosotros*.[84] Así pues, para los cristianos el conocimiento no se adquiere en el estudio en aislamiento de la revelación de Dios a través de Jesucristo, sino, por el contrario, entendiendo a Dios a través de Cristo, entendimiento que se adquiere a su vez con la participación en la comunidad mundial de religiones. El problema, que reconoció Smith, es cómo aumentar nuestra visión de la verdad sin perder la lealtad a nuestro acceso finito a ella.[85] La respuesta de Smith es que sólo al ir adquiriendo una conciencia corporativa de nosotros mismos tendremos un verdadero conocimiento del propio ser y de los demás.

> Nuestra solidaridad precede a nuestra particularidad, y forma parte de nuestra autotrascendencia. La verdad de todos nosotros forma parte de la verdad de cada uno de nosotros. Somos nosotros los que deliberadamente diferimos.[86]

La teología cristiana no debe ser la visión de una religión o comunidad que sobresalga por encima de las demás. Éste ha sido el error del pasado. La verdadera teología cristiana, dice Smith, surge cuando nos vemos a nosotros mismos y nos conocemos como participantes en una comunidad mundial que incluye a todas las demás religiones.[87]

La teología de Smith es completamente teocéntrica y contiene la premisa de que cada comunidad humana, cada religión, está en un proceso evolutivo hacia la convergencia última de su conocimiento y experiencia con los de otras comunidades y religiones. A pesar de que este enfoque sienta una excelente base para ayudar a los cristianos y a otros a identificar áreas de experiencia común, no responde a la pregunta de cómo evitar perder nuestra propia y única revelación al mismo tiempo que ensanchamos nuestra visión de la verdad a manera de incluir todas las demás verdades. En este punto la posición de Smith será problemática para un fundamentalista en el seno del cristianismo o en el de cualquier otra religión. Además, el hecho de que Smith asuma que el sentido religioso corporativo sea algo que Dios desea será seguramente inaceptable para el pensador budista.

Paul Knitter

Knitter acepta una gran parte del enfoque de John Hick, pero lo contextualiza y trata de impulsarlo hacia delante como el estudioso católico romano que es, con una gran apertura a otras religiones. Como editor

63

general de la serie "Faith Meets Faith" [Encuentro de un credo con otro credo], publicada por Orbis Books, Knitter ha hecho una gran labor para fomentar el diálogo interreligioso y el debate académico acerca del pluralismo religioso. En su primer libro, *No Other Name? A Critical Survey of Christian Attitudes Toward the World Religions*, abiertamente relaciona la noción pluralista de verdad, desarrollada por los filósofos, con el desafío del pluralismo religioso. La verdad ya no puede ser definida en concordancia con la noción científica de determinado conocimiento a través del entendimiento de las relaciones causa-efecto. Esto significa que el conocimiento científico no es la verdad sino sólo está en el camino hacia la verdad. En el plano personal, la verdad no es la búsqueda de la certidumbre, sino de una comprensión siempre creciente. Y esta "comprensión" estará siempre abierta al cambio y la revisión constantes.[88] Al igual que para Smith, para Knitter el principio racionalista de la no contradicción, el modelo exclusivista religioso "o bien esto/o bien lo otro", al que antes se daba la mayor importancia, ya no es aceptable. La verdad, según él, debe verse ahora como algo relacional: "lo que es verdadero se revelará sobre todo a través de su capacidad para conectar estas expresiones diferentes de la verdad y para crecer gracias a estas conexiones".[89] Consciente del peligro de que este enfoque pudiera deslizarse hacia lo que llama una "insignificancia relativista", en la que se preste la misma atención acrítica a todas las posiciones, Knitter ofrece la útil sugerencia de que los pluralistas pueden aprender algunos criterios útiles de la teología de la liberación.[90] 1) Los teólogos de la liberación entran en el círculo hermenéutico —el proceso de tratar de escuchar e interpretar las escrituras o tradición— con una "suspicacia hermenéutica". Recelan de la forma en que las interpretaciones de las escrituras y de la doctrina pueden convertirse en ideologías o el medio para promover los propios intereses en detrimento de los de los demás. Los enfoques cristocéntricos exclusivistas, por ejemplo, están expuestos a las distorsiones colonialistas o imperialistas, como tantos modelos de desarrollo primermundistas. 2) La teología de la liberación antepone a los pobres, en vez de buscar un concepto unificador abstracto (por ejemplo el de "lo Real" de Hick). Aunque tal vez no exista un terreno común, o esencia, al que podamos recurrir como base para el diálogo, tal vez podríamos concordar en un acercamiento común, esto es, los pobres o los desposeídos —las víctimas de este mundo— como *locus* común de nuestra experiencia religiosa. Así, en vez de que sea Dios o un enfoque teocéntrico el punto de partida del encuentro religioso, un enfoque *soteriocéntrico* (o la liberación de toda atadura: el hambre, el sexismo, el racismo, la pobreza, etc.) puede alejar al diálogo entre credos de la discusión intelectual (por valiosa que sea). Knitter sugiere que esto ofrecería a las religiones una base para nivelarse en un mundo pluralista. En este enfoque, a diferencia del teocentrismo o del cristocentrismo, ningún sistema de revelación (la Torá, los Evangelios, el Corán, los Vedas) es absoluto. La perspectiva de basarse en la *soteria*, en la salvación de toda clase de ataduras (entre las que el reino de Dios a través de Cristo, entre los cristianos, es sólo una), podría hacer que se esclarecieran entre sí y emitieran un juicio crítico mutuo. Knitter desarrolla aún más esta línea de pensamiento en su libro de 1996, *Jesus and the Other Names*, sobre el que hablaremos más adelante en este capítulo.

Estos estudiosos son una muestra del acercamiento teocéntrico a otras religiones. Antes de empezar a hablar de los teólogos cristocéntricos es pertinente agregar una nota sobre algunas contribuciones bíblicas recientes. Krister Stendahl, profesor de estudios sobre el Nuevo Testamento en la Escuela de Teología de Harvard, presentó recientemente tres estudios bíblicos en los que se adoptó una posición teocéntrica. Cita fuentes tanto del Antiguo como del Nuevo Testamento que interpreta como "demostraciones de particularismo dentro de una perspectiva universal".[91] Afirma que la Biblia habla de los intentos de Dios de "enmendar a la creación". Para ello envió a Noé, a los profetas y después a Jesús, quienes predicaron el reino de Dios como una creación enmendada. Pero cuando el reino no llegó, los cristianos desviaron su atención del reino hacia Jesús como Señor (rey). La tendencia cristiana a la exclusividad, dice Stendahl, procede del hecho de que, aunque

Jesús predicó el reino, la iglesia predicó a Jesús. La exégesis de Stendahl de las declaraciones de Pedro sobre Cristo de que "no hay bajo el cielo otro nombre dado entre los hombres por el que debemos salvarnos" (Hechos 4:12) es que se trata de una confesión, y agrega que las confesiones religiosas deben ser entendidas como un "lenguaje de amor". Y da un ejemplo. Si un esposo dice que su esposa es única para él, y está diciendo la verdad, entonces eso es bueno y cierto. Pero si bajo palabra estuviera testificando en un juicio y el juez le preguntara si está seguro de que en ningún lugar del mundo puede haber otra mujer sobre la que pudiera decir lo mismo, entonces no podría hacer semejante juramento. En ese contexto, dice Stendahl, las mismas palabras adquirirían un significado diferente, de la misma forma que la confesión de Pedro si se tomara como un axioma de teología dogmática. Así, aunque Pedro está hablando ante las autoridades del templo, su lenguaje es confesional; es un lenguaje de amor; no puede ser tomado como un postulado de teología dogmática. En nuestra experiencia religiosa particular, estamos en el nivel de testigos, confesión y lenguaje amoroso. Esta experiencia religiosa primaria no constituye una base sólida para una pretensión conceptual absoluta. En un mundo pluralista es importante que los cristianos encuentren su lugar especial como testigos de Jesucristo, dejando el resultado del testimonio en manos de Dios. Stendahl se guía a este respecto en la carta que Pablo dirige a la iglesia en Roma. En ella refleja cómo su misión para con los gentiles se ajusta al plan de Dios que es más grande (Romanos 9-11). Pablo parece querer decir dos cosas: 1) ha observado una actitud arrogante y de superioridad en el movimiento de los gentiles y 2) la salvación de los judíos ha de dejarse en manos de Dios. En estos pasajes, observa Stendahl, el acento está en Dios, no en Cristo. El problema que Pablo percibió es que los cristianos estaban dando testimonio de Jesús con arrogancia, en una forma que equiparaba la mano de Dios exclusivamente con su misión. No veían su misión como un testimonio particular de su comunidad en especial dentro de un mundo de comunidades, y en esto, según Pablo, estaban errados. Se volvieron orgullosos, "no temieron" (Romanos 11:20).

66

Enfoques cristocéntricos

Las aproximaciones cristocéntricas a otras religiones se fundan en cristologías que consideran que Jesucristo es la única encarnación de Dios. Y como tal es la revelación universal para todos los hombres. Visiones cristocéntricas más antiguas del Occidente cristiano solían consignar a las demás religiones a la oscuridad espiritual y a sus seguidores, a la condenación. Estas perspectivas son cada vez más inaceptables a la luz del creciente contacto con otros credos. En consecuencia, los teólogos cristocéntricos contemporáneos se han estado esforzando por evitar las implicaciones inaceptables de esas perspectivas sin tener que renunciar a ellas por completo. Esto en línea con el método teológico tradicional de reinterpretar un dogma en vez de decir que no era correcto. Se han adoptado varias técnicas para reinterpretar la teología cristocéntrica en formas más aceptables para el pluralismo religioso. Se distingue la fe implícita de la fe explícita; se distingue el bautismo voluntario del bautismo literal; la iglesia latente se distingue de la iglesia manifiesta: la salvación a través del Cristo en la vida venidera se distingue de alcanzar la salvación es esta vida.[92] Teólogos como John Cobb recurren a la antigua noción cristológica del Cristo como la encarnación del Logos.[93] Se considera que Cristo es la encarnación normativa del Logos para todas las religiones. Wolfhart Pannenberg adopta un enfoque inductivo que pone gran énfasis en la historicidad objetiva de Jesús como fundamento de la fe. Pannenberg pasa del Jesús histórico al reconocimiento de su divinidad, siendo la encarnación una conclusión.[94] Sin embargo, esa cristología orientada a lo temporal conduce a Pannenberg, pese a todo, a sostener la finalidad y la universalidad de Cristo. Aunque los miembros de otras religiones experimentan a Dios, no Lo conocen realmente; como el conocimiento redentor sólo viene con Cristo, la experiencia de Dios en otras religiones no puede salvar.[95] Karl Rahner, teólogo católico romano, ha presentado el intento tal vez más sofisticado y más trascendente de encontrar un acercamiento cristocéntrico aceptable a otras religiones. Pero antes de examinar su posición pasemos al otro extremo del espectro y consideremos la cristología exclusivista de los teólogos evangélicos.

Los teólogos evangélicos

La teología evangélica está cimentada en la autoridad de la Biblia y en postulados tales como el de Pedro de que ante el nombre de Jesús todos habrían de inclinarse y admitir que "éste es el Señor" (Hechos 10:36). La cristología de la Alianza de Lausana de 1974 puede considerarse representativa de la cristología evangélica:

> Porque son en desdoro del Cristo y del evangelio rechazamos todas clase de sincretismo y diálogo que implique que el Cristo habla de la misma manera en todas las religiones y teologías. Jesucristo, el único hombre-Dios, que dio su vida como único redentor de los pecadores, es el único mediador entre Dios y el hombre. No hay ningún otro nombre por el que debamos ser salvos. Todos los hombres perecen por el pecado, pero Dios ama a todos los hombres, y no desea que ninguno perezca sino que todos se arrepientan. No obstante, los que rechazan al Cristo repudian la alegría de la salvación y se condenan a la separación eterna de Dios. Proclamar a Jesús "el salvador del mundo" no es afirmar que todas las religiones ofrecen la salvación en el Cristo. Es más bien proclamar el amor de Dios por un mundo de pecadores e invitar a todos los hombres a responderle como el Salvador y el Señor en el compromiso personal y de corazón del arrepentimiento y la fe. Jesucristo ha sido exaltado por sobre cualquier otro nombre; anhelamos que llegue el día en que todas las rodillas se hinquen delante de él y todas las lenguas confiesen que él es el Señor.[96]

En este tipo de pensamiento exclusivamente cristocéntrico los teólogos evangélicos evitan los conceptos abstractos, universales, tales como el Logos y mejor se centran en el acontecimiento histórico y único de Jesús: su vida, su muerte y su resurrección. También se hace hincapié en la comisión registrada en Mateo 28:18-19: "Toda potestad me es dada en el

68

cielo y en la tierra. Por tanto, id y adoctrinad a todos los Gentiles". Aunque ya no prevalece la expectativa de que algún día todos se convertirán al cristianismo, el mandato de Jesús de hacer discípulos no se minimiza. Se entiende, más bien, como un requisito de plantar la semilla del evangelio en cada nación para que "el trigo" y "la cizaña" puedan crecer juntos hasta el día de la cosecha, en el fin del mundo (Mateo 13:30).

Los evangelistas admiten que las demás religiones pueden tener algún conocimiento natural de Dios, pero añaden que por sí mismo ese conocimiento es insuficiente para la salvación. La Alianza de Lausana declara: "Reconocemos que todos los hombres tienen algún conocimiento de Dios a través de Su revelación general en la naturaleza. Pero negamos que éste sea redentor, porque los hombres ocultan la verdad con su iniquidad".[97] Los evangélicos tienen en poca estima a las otras religiones. En su lectura de la Biblia, Cornelio era un hombre piadoso, benevolente y sincero que de cualquier manera no fue redimido hasta que Pedro no le predicó el evangelio.[98] Pese a que es verdad que Dios está activo en otras religiones a través de su presencia en la naturaleza (Romanos 1:19-20), las personas que las practican rechazan a Dios hasta que les es dado a conocer en Jesucristo. Según los teólogos evangélicos, el diálogo con otras religiones no les enseña nada nuevo sobre Dios, pues ese conocimiento está plenamente presente en Cristo; pero el diálogo sí conduce a una más amplia comprensión de la naturaleza y la experiencia humanas, y ello hace que la base desde la cual se predica el evangelio sea más eficaz.

Debido a su convicción de que la verdad está plenamente presente en Jesucristo, los evangélicos han dado poca importancia al aprendizaje de otras religiones. Hasta hace muy poco tiempo la idea del diálogo entre religiones despertó algún comentario de los círculos evangélicos. En Inglaterra, la Alianza Evangélica ha establecido una comisión para aclarar cuestiones relativas a dicho diálogo. En Oriente ha habido una actividad un poco mayor. En la India, por ejemplo, desde 1963 existe el diálogo con los musulmanes.[99] Un teólogo evangélico que ha hecho frente a los desafíos del pluralismo es Clark Pinnock.

Clark Pinnock

Citando pasajes bíblicos como la afirmación de que Cristo no murió únicamente por nuestros pecados sino por los pecados de todo el mundo (1 Juan 2:2), "Oh Dios nuestro Salvador, [tú eres] la esperanza de todos los rincones de la tierra" (Salmos 65:5), Pinnock empieza reconociendo que "es fundamental para la Biblia la creencia en el carácter amplio y omnicomprensivo de la soberanía y la gracia divinas. El amor de Dios por el mundo es amplio e inclusivo".[100] ¿Cómo explica uno entonces, desde una perspectiva cristocéntrica, que esta redención universal tiene lugar a través de la revelación de Dios en Jesucristo? Presentados juntos, los dos postulados cristianos parecen excluir el poder redentor de otras religiones. Pinnock resuelve este problema de un modo que evita el exclusivismo estrecho del tipo del que dice que sólo aquellos que aceptan a Jesús como su Señor se salvarán, y por tanto no lo harán los judíos, los musulmanes, los hindúes, los budistas ni los behaístas. En cambio, para él, el Espíritu Santo está presente en todo el mundo, entre todos los pueblos y todas las religiones, trabajando para prepararlos para el evangelio de Cristo. Aunque toda redención es exclusivamente cristiana, y aunque todos deben pasar por Jesús para alcanzar a Dios, de todos modos hay varios caminos que se pueden tomar. Por ejemplo, un judío, un musulmán o un budista sinceros tienen al Espíritu Santo que obra en ellos preparándolo para recibir la gracia de la conversión y el conocimiento explícito de Dios a través de Cristo, en esta vida o después de la muerte. Pinnock habla de los santos en otras religiones. Esto se debe a que, gracias al amor universal de Dios, el Espíritu del Padre y del Hijo puede obrar por el bien dondequiera que sea, incluso en otras religiones, si las circunstancias lo permiten. Esto se sigue lógicamente de la doctrina de la Trinidad en la fe cristiana. El hecho de ser una figura histórica no impide que Jesús sea el salvador del mundo. En su resurrección, Jesús obra a través del Espíritu para atraer a todos hacia sí. Por lo tanto, no podemos actuar como si estas personas que "todavía" no son cristianas de otras religiones fueran rivales o enemigas si nuestro Dios

70

las ha convertido en Sus amigas. No puede meterse una cuña entre lo que Dios hace en la creación y en la redención, dice Pinnock.[101]

Pinnock reconoce la influencia del Concilio Vaticano II en su evolución como teólogo evangélico. La insistencia en el Espíritu Santo y la apertura al mundo los condujo a su actual posición cristocéntrica inclusivista. Sin embargo, su objetivo es demostrar que este enfoque no sólo es teológicamente coherente, sino que también está bien fundado en la exégesis bíblica y por lo tanto puede ser encomendado a la tradición evangélica. En este sentido, Pinnock cita del Viejo Testamento la historia del encuentro de Melquisedec con Abraham (Génesis 14:17-24), donde se muestra que Dios se ocupa de los cananeos; y del Nuevo Testamento, la historia de Dios que utiliza a Cornelio, un gentil piadoso, para enseñarle al apóstol Pedro que no hay parcialidad en el trato de Dios con las personas (Hechos 14:17). Si, pues, Dios trabaja en otras religiones —concluye Pinnock—, entonces los cristianos deben mostrar una generosa apertura a la posibilidad de la presencia de Dios en ellas: en la poesía devocional del hinduismo, que celebra a un Dios de amor personal, o en la entrega confiada a la gracia que se observa en las prácticas del budismo jodo shin-shu japonés. No obstante, no todo lo que se atribuya al Espíritu en otras religiones debe aceptarse acríticamente. Los cristianos deben contrastar toda supuesta manifestación del Espíritu en otras religiones (y en el cristianismo) con la revelación del Dios en Jesucristo. El Paracleto es el Espíritu de Jesús, y por tanto su revelación de Dios es el criterio último de verdad en todas las religiones.[102]

Karl Rahner

La teología de Karl Rahner es un esfuerzo sistemático para afirmar la exclusividad y la universalidad de Cristo respetando al mismo tiempo la voluntad de redención universal de Dios.[103] Escribe Rahner: "Si por un lado Dios desea real, verdadera y seriamente esta salvación para todos los hombres, entonces estos dos aspectos no se pueden reconciliar de ninguna otra forma que no sea afirmando que todo ser humano está real y verdade-

71

ramente expuesto a la influencia de la divina gracia sobrenatural."[104] Es la gracia universal que Dios prometió a toda la humanidad que mueve a Rahner en lo profundo y lo insta a, de alguna manera, reconciliar la teología cristocéntrica con la experiencia religiosa no cristiana.

Rahner fija su posición en cuatro tesis: 1) el cristianismo considera que es la religión absoluta prometida a todos los hombres y, por lo tanto, no puede reconocer a ninguna otra como su igual; 2) hasta el momento en que el evangelio no entra en la situación histórica de una persona, una religión no cristiana puede contener para ella no sólo un conocimiento natural de Dios, sino también elementos sobrenaturales de la gracia (un regalo de Dios en nombre de Cristo); 3) por ello el cristianismo no nada más confronta al miembro de otra religión como un simple no cristiano, sino como alguien que debe ser considerado como un cristiano anónimo; y 4) la iglesia no se considerará tanto la comunidad exclusiva de aquellos que tienen derecho a la salvación, sino más como la vanguardia histórica y la expresión explícita de la esperanza cristiana que está presente como una realidad oculta en otras religiones.

Con estas cuatro tesis Rahner abarca la gracia redentora universal del Dios y la exclusividad de Cristo como criterio explícito y pleno para ella. Si debido a circunstancias históricas o geográficas una persona no se ha visto expuesta a Cristo, entonces puede experimentar la gracia de Dios —entendida como el fundamento *a priori* de todas las religiones— en otra religión. Esta otra religión, siendo una revelación de la gracia de Dios, puede conducir a la salvación. Por lo que parece se llega a una paradoja: la salvación sólo se puede alcanzar a través de Cristo (tesis 1), pero la salvación también se puede alcanzar por la vía de otra religión. La resolución de la paradoja es que si la salvación se alcanza por la vía de otra religión, entonces debe ser una experiencia de cristianismo anónimo. Rahner tiene cuidado de salvaguardar la superioridad del cristianismo: el individuo expuesto a la gracia de Dios a través del cristianismo tiene, en igualdad de circunstancias, mayor oportunidad de redimirse que alguien que es un simple cristiano anónimo, un miembro de otra religión.[105]

Rahner se da cuenta de que un judío o un hindú pensarán que es presuntuoso de parte del cristiano considerarlos cristianos que aún no han comprendido la verdadera identidad, o el yo. Sin embargo, dice Rahner, "el cristiano no puede renunciar a esta suposición [...] Que Dios es más grande que el hombre o la iglesia constituye un reconocimiento profundo".[106] Para Rahner, aceptar la realidad de la gracia de Dios en otras religiones da al cristiano la base de la tolerancia, la humildad, pero también la firmeza frente a todos los que no son cristianos.

Desde el cristianismo mismo esta doctrina de Rahner sobre el cristianismo anónimo ha sido tachada de elitista y relativista. Pero para Rahner "el cristiano anónimo no está condenado a una forma defectuosa de cristianismo; él existe en el mismo plano sobrenatural, radical y humano que el cristiano explícito. La posibilidad universal de la redención está ontológicamente cimentada en el acto creativo de Dios y el acontecimiento crístico la hizo históricamente presente".[107]

Tal vez el teólogo que mejor ha continuado la tradición de Karl Rahner es Gavin D'Costa, quien en sus escritos hace una fuerte crítica de John Hick y otros académicos pluralistas teocéntricos,[108] antes de replantear y desarrollar la posición de Rahner. Mientras que elogia a Hick por su genuina protesta en contra de la condena que hace el cristianismo de otras religiones, afirma que su intento de aceptar a todas las religiones termina no aceptando a ninguna. La doctrina de Hick sobre Dios se aparta de todo contexto religioso para convertirse en un teocentrismo flotante o, en sus escritos más recientes, en un "centrismo en la realidad" (para dar cabida a tradiciones no teístas como el budismo). Desde la perspectiva cristiana, hacer esto implicó que Hick descentrara la encarnación de Cristo al interpretarla y que descartara por mitológicas las pretensiones de otras religiones. Esto no le gusta a ningún creyente, argumenta D'Costa. Es como si Hick hubiera sustituido una arrogancia (que todas las pretensiones religiosas son mitológicas) por otra (que una religión tiene la verdad exclusiva). Según D'Costa, Rahner maneja todas estas cuestiones de manera mucho más satisfactoria, y sin pedirle a nadie (cristiano, judío, musulmán, hindú, budista o behai) que abandone sus criterios religiosos —ni que los mitologice.

Siguiendo a Rahner, para D'Costa Cristo es el criterio de verdad definitivo para los cristianos, y aprueba todo esfuerzo para utilizar dicho criterio para rastrear elementos de continuidad o de discontinuidad, verdad y error, en las demás religiones. Las implicaciones de este enfoque para el ritual interreligioso, la actividad misionera, el debate teológico con otras religiones sobre las pretensiones de verdad y la práctica eclesial dentro de la iglesia son abordadas pero no examinadas a fondo.[109]

Un esfuerzo reciente e innovador dentro de la tradición cristocéntrica católica romana es el libro *Toward a Christian Theology of Religious Pluralism*, del jesuita Jacques Dupuis.[110] Éste, al igual que Knitter, ha pasado los últimos diez años engranando la teología de la liberación con el debate sobre el pluralismo religioso. La finalidad de Dupuis es desarrollar una teología que vaya más allá del "cristianismo anónimo" de Rahner; sin embargo, al igual que éste, conserva su identidad cristiana a la vez que está comprometido con el diálogo entre credos. Lo que se requiere, dice Dupuis, no es un enfoque que uniforme las diferencias en la búsqueda de un común denominador, sino un franco reconocimiento de la diversidad y de la aceptación mutua de los otros en su otredad. A pesar de que la teología de Rahner y de otros autores hicieron precisamente esto, su interés central, en una perspectiva cristocéntrica, era el problema de la salvación para los miembros de otras religiones, o el papel de esas religiones en la salvación de sus miembros. Dupuis considera que él está dejando atrás ese interés central para buscar, "a la luz de la fe cristiana, el significado para el género humano de que Dios haya diseñado la pluralidad de credos vivos y de tradiciones religiosas de los que estamos rodeados. ¿Están destinadas a converger todas las tradiciones religiosas del mundo? ¿Dónde, cuándo y cómo?"[111] Ya no basta con estudiar el pluralismo religioso en términos del papel que el cristianismo puede asignar a otras religiones, sino más bien considerar el pluralismo religioso como el gran plan de Dios para que se dé la posibilidad de una mutua convergencia de las diversas religiones (con pleno respeto por sus diferencias y para que se enriquezcan unas a otras). Para los cristianos que viven hoy en la India, dice Dupuis, esto se entiende como teología interreligiosa con un imperativo universal. Dupuis, dividiendo en temas, ofrece un panorama de lo que podrían ser destellos del misterio del plan de Dios: en la historia; en la palabra de Dios en las múltiples escrituras sagradas; en la revelación de Dios en Jesucristo; en el papel decisivo que el Cristo histórico desempeña en el plan de Dios; en el papel que el Cristo tiene en las demás religiones, vistas como canales a través de los cuales la gracia redentora de Dios fluye hacia sus miembros; y en el papel que el diálogo interreligioso juega en la misión evangelizadora de la iglesia. Dupuis termina viendo, como parte del gran plan de Dios, "la acción universal del Espíritu de Dios en el mundo hoy, cuando los cristianos participan, junto con otros, en la promoción del Reino de Dios en la tierra".[112]

Todo esto empieza a adquirir una inquietante tonalidad triunfante y nos hace anhelar la simplicidad de Rahner y su deseo de que los creyentes de cada religión se vean unos a otros sencillamente en términos "anónimos" (el cristiano anónimo, el hindú anónimo, el budista anónimo, etc.), para que el diálogo honesto y respetuoso sea posible. Al tratar de adivinar el plan de un "gran pluralismo religioso", como Dupuis pretende, corre el peligro de que se vea en demasía a través de nuestras propias gafas teológicas, y luego imponer esa visión tendenciosa en nuestro propio diálogo con creyentes de otras religiones que, como en el caso de los budistas (con su negación de Dios y conceptos tales como la unidad última), experimentarían problemas de inmediato.

Tal como se evidencia en las teologías de Pinnock, Rahner y Dupuis, los enfoques cristocéntricos, al igual que los teocéntricos, están mudando su foco de atención de la exclusividad de Cristo a la universalidad de Dios.

El enfoque dialogal

Mientras que los teólogos que apoyan las perspectivas cristocéntrica o teocéntrica han estado tratando de reinterpretar la teología cristiana para dar cabida sistemáticamente a otras religiones, otro grupo de pensadores cristianos ha insistido en el diálogo. El diálogo parte de la premisa de que cada religión tiene pretensiones absolutas que no se pueden relativizar.[113] Por más replanteamientos que se hagan, las diferencias no desaparecen. Pero al dejar que nuestra labor teológica se vea influida por otros credos, estaremos obligados a ser más honestos y más profundamente espirituales. El requisito para el diálogo no es armonizar a todas las religiones, sino reconocer que cada persona espiritual tiene una convicción absoluta y comprometida, y que esas convicciones varían. El cristiano está comprometido con Dios a través de Cristo, el musulmán con el Corán como la palabra final de Dios, el hindú con la idea de muchos caminos al único Brahma (la absolutización de un relativismo), y así sucesivamente. En el enfoque dialogal se considera que en cada religión hay un absoluto que no puede ser abandonado sin destruir la identidad esencial de ese credo. Un diálogo así requiere la suficiente madurez del ego "para dejar que los opuestos coexistan sin pretender hacerlos compatibles".[114] Por cierto, se da por sentado que la capacidad misma y la necesidad de afirmación categórica es algo que poseen en común todas las personas que son religiosas, y por ello son una base para el diálogo.[115]

Stanley Samartha

Entre los cristianos que proponen el diálogo, Stanley Samartha es el que ha realizado los mayores esfuerzos de sistematización.[116] Habiendo crecido y vivido en la India, se vio obligado a vivir una vida de diálogo. Comienza aduciendo que un cristiano debe acercarse al diálogo desde un punto de vista teocéntrico, y no cristocéntrico. Esto lo libera de la exclusividad de la *posesión* que petrifica la revelación y monopoliza la verdad. El verdadero compromiso cristiano, dice, se apega al centro de la fe sin cerrar las puertas en la circunferencia. Algunas puertas deben dejarse "abiertas para que la suave brisa del Espíritu Santo pueda entrar en el hogar cristiano, a veces procedente de rincones inesperados".[117] Para Samartha el problema es que los cristianos toman equivocadamente apertura por relativismo o neutralidad.

Reconocer el hecho del pluralismo religioso significa que uno no puede refugiarse en terreno neutro u objetivo. No existe un helicóptero teológico que nos eleve por encima de todas las religiones para mirar hacia abajo con altiva condescendencia. Nuestro punto de partida, por consiguiente, debe ser cristiano, pero por la misma razón nuestros semejantes son libres de tener su propio punto de partida.[118]

En opinión de Samartha, la obligación de los cristianos de hoy no es para con el cristianismo como religión, ni para con las formas culturales de cristianismo que hemos heredado, "sino para con Dios, quien, en el punto mismo en que Se revela en Jesucristo, nos libera de nuestras particulares ataduras para tener nuevas relaciones con nuestros semejantes en la comunidad más amplia".[119] De la misma manera en que Dios se arriesgó a convertirse en ser humano, los cristianos no deben temer vivir en medio del pluralismo religioso. Lo que se necesita no es una teología del diálogo sin valor para el mismo.

Samartha define el diálogo como "un intento de entender y expresar nuestra particularidad no sólo en términos de nuestro propio legado sino también en relación con el legado espiritual de nuestros semejantes".[120] Da tres razones teológicas detalladas por las cuales el diálogo debería ser una preocupación constante de los cristianos: 1) Dios en Jesucristo ha establecido una relación con personas de todos los credos y de todos los tiempos, trayendo la buena nueva de la salvación; 2) la oferta, inherente en los evangelios, de una verdadera comunidad a través del perdón, la reconciliación y una nueva creación conduce inevitablemente al diálogo y 3) como Jesús prometió que el Espíritu Santo nos llevará a todos a la verdad, y como la verdad según se entiende en la Biblia no es proposicional sino relacional, el diálogo se convierte en uno de los medios de la búsqueda de la verdad.[121] Aun cuando la palabra "diálogo" no se encuentra en la Biblia, las relaciones cálidas y los encuentros personales intensos aparecen en toda ella. El enfoque dialogal está ejemplificado en la forma en que Jesús trata a personas tales como Nicodemo, la mujer samaritana, el centurión romano y sus propios discípulos. Es el camino del diálogo, y no la "intimidación teológica", lo que se exige de los cristianos en el mundo pluralista de hoy.

En cuanto al resultado final del diálogo, Samartha sostiene que "ahí donde las personas se reúnen en libertad y expectación, hay momentos en que las etiquetas que se cuelgan los interlocutores pierden su importancia y aquello que está atrás y por encima de ellos sale a relucir en libertad espiritual, ofreciendo una visión de lo esencial que los une".[122] Aunque estos momentos sean escasos, son significativos, y Samartha tiene la esperanza de que contribuirán a la transformación de ciertas religiones sin negar lo que las hace distintivas.

Raimundo Panikkar

Como Samartha, Panikkar se vio en la necesidad de vivir una vida de diálogo entre el cristianismo y el hinduismo. Su madre era española, católica y su padre hindú. En el seno del catolicismo, los escritos de Panikkar han iniciado esfuerzos en el área de las relaciones entre credos. Panikkar parte de la premisa de que "las verdades que la doctrina cristiana, por una parte, y la doctrina hindú, por la otra, proponen como universales han llegado a ser consideradas puntos de vista particulares y limitados —si no es que fanáticos—, cuando en realidad ambas son formulaciones, necesariamente limitadas por factores culturales, de una verdad más universal".[123] En sus escritos pretende demostrar la presencia de la verdad religiosa en más de una religión, así como mostrar que "revelar esa verdad puede ser para la iluminación mutua de todos los implicados".[124] Se le ha tachado erróneamente de reduccionista —de reducir la experiencia de la verdad en una tradición describiéndola en términos de los símbolos de otras tradiciones, como sugiere el título de su libro *The Unknown Christ of Hinduism* [El Cristo desconocido del hinduismo].[125] Más que embarcarse en un reduccionismo religioso, Panikkar admite que "cuando una verdad religiosa es reconocida por las dos partes [en un diálogo] y por ende pertenece a

78

ambas tradiciones, en cada caso se hará referencia a ella con el vocabulario propio de la particular tradición".[126] Así, cuando los cristianos admiten una verdad religiosa ajena a su propia religión, natural y apropiadamente la verán en términos cristianos y la describirán como una verdad cristiana descubierta. De la misma manera, cuando un hindú ve algo verdadero en el cristianismo, lo considerará como una verdad hindú con vestimenta cristiana. La tesis de Panikkar es que por medio del diálogo las experiencias particulares de la verdad —Cristo para los cristianos, los Vedas para los hindúes— pueden ensancharse y profundizarse a manera de iniciar nuevas experiencias de la verdad religiosa. A través del diálogo habrá un ensanchamiento y un ahondamiento de cada experiencia particular de la verdad divina. En el diálogo, la relación entre las religiones "no es de asimilación, ni de sustitución (mal llamada 'conversión'), sino de *mutua fecundación*".[127] En el mundo plural de hoy, dice Panikkar, el objetivo del diálogo es insistir en la continuidad de la profundidad que se puede llegar a descubrir que existe entre religiones y comunidades.[128]

Detrás de todo diálogo está el Misterio divino (no necesariamente el "mismo" Misterio) que toda religión pretende explicar. Este Misterio no es una realidad divina puramente trascendente que se conoce a través del ritual; es igualmente inmanente y activa en la situación histórica en la que comulgamos con los demás como peregrinos en el camino.[129] Dentro de cada religión el nombre central, como Cristo, los Vedas o el Dharma, es el símbolo que revela ese Misterio. Para los cristianos, Cristo es la revelación de ese Misterio y el símbolo vivo para la totalidad de la realidad humana, divina y cósmica. Cualquier otro símbolo que sea neutral, como Dios, Espíritu o la verdad, es rechazado por Panikkar porque trunca la realidad y limita el Misterio divino a un principio desencarnado, una epifanía ahistórica o una abstracción.[130] Panikkar rechaza también la teoría simplista del símbolo neutral, como un Dios único que existe por encima del nombre de las distintas religiones. Más bien, la "realidad [divina] es muchos nombres y cada nombre es un nuevo aspecto, una nueva manifestación y revelación de ella. Y sin embargo cada nombre enseña o expresa, por así decir, el Misterio indiviso".[131] Panikkar presenta la siguiente metáfora:

Cada religión, y en última instancia cada ser humano, ocupa un lugar dentro del arco iris de la realidad y lo ve como una luz blanca, justamente por ver a través de todo el arco iris. Desde afuera, como una abstracción intelectual, yo lo veo a usted en la zona verde y usted a mí en la anaranjada. Yo digo que usted es verde y usted dice que yo soy anaranjado porque, cuando nos vemos, no estamos mirando la totalidad. No tenemos la intención de expresar la totalidad —aquello en lo cual creemos—, pero nos evaluamos y nos juzgamos uno al otro. Y pese a que es cierto que yo me encuentro en la franja anaranjada, con todas las limitaciones de la espiritualidad azafranada, si usted me pregunta mi color, yo diré "blanco".[132]

Así, pues, los cristianos deberán llevar su concepción del Cristo como el Misterio divino a otras religiones en forma misionera, o bien tendrán que admitir las dimensiones desconocidas del Cristo en las otras religiones. Panikkar adopta este último enfoque.

Al formular su cristología, Panikkar trata de incluir todo lo que se requiere para la anterior base del diálogo y al mismo tiempo evitar un reduccionismo ya sea humanista o metafísico de la experiencia cristiana de Jesucristo.[133] Por una parte, Jesús, que es Cristo para los cristianos, tiene un fundamento histórico. Aunque es más, no es sólo Jesús de Nazaret. Esto previene contra cualquier reducción gnóstica de la realidad histórica de Jesús como Cristo. Por la otra, el cristiano no puede decir que Cristo sólo es Jesús, porque esto sería tanto como reducir el Misterio divino a estar exhaustivamente presente en Jesús de Nazaret. Cristo es más que el Jesús histórico, como testifica la resurrección. Sin embargo, para el cristiano, este "más" que podría aparecer como la verdad del hinduismo o el islamismo sólo puede ser conocido como Cristo. La esencia del autoconocimiento cristiano es que Cristo es el redentor universal, el único mediador, el único ungido por Dios. La concreción del Cristo en Jesús no destruye su universalidad porque la realidad Cristo se revela en la experiencia personal de su singularidad.[134]

En un pasaje reminiscente de la metáfora del "lenguaje de amor" de Krister Stendahl para la experiencia exclusiva de la verdad cristiana, Panikkar invoca la analogía de nuestra experiencia con un rostro:

> Un rostro es un rostro real cuando es más —y no menos— que la fisonomía de la cabeza humana. Es un rostro cuando es un rostro para mí, con una singularidad sólo suya. El rostro es concreto y no particular; es ese rostro sólo para mí. No tiene ningún sentido decir que usted ha descubierto "otro" rostro en él. Cada rostro comprende el descubrimiento que usted ha hecho de él. En ambos casos es un rostro cuando habla, responde y está animado por la vida que también fluye en mí.[135]

Panikkar, al igual que Stendahl, evoca la experiencia de Cristo que es a la vez absoluta, en el sentido de que es la verdad revelada para el creyente, y abierta a aceptar que habrá una experiencia diferente de lo divino para otras personas. Uno y otro ofrecen analogías cuya finalidad es ayudar al cristiano moderno, que vive en medio del pluralismo, a encontrar el término medio entre el exclusivismo estrecho y el relativismo gris. Panikkar se dirige a los cristianos que son benévolos con otras religiones "pero que no desean diluir su propia religiosidad ni perder su identidad propia, a pesar de que están dispuestos a la apertura y aun a cambiar, si fuera necesario".[136] Y los insta a reconocer que amando a Cristo y creyendo en él como la verdad última están respondiendo al mismo Misterio que otros creyentes experimentan en otras religiones. Esto no implica la noción ingenua y acrítica de que hay un solo Dios, "una cosa", que las personas llaman con diferentes nombres. Más bien lo que se sugiere es "que cada nombre auténtico enriquece y distingue ese Misterio que no es puramente trascendente ni puramente inmanente".[137] En términos cristianos, el camino para entender este Misterio es con el concepto de la Trinidad.

En su libro *The Trinity and the Religious Experience of Man*, Panikkar intenta reformular la teología cristiana a manera de "ensanchar y ahondar en el misterio de la Trinidad de forma que abarque este mismo misterio

81

existente en otras tradiciones religiosas, sólo que expresado de diferente manera".[138] Para Panikkar la Trinidad es un empalme donde las auténticas dimensiones espirituales de todas las religiones concurren en el pensamiento cristiano. Acertadamente rechaza la noción de que el encuentro de las religiones puede o debería tener lugar en algún terreno neutral como los propuestos por John Hick o Wilfred Cantwell Smith. Panikkar admite que el encuentro de las religiones sólo puede tener lugar en el corazón mismo de las propias tradiciones, que para los cristianos es la experiencia de la Trinidad.[139] En la reformulación de Panikkar, el Padre se caracteriza como el Absoluto que está más allá de cualquier nombre. Su trascendencia es constitutiva. Jesús nos enseñó a invocar al "Padre" Absoluto "innombrable" y a conocer a este Padre a través del Hijo. Es el Hijo el que obra, el que crea y en el que todas las cosas tienen existencia. El Señor es el Hijo manifestado en el Cristo, y nuestra relación personal con Dios sólo puede ser con el Hijo. El Hijo es "el Misterio oculto desde el principio del mundo, el Misterio del que hablan las escrituras, y que, según los cristianos, se manifestó en el Cristo".[140] Jesús de Nazaret no es absolutamente idéntico a este Cristo, pero es este Cristo en la medida en que tiene una relación especial "con lo que san Pablo, en concordancia con la costumbre del Antiguo Testamento, llama la Sabiduría Increada, con lo que san Juan siguiendo a Filón llama el Logos, con lo que Mateo y Lucas, siguiendo al judaísmo, consideran en íntima relación con el Espíritu Santo y que la tradición posterior a acordado llamar el Hijo".[141] Para el cristiano, Cristo presenta la característica fundamental de ser el mediador entre la divinidad y la creación. Aunque otros llamen al mediador del Misterio Yaveh, Krishna, Alá o Buda, para los cristianos sólo puede ser Cristo. Pero este Cristo no debe ser encapsulado en el Jesús de Nazaret histórico, porque Cristo está hoy dinámicamente presente y conduciendo a los cristianos hacia delante en el Espíritu Santo. Ese Espíritu es a la vez inmanente en el Padre y el Hijo, y es la comunicación entre ambos. El Espíritu pasa del Padre al Hijo y del Hijo al Padre en el mismo proceso. En tanto que el Espíritu, el Hijo ya no permite al cristiano de hoy que siga atado a una experiencia exclusiva del Cristo. El Espíritu impulsa a los cristianos a trascenderse, a trascender su iglesia y su religión para aceptar y participar en la experiencia mundial del Misterio. Para Panikkar, "la única experiencia verdadera del Cristo es en la *koinonia* humana y cósmica".[142]

Paul Knitter

Aunque hablamos antes de él en este mismo capítulo de su posición como teólogo teocéntrico, el pensamiento reciente de Knitter ha derivado hacia el diálogo. En su libro *Jesus and the Other Names: Christian Mission and Global Responsibility*, Knitter reúne las inquietudes por el "Otro sufriente" y el "Otro religioso" como base para el diálogo entre credos.[143] En términos técnicos, reúne a la teología de la liberación y a la teología de las tradiciones, y señala que con demasiada frecuencia el enfoque cristocéntrico de la teología cristiana ha servido para ocultar un deseo inconsciente de dominar a otras tradiciones, a justificar la subordinación y explotación de otras culturas y religiones. En cambio, dice, el verdadero compromiso con los demás debe ser globalmente responsable o de índole emancipadora; debe basarse en el compromiso compartido de promover el bienestar eco-humano.[144] Sólo así podrá el encuentro de Jesús (el cristiano) con los otros nombres, o religiones, ser tal que en él las partes escuchen verdaderamente y realmente hablen entre sí. Fundamentando el diálogo en inquietudes relativas al bienestar humano y ambiental del otro (de otra religión) podrá el cristiano llegar a una comprensión plena de aquello que hace que Jesús sea único, iniciar una forma más comprometida de seguirlo y realizar su misión para con el mundo de forma más significativa.

Knitter relata su propia evolución desde sus inicios como misionero, de raíces exclusivistas cristianas, hacia el inclusivismo de Rahner en su visión de las demás religiones como caminos legítimos a la salvación, luego a la perspectiva pluralista de considerar que todas las religiones tiene respuestas válidas para el Misterio divino y finalmente a la integración del "otro afligido" de la teología de la liberación y de la "tierra afligida" a su "teología de las religiones". "Si hemos de abocarnos al innecesario sufrimiento de la humanidad y de la tierra para erradicarlos, las religiones van a tener que hacer una contribución combinada, cooperadora y dialogal. Para que sea eficaz, una teología de la liberación debe ser también una teología del diálogo interreligioso. Para que sea significativo, un diálogo o una teología interreligiosos deben incluir una teología de la liberación."[145]

En *Jesus and the Other Names*, Knitter expone su visión de Jesús, la iglesia y la misión cristiana que semejante teología requiere. Debe cimentarse en un diálogo global responsable y correlacional. El diálogo "globalmente responsable" exige que las personas aspiren a comprenderse y a hablar unas con otras sobre la base de un compromiso común con el bienestar humano ecológico. Por consiguiente, un diálogo interreligioso será incompleto si no aspira a resolver el sufrimiento humano y ecológico. Knitter llama a su enfoque "correlacional" en el sentido de que anima a establecer relaciones en que las personas hablen honestamente unas con otras y escuchen auténticamente. "Los participantes examinarán lo que los distingue, y tratarán de mostrar y convencer a los demás de los valores que han encontrado en sus profesiones de fe. Pero, al mismo tiempo, honesta y valientemente, se abrirán a la verdad que los demás les presenten. Ésta es una correlación mutua, en uno y otro sentido, de hablar y escuchar, enseñar y aprender, de examinar y ser examinado."[146] En semejante aproximación correlacional ningún participante religioso puede expresar que posee la verdad desde una posición teológica que pretenda dominar, absorber o juzgar a las demás. Se trata de un modelo de diálogo igualitario, enfoque que, según Knitter, difiere del enfoque teocéntrico en que, más que buscar un Dios común que mora en el seno de diferentes comunidades religiosas, el modelo correlacional sostiene que "la 'salvación' o 'bienestar' de los seres humanos y la tierra son el punto de partida y el campo común para los esfuerzos de compartir y comprender nuestras experiencias y nociones religiosas de lo Importante en Última Instancia".[147]

En opinión de Knitter, este enfoque ofrece a los cristianos una manera de dialogar que no les exige diluir sus pretensiones a poseer la verdad, más bien ofrece una revisión y una reafirmación de la comprensión de Dios y el Cristo esenciales para la vida cristiana.

Hay muchos otros defensores del enfoque cristiano del diálogo, como John Dunne, John Taylor, Klaus Klostermaier y Donald Swearer, sin embargo, las posiciones de Samartha, Panikkar y Knitter son representativas en términos generales. Se considera que Cristo es el ejemplo de la forma de dialogar así como el universalmente presente Espíritu Santo que hace el diálogo posible. El resultado esperado no es la homogeneización de las religiones particulares, sino la intensificación mutua de la experiencia religiosa dentro de cada religión en particular.

Resumen y conclusión

Debido al reto que representa el pluralismo religioso, las relaciones entre el cristianismo y las demás religiones se ha convertido en una cuestión clave para los teólogos. El problema mayor es la pretensión de singularidad del cristianismo y de la normatividad procedente de la doctrina de la cristología. El Antiguo Testamento contiene postulados que sustentan el concepto de una única encarnación de Dios en Cristo, y otras declaraciones (como las formuladas por Jesús sobre los miembros de otras religiones) suministran una base para la apertura del cristianismo. El debate de san Pablo con los cristianos de Jerusalén sobre exigencias relativas a la circuncisión y otras coadyuvaron a que se distinguiera al cristianismo del judaísmo como religión. Cuando el cristianismo se emancipó del judaísmo, se encontró con la filosofía griega, cosa que propició los intentos de interpretar el evangelio en las categorías de dicha filosofía. El desafío planteado por el gnosticismo llevó a la formación del canon de las escrituras cristianas y a la composición de los postulados del credo cristiano. Así comenzó el proceso de los cristianos de verse en términos exclusivistas, proceso que continuó y al que contribuyeron, sobre todo, varios de los primeros padres de la iglesia (Justino, Ireneo, Tertuliano, Clemente y Orígenes) y la noción griega del Logos. Este proceso teológico culminó en la prolongada y significativa disputa entre Ario y Atanasio sobre la naturaleza de la identidad de la relación entre Dios y el Hijo. La importancia de esta disputa es que la posición de Ario (que coloca a Jesús en posición subordinada a Dios) hubiera dado al cristianismo una apertura a las demás religiones, mientras que la posición de Atanasio, que dominó el pensamiento de aquella época, produjo un cristianismo cerrado, exclusivista, que proclamó a Jesús como la única verdadera encarnación.

Para el año 500 d.C. este cristianismo exclusivo e inflexible ya había destruido las religiones griega y romana que antes predominaron, y la iglesia católica tendía a identificarse con el reino de Dios en la tierra. Durante el periodo medieval, pese al contacto continuo con el islamismo y a la naciente actividad misionera en Oriente, la actitud del cristianismo, cuando menos el occidental, era estrechamente exclusivista.

En los comienzos de la época moderna, la teología exclusivista fue puesta en tela de juicio por Kant y Schleiermacher. Kant, a través de la razón, y Schleiermacher, a través del sentimiento subjetivo de dependencia absoluta cimentaron el cristianismo en universales humanos y dieron paso al relativismo religioso. Anclar el exclusivismo en la historicidad de las escrituras fue algo que Strauss cuestionó seriamente, así como las críticas subsecuentes a la Biblia. Troeltsch agregó sustento al sentido relativista del cristianismo introduciendo la noción de progreso evolutivo interminable. Barth confrontó este relativismo y escepticismo crecientes separando dialécticamente a todas las religiones (el cristianismo incluido) de la experiencia de la revelación, otorgada por gracia, que para él procede exclusivamente de Dios a través del Cristo. Aunque atacó la arrogancia y la perversidad del cristianismo, no por ello dejó de considerarlo el *locus* exclusivo de la gracia de Dios y la revelación.

Entre los cambios recientes de la teología cristiana se encuentra una variedad de intentos por evitar tanto el relativismo de Troeltsch como el exclusivismo de Barth. Los enfoques teocéntrico, como el de Tillich, John Hick y Wilfred Smith, rechazan una cristología que identifique exclusivamente a Dios con Cristo y asumen una cristología centrada en Dios, dando así cabida a otras religiones teocéntricas tales como el judaísmo, el islamismo y algunos tipos de hinduismo. En cambio, las aproximaciones cristocéntricas, como el cristianismo anónimo de Karl Rahner, pretenden retener a Cristo como criterio de verdad, a la vez que aceptan la gracia de Dios e incluso la acción redentora en otras religiones. Para terminar, el enfoque dialogal, acaso el más prometedor, da especial importancia tanto a la universalidad de Dios como a la necesidad humana de entregarse por completo a la verdad particular de la propia religión. En la experiencia del diálogo se dice que el que otras religiones examinen nuestra particular manera de teologizar y la apreciación de las verdades de cada religión conlleva una espiritualización más profunda para todos.

Un problema no resuelto en todas estas aproximaciones es el rechazo de Dios como realidad última en el budismo y el advaita vedanta. Los teólogos cristianos, aun los más versados en budismo e hinduismo, casi parecen deseosos de hacerse de la vista gorda. Una posible excepción podría encontrarse en la formulación del "Dios por encima de Dios" como el "fundamento de la existencia", de Tillich. Aunque parece ser bastante aceptable a los ojos de los practicantes del adaita vedanta, seguramente será difícil para las budistas madhyamika y yogacara. La propuesta de Paul Knitter, de un acercamiento correlacional al diálogo dentro del contexto común del "otro afligido" y de la "tierra afligida" es prometedora en este sentido.

3 El pluralismo religioso y el islamismo

El islamismo nació dentro del contexto del judaísmo y el cristianismo. En el mundo árabe había algunas comunidades judías y cristianas dispersas. Mahoma concibió su revelación como la continuación y la realización de la tradición bíblica judaica y cristiana. Su respeto por ésta está ejemplificado en la orden de mirar en dirección de Jerusalén durante la oración. Cuando la comunidad judía de Medina se rehusó a aceptar a Mahoma como el único dirigente de la comunidad de Dios, el Profeta dispuso que la dirección al orar cambiara y se volviera hacia la Meca.[1] Esta apertura inicial al judaísmo se endureció debido al requisito fundamental del islamismo de sumisión al único Dios, Alá, y rechazo de todos los demás dioses por ser falsos ídolos. El imperdonable pecado de la idolatría recibió el nombre de *shirk*. La definición islámica de idolatría es sólida, minuciosa y rigurosa.

El *jihad* se desarrolla en parte como respuesta a la idolatría. Se entiende que Alá es el creador de todo y, por tanto, es el Dios que ha de ser aceptado y adorado por todos. Después de haber tenido el tiempo de aprender sobre Alá (un periodo de cuatro meses de gracia), el idólatra es sujeto de ataques por constituir un peligro para el islamismo y por ser un practicante de la *shirk*. En los primeros años del islamismo el principio del *jihad* era laxo si se trataba de judíos, cristianos o zoroastrianos. Como también pertenecían a la tradición bíblica, se les permitía guardar sus creencias si se sometían al gobierno musulmán y pagaban un impuesto especial. Mahoma siguió considerando a judíos y cristianos no como idólatras sino como miembros de la tradición que se estaba completando con sus propias revelaciones.[2] Con frecuencia, el *jihad* ha sido mal entendido. La definición principal de *jihad* es "luchar" o "esforzarse". Los estudiosos del islamismo han identificado cuatro tipos de *jihad* o "esforzarse": 1) *jihad* del "corazón" (esforzarse por lo espiritual); 2) *jihad* de la mano (esforzarse físicamente, trabajar o laborar); 3) *jihad* de la lengua (esforzarse en la predicación o el debate); 4) *jihad* de la espada (esforzarse en la guerra, de donde surge "guerra santa").[3] Uno de los efectos del concepto de *jihad* de la espada fue la rápida expansión del islamismo durante el periodo transcurrido entre 634 y 732 d.C. En el lapso de cien años se extendió hacia España, el sur de Francia, Egipto, Siria, Irak e Irán, y penetró hacia el este, en los límites de la India. En los años posteriores la expansión continuó hacia el sur, hacia África, y todavía más hacia el oriente, la India, China, Java y las Filipinas.

Durante la época moderna se extendió hacia Norteamérica, donde constituye un grupo religioso minoritario. Desde la creación de Paquistán, el porcentaje de musulmanes en la India disminuyó tanto que ahora sufre las consecuencias de ser una minoría religiosa. Hasta que no tuvieron lugar procesos como éste, que dieron al islamismo una posición minoritaria en algunos lugares, la mayoría de los musulmanes vivieron siempre en sitios donde constituían la mayoría, y esto permitió que las nociones tradicionales de *shirk* y *jihad* determinaran su relación con otras religiones.[4] Sin embargo, como el pluralismo cultural y religioso es cada vez más la norma que la excepción, el islamismo tendrá que recurrir a sus experiencias en la India, Europa y América para la dirección que tome en el futuro.

Encuentros históricos del islam con otros credos

Jacques Waardenburg ha esquematizado el encuentro del islam con otras religiones,[5] e identifica seis fases en estos encuentros históricos:

I. Mahoma creció en la Meca, donde se rozó con cristianos, judíos, mazdeístas y probablemente maniqueos y sabeos.

II. Durante las primeras conquistas fuera de las fronteras de Arabia, en los siglos VII y VIII, los musulmanes tuvieron encuentros con las siguientes comunidades religiosas:

    a. Mazdeístas en Mesopotamia e Irán

    b. Cristianos de diferentes clases:

        1. Nestorianos en Mesopotamia e Irán

        2. Monofisitas en Siria, Egipto y Armenia

        3. Melquitas en Siria

        4. Latinos ortodoxos en África del Norte

        5. Arianos en España

    c. Judíos en Mesopotamia, Irán, Siria y Egipto

    d. Samaritanos en Palestina

    e. Mandeos en el sur de Mesopotamia

    f. Harranianos en el norte de Mesopotamia

    g. Maniqueos en Mesopotamia y Egipto

    h. Budistas e hindúes en Sind

    i. Seguidores de religiones tribales en África del este

III. Entre los siglos IX y XIII, las actividades militares pusieron a los musulmanes en contacto con los siguientes grupos:

    a. Cristianos melquitas bizantinos ortodoxos del otro lado de la frontera noroeste

    b. Cristianos latinos ortodoxos en el norte de España, el sur de Francia, Sicilia y el sur de Italia

    c. Los cruzados en la mayor parte de Siria

    d. Armenios monofisitas que vivían entre los imperios musulmán y bizantino

    e. Eslavos en el sur de Rusia

    f. Tribus turcas, al principio no musulmanas, en Asia central, antes que se convirtieran y penetraran en territorio musulmán, y mongoles en Asia central

    g. Budistas en Sind, el Punjab y Asia central

    h. Hindúes en el Punjab

    i. Seguidores de religiones tribales en África oriental y occidental

En el lapso de estos siglos, las relaciones en los territorios musulmanes con las minorías cristianas, judías, mazdeístas y harranianas fueron pacíficas; existían también contactos comerciales con hindúes en la India, budistas en Birmania y adeptos a de diversas religiones en China.

IV. Entre los siglos XIII y XVI, aumentaron los encuentros pacíficos entre musulmanes (comerciantes y especialmente sufís) y las religiones en la India, Birmania, Malasia, Sumatra y Java, que produjeron la expansión del islam en esas regiones.

V. Entre los siglos XVI y XIX, hubo confrontaciones entre el islam y la cristiandad. La expansión del comercio en el océano occidental requirió puestos de vigilancia en las regiones más importantes del mundo musulmán. El impero mogul islámico dominó a la India, la mayoría de cuya población era hindú. La expansión del islam hacia África, Indonesia, Malasia y Asia central prosiguió aceleradamente, y hubo muchos encuentros con las religiones de esas regiones.

VI. Del siglo XIX a nuestros días hubo otro periodo de confrontación, sobre todo de índole política, entre los estados islámicos y el Occidente en expansión, heredero de la tradición cristiana. En el seno del islam ha habido cada vez más movimientos en contra del cristianismo, el hinduismo, el judaísmo y de ideologías no religiosas como el marxismo. Esta moderna militancia dentro del islam puede muy bien ser la respuesta al "secularismo militante", el "cristianismo militante" y el "judaísmo militante".[6] Desde la segunda guerra mundial ha habido dos enfrentamientos militares de mayor envergadura: entre Paquistán y la India, y entre los países árabes e Israel.

Históricamente, las actitudes de los musulmanes hacia las personas de otras religiones se han basado en las imágenes de esas religiones que aparecen en el Corán, así como en las actitudes que han tomado los líderes religiosos y los gobernantes políticos musulmanes. Casi toda la información que se ha dado a los musulmanes sobre otras religiones se derivan del Corán o de comentarios autorizados. Sin embargo, probablemente los musulmanes fueron los mayores conocedores de todas las demás religiones que ningún otro grupo durante la Edad Media, y fueron seguramente más objetivos que, digamos, los cristianos medievales en su representación de otros credos. Con la expansión de las modernas oportunidades educativas y su experiencia creciente como minorías en la sociedad plural de hoy, los musulmanes tienen ahora más oportunidades que muchos de sus antecesores para formular una respuesta inteligente y bien informada a otras religiones.

La unidad y el Pueblo del Libro

El sentido que tiene el islam de su propia unidad se funda en una percepción y una experiencia: primero, se ve a sí mismo como la culminación unificadora de la Biblia hebrea y las escrituras cristianas; segundo, los poetas sufis, sobre todo en sus encuentros con el hinduismo y el budismo en la India, han experimento y descrito una unidad mística.

El islam mantiene la idea de una sucesión profética desde Adán, pasando por la Biblia hebrea y la Biblia cristiana, hasta Mahoma y el Corán. Esto le da una unidad que se funda en la serie de enseñanzas contenidas en los pronunciamientos de los profetas, y no en la relación histórica pactada que es central para judíos y cristianos. —desde el punto de vista islámico, el concepto cristiano de la encarnación es simplemente erróneo. No puede haber nada "más grande" ni "más elevado" que ser un profeta, un portavoz de Dios. Para el musulmán,

> el llamado de Abraham es repudiar la idolatría, más que inaugurar una dispensación. La tarea de Jesús es predicar la rectitud, no someter todas las cosas a que Dios puede ser todo en todos. El islam es la religión natural inveterada: el tiempo consiste en las intervenciones y los interludios de mensajeros y en las vicisitudes de las comunidades que prestan oídos o rechazan.[7]

El islamismo sostiene y perpetúa su sentido de unidad manteniendo que las tres religiones están conformadas por profetas de Dios. Las enseñanzas de estos profetas deben ser sencillamente aceptadas o rechazadas. La dificultad de cristianos y judíos de reconocer a Mahoma como el profeta culminante se debe tan sólo a su parcial ceguera espiritual. Desde el punto de vista islámico ello no destruye la base para la unidad yacente tras las tres religiones. Pese a que es verdad que una proporción significativa de las doctrinas judía y cristiana es negada por el islam, también es cierto que el impulso central de éste puede ser aceptado por el judaísmo y el cristianismo. Efectivamente, la revelación profética "de que uno debe temer y reconocer a Dios en la sumisión, la rectitud y la veneración constantes de este mundo" es una creencia fundamental que se encuentra en todas estas tradiciones.[8] Venerar a Dios y no idolatrar algún aspecto de la naturaleza humana es la raíz del islam. Es, asimismo, un tema central tanto para el judaísmo como para el cristianismo, y por tanto constituye la cimentación para el sentido islámicos de la unidad bíblica.

Este tema central de una unidad fundamental detrás de todas las religiones se presenta con toda claridad en el Corán. Como observó Fazlur Rahman, al principio del Corán se reconoce a diferentes profetas hablando con diferentes personas, "pero sus mensajes son universales e idénticos".[9] Los mensajes emitidos por los diferentes profetas, Abraham, Moisés, Jesús, etcétera, emanan todos de una sola fuente llamada por el Corán "la Madre del Libro" (43:4; 13:39) y el Libro Oculto (56:78). Como todos los mensajes proféticos tienen un mismo origen, Mahoma creyó conveniente que todas las personas creyeran en todos los mensajes. Así, se le hace decir en el Corán que no sólo cree en la Torá y en los evangelios, sino que "creo en cualquier libro que Dios haya revelado" (42:15).[10] Según el Corán, la verdad y la guía divinas no son restrictivas sino que están universalmente al alcance de todas las personas: "No hay nación donde no haya hecho aparición un amonestador" (35:24); "a todo pueblo se le ha provisto de un guía" (13:7). Fazlur Rahman observa que la palabra "Libro" con frecuencia se usa en el Corán no para hacer referencia a un libro revelado en especial, "sino como un término genérico que denota la totalidad de las revelaciones divinas (por ejemplo, en 2:213)".[11] La idea de una revelación

a priori se vincula en el Corán al concepto de una humanidad originalmente unificada.

> La humanidad fue una vez una comunidad única. El Dios prepa-
> ró a profetas que daban las buenas nuevas y advertencias, y Dios
> también envió junto con ellos El Libro sobre la verdad, para que
> decidiera con relación a aquello en lo que difería la gente. Pero la
> gente no difería en él [esto es, en relación con la Verdad] excepto
> aquellos a los que se le había dado [y eso sólo] después de que les
> fueron dados signos claros; [y esto lo hicieron] por [pura] rebeldía
> entre ellos. [2:213][12]

Según consta en el Corán, originalmente hubo una humanidad unificada que se dividió debido a su rebeldía. Para algunos musulmanes este estado de división es el resultado de las diferentes versiones del "Libro único"
introducidas por los diferentes profetas. Por qué las revelaciones actuarían
como una fuerza divisora es una pregunta que parece no tener respuesta;
sólo se dice que es un misterio que Dios podría superar si Dios quisiera. El
hecho de que Dios no lo quiera así se explica diciendo que es una oportunidad para las diversas religiones de competir en virtud.

> Si Dios así lo hubiera querido, hubiera hecho de todos vosotros una
> sola comunidad, [pero no lo hizo] para poder probaros en lo que Él
> os ha dado; así que competid en virtud. A Dios volveréis todos y
> Él os dirá [la Verdad] acerca de aquello por lo cual os habéis esta-
> do disputando. [5:48][13]

El Corán reta así a todas las religiones a una competencia en virtud, y hace la invitación extensiva: "¡Oh, Pueblos del Libro! Reunámonos
en una fórmula que sea común entre nosotros: no servir a nadie que no
sea Dios, no asociarnos con nadie que no sea Él" (3:64).[14] Este reto e invitación se aplican a judíos y cristianos, que obviamente son "Pueblos del

95

Libro". Pero, como se anotará, ha habido recientes intentos del islamismo de entender a hindúes y budistas también como "Pueblos del Libro". La lógica del Corán de que hay un solo Libro, del que las declaraciones proféticas de las variadas religiones son sólo manifestaciones diferentes, rememora fuertemente la idea del Logos. El Corán es, por supuesto, la completa y total revelación del único Libro divino, todos los demás libros son solamente presentaciones parciales e incompletas. Sin embargo, además de entender la lógica básica del Corán, es útil echar una ojeada a las variaciones de la forma en que el islam se ha relacionado con cada una de las religiones, y es especialmente provechoso examinar el juicio favorable que se ha dado con frecuencia al cristianismo.

El islamismo y las religiones occidentales

La visión islámica del judaísmo ha estado marcada por tener antepasados espirituales comunes y por agudas diferencias en lo que entienden por profecía. Al llegar a Medina, Mahoma garantizó la libertad religiosa de la comunidad judía e instó a judíos y musulmanes a colaborar por la paz. Esta actitud positiva para con el judaísmo comenzó a cambiar cuando algunas tribus judaicas de Medina se aliaron a los opositores de Mahoma, situación que le creó un dilema. Por un lado, el contenido judaico del Corán es elevado al grado de lograr que los musulmanes acepten a los judíos como sus semejantes espirituales. Por el otro, los judíos de Medina se oponían enconadamente a Mahoma. Éste resolvió el dilema llegando a la conclusión de que había dos clases de judíos: los probos y los indignos de confianza. Obviamente, los judíos que le salieron al encuentro eran de la segunda clase y por consiguiente sujetos de represión. Dos tribus judías, los qatunqa y los nadir, fueron consecuentemente expulsado de Median. Y no sólo eso. Después de que los judíos de Khaybar, un próspero oasis, ayudaron a levantar a un fallido ejército de diez mil hombres en contra de Medina, Mahoma introdujo un impuesto (*jizya*) obligatorio para los judíos. Más tarde se extendió esta práctica, que se convirtió en el trato corriente que se daba a los cristianos y a los miembros de otras religiones.[15]

La pugna política y militar entre musulmanes y judíos se reflejó en una polémica intelectual.[16] Waardenburg anota que "aunque hay declaraciones críticas y pronunciamientos polémicos en contra del Corán ya en la literatura *hadith*, informaciones propiamente dichas sobre el judaísmo como religión y forma de vida fueron proporcionadas por conversos mucho después".[17] Durante el periodo medieval, autores musulmanes escribieron varios tratados polémicos contra el judaísmo.[18] El principal argumento que se esgrimía en su contra tenía que ver con la doctrina de la abrogación o *naskh*. Según ésta, una revelación profética que tiene lugar más tarde en el tiempo abroga o supera una anterior. La voluntad de Dios podría ser revelada sucesivamente de diferentes maneras, y por ello una serie de revelaciones era posible.[19] Los judíos, sin embargo, creían que la voluntad de Dios y la Torá no cambian ni pueden cambiar, de ahí que rechazaran la doctrina musulmana de la *naskh*. Escritores musulmanes dedicaron considerables esfuerzos para tratar de convencer a los judíos de la necesidad de la *naskh*, e intentaron demostrar que la abrogación existía ya en la Torá misma (por ejemplo, la ley de Jacob fue sustituida por la ley de Moisés). Se admite generalmente también que en el Corán mismo están contenidos casos específicos de *naskh*.

Otra disputa entre judíos y musulmanes surgió de que el Corán sugiere que los judíos violaron sus escrituras. La teoría presentada por estudiosos musulmanes dice que Moisés presentó un ejemplar perfecto del "libro divino", que posteriores seguidores violaron.[20] Como pruebas de esas violaciones aducen las historias escandalosas, el no reconocer a los profetas fuera de Israel y la mención de profetas no incluidos en el Corán. Otra indicación de violación es que las escrituras hebreas no mencionan la misión de Mahoma y la llegada del islam; el Corán dice claramente que se hizo ese anuncio en escrituras anteriores.[21] Académicos musulmanes estudiaron también la trasmisión de la Torá dentro del judaísmo y descubrieron, por ejemplo, que Esdras introdujo innovaciones inaceptables. El escepticismo de aquéllos respecto del estatus de las escrituras judaicas se vio indirectamente reforzado por el rechazo de los judíos de reconocer a Mahoma como profeta, el Corán como revelación y el principio de la abrogación (*naskh*). Aun cuando los judíos podrían ser identificados como un "Pueblo del Libro", el judaísmo se había corrompido y necesitaba, por ello, la purificación contenida en la revelación del Corán.[22]

La literatura polémica en contra del cristianismo en el islam también es abundante, y hay muchos textos que no se han publicado aún. Al principio se emitieron juicios favorables sobre el cristianismo en el Corán, pero hacia el final del periodo medinaico y tras la confrontación de Mahoma con las tribus árabes cristianas que se oponían a su expansión en el norte de Arabia, las formulaciones sobre el cristianismo en el Corán adquirieron un tono polémico. Según Montgomery Watt, las acusaciones principales contra los cristianos eran que atribuían un hijo a Dios y que veneraban a sacerdotes y otras personas además de Dios, cometiendo, por consiguiente, *shirk* (idolatría), por lo cual se los consideraba *kuffar* (no creyentes).[23] La primera iniciativa en el debate entre musulmanes y cristianos la tomaron los cristianos de Damasco, que cuestionaron a los académicos musulmanes sobre la naturaleza de la revelación y de la profecía, la unidad de Dios y la salvación de la humanidad.[24] En el siglo ix los teólogos musulmanes tomaron la iniciativa y la situación cambió. Para entonces, los académicos musulmanes ya habían asimilado el pensamiento griego y estaban versados en el Antiguo y en el Nuevo Testamentos. Así, la polémica entre musulmanes y cristianos tomó la forma, después del siglo ix, de argumentos filosófico-dialécticos y bíblicos. Los cristianos se dieron cuenta de que tenían que estar de acuerdo con el principio de la *naskh*, porque ellos mismos sostenían que el Nuevo Testamento abrogaba el Viejo Testamento. Los académicos judíos citaban textos del Nuevo Testamento y otras fuentes cristianas en apoyo del Corán, y también para refutar la naturaleza divina de Jesús. Durante los siglos xiii y xiv los estudiosos judíos variaron sus ataques y trataron de mostrar que la parte histórica de la Biblia cristiana es falsa pero que la parte legislativa es verdadera; sin embargo, la exégesis cristiana de la parte legislativa se suele considerar errónea.[25]

Waardenburg ha dado un resumen conciso de las acusaciones formuladas en contra del cristianismo en escritos polémicos:

I. *Ha habido alteraciones y falsificaciones en la revelación divina textual.* Estas falsificaciones no sólo se perciben en la corrupción del cristianismo cuando se compara con las enseñanzas de Jesús, sino también en la negación de los cristianos de aceptar a Mahoma como profeta, cosa que se debe a que desdeñan los anuncios contenidos en sus propias escrituras y en las pruebas racionales y escriturales de su condición de profeta proporcionadas por sus milagros y su revelación del Corán.

II. *Han tenido lugar errores doctrinales, en particular sobre las cosas divinas.* Tres cuestiones de doctrina se han visto afectadas:

   a. La creencia de los cristianos en la encarnación de Jesús es rechazada. El Corán niega que Jesús haya sido algo más que profeta, cosa que los estudiosos musulmanes trataron de demostrar con la razón e impugnando la distinción cristiana entre la naturaleza de Jesús capaz de sufrir y la naturaleza divina libre de sufrimiento.

   b. La doctrina trinitaria de que a Dios lo conforma una sola sustancia y tres personas se rechaza tajantemente, con base en que el Corán enseña que nada puede infringir la unicidad de Dios. Los estudiosos musulmanes señalan que la Trinidad no se menciona en el Nuevo Testamento, y también pretenden que la razón no la apoya. En particular, la idea de una relación Padre-Hijo dentro de Dios es repulsiva al pensamiento musulmán, al igual que el concepto de que Dios se volviera contingente por el acto de la procreación.

   c. Las doctrinas soteriológicas de los cristianos también son denegadas, la doctrina del pecado original va en contra del Corán y es vista como lógicamente contraria a la justicia divina. Igualmente, la idea de que los pecados de las personas (de los que son responsables) podrían ser perdonados por Jesús a través de la expiación se opone a las ideas de ley, justicia y humanidad contenidas en el Corán, y es contraria a la razón.

(La base de todos los errores doctrinales anteriores la encuentra el estudioso musulmán en el intento cristiano de ubicar tres principios eternos en uno. Desde el punto de vista musulmán, sólo puede existir un prin-

99

cipio eterno, Dios, y por lo tanto Dios y la humanidad no se pueden mezclar.)

III. *Ha habido errores en la práctica religiosa* como consecuencia de no apegarse al verdadero relato de la revelación y por el uso incorrecto de la razón:

    a. Los cristianos caen en la veneración de ídolos al adorar a Jesús o venerar a María y a los santos.

    b. Los cristianos son negligentes en su práctica espiritual: pasan por alto la circuncisión y la pureza ritual tal como se prescribe en la ley mosaica.

    c. Los cristianos han introducido novedades inadmisibles desde los tiempos de Jesús, como los sacramentos, el celibato, la excomunión, etcétera.[26]

Según eruditos musulmanes, debido a estos errores los cristianos no sólo se han apartado de las verdaderas enseñanzas de Jesús sino que también se han rehusado a escuchar el complemento de la revelación bíblica dado a través de Mahoma.

Recientemente, la literatura polémica en contra del cristianismo se ha centrado sobre todo en los esfuerzos misioneros de los cristianos.[27] La posición de estos escritos es que los cristianos no viven plenamente sus propias enseñanzas (tal como están formuladas en el Sermón de la Montaña), que los misioneros suelen ser agentes del imperialismo occidental, que la Biblia cristiana no resiste el escrutinio de la erudición crítica actual y, por último, que el islam —cuando el análisis que se hace de él está libre de malentendido sobre asuntos tales como la reclusión de las mujeres, la poligamia y el *jihad*— se presenta como la religión ideal y razonable, en oposición a los difíciles misterios de la fe que el cristianismo exige. Se alega que el islamismo es mucho más armónico con el pensamiento racional y científico de hoy. La idea de que el Corán contiene datos científicos verificables se cita a menudo como algo que coloca al islam por encima de otras religiones.

William Shepard dirige nuestra atención a Ahmad Amin, erudito musulmán egipcio que vivió durante la primera mitad del siglo XX.[28] En sus escritos ve un giro del pensamiento islámico hacia una actitud más abierta en lo tocante a otras religiones, especialmente el cristianismo, que considera como la forma particular que la dimensión espiritual adquirió en la cultura occidental. Aunque los esfuerzos de los cristianos de convertir a los musulmanes es algo que debe resistirse, la resistencia está dirigida más hacia la dominación política y económica occidental que hacia la conversión al cristianismo. Tampoco se pide que se convierta a los cristianos al islam.[29] Tanto el cristianismo como el islamismo deben aprender uno de otro, aunque éste último constituye la religión superior. Shepard resume la posición de Ahmad Amin como sigue:

> Podemos concluir que tiende a asumir, particularmente en relación con el cristianismo, una imagen común de dos comunidades distintas cuya visión religiosa es esencialmente compatible y que por consiguiente están a la par.[30]

Shepard encuentra en todo esto un "modelo comunal" para la relación entre todas las religiones. Esencialmente, el islam ha alcanzado la verdad hacia la cual todas las demás religiones están evolucionando. Aparentemente, el cristianismo también ha alcanzado prácticamente esta meta. Es posible que diversas naciones o culturas encuentren la verdad a su propia manera. Shepard escribe: "Todo esto implica la imagen comunal, la de varios pueblos diferentes, cada uno con la misma verdad en esencia pero falseada, que pueden volver a la verdad aceptando el islam o realizando por sí solo, por así decir, lo que el islam ya ha realizado, esto es, destilar la verdad de las religiones anteriores para encontrar la que es universal".[31] El Corán mismo enseña que toda comunidad ha tenido su profeta en todas las épocas.[32]

Se admite que Fazlur Rahman y Ahmad Amin no son muy representativos de todos los musulmanes, pero ofrecen una actitud muy positiva del interior del islam hacia otras religiones que con frecuencia se pasa por alto.

El islamismo y las religiones orientales

Aunque el islamismo ha estado en contacto con el budismo y el hinduismo en la India desde los siglos VII y VIII, no fue sino hasta el imperio mogul (siglos XVI a XIX) cuando, a través del sufismo, los eruditos musulmanes empezaron a ocuparse seriamente de las religiones orientales. Como el enfoque del sufismo hizo que el islam fuera más manejable para el pensamiento oriental, fue un hecho fortuito que los sufís llevaran la delantera. Tal como lo expresa Fazlur Rahman, "la difusión del islam en la India, en Asia central, Anatolia y África la realizaron hermandades sufís, y el sufismo en todas estas regiones hizo compromisos con el medio espiritual ya existente".[33] La respuesta sufí al encuentro con otras religiones, especialmente las orientales, no sólo coadyuvó significativamente a la difusión masiva del islam en Oriente, sino que inyectó una fresca vitalidad en la comunidad y la ortodoxia musulmanas.[34]

En el islamismo medieval solamente unos cuantos eruditos musulmanes conocían el budismo. El conocimiento sobre Buda era difuso y limitado, así como sobre temas como el renacimiento, los *bodhisattvas* y los monjes budistas. Los autores musulmanes describen que los budistas vivieron antes de la llegada de las religiones reveladas a Oriente y que son los antiguos idólatras de Oriente. Las principales doctrinas budistas de las que se habla en el islamismo medieval incluyen: la adoración de ídolos, la idea del renacimiento y la creencia en la eternidad del mundo y, por ende, la noción de que el mundo no fue creado. Se afirmaba también, probablemente por la comprensión errónea de la posición madhyamika, que los budistas eran unos escépticos que negaban la razón y la inferencia lógica.[35] Ninguno de estos conceptos parece haber hecho mucha mella en el islam.

El primer intercambio real es evidente en la influencia de algunas prácticas ascéticas y técnicas de enseñanza budistas en el desarrollo primario del sufismo institucional. Se tomó del budismo cualquier cosa que hiciera que los sermones sufís fueran más persuasivos y efectivos, pero también de otras religiones.[36] Más tarde, el impacto de las ideas budistas en el sufismo fue considerable. Aziz Ahmad resume esta relación de la siguiente manera: algunos ejercicios sufís como *habs-i dam* (retener el aliento) parecen derivar, a través de canales budistas, del *pranayama* yóguico. El concepto sufí de "paz para con todos" (*suhl-i kul*), que se convirtió en un rasgo dominante del sufismo indio a fines del siglo XVII y durante el XVIII, parece que fue tomado mucho tiempo antes del budismo mahayana. De la misma manera, la concentración del estudiante de sufí en la imagen del maestro, en las primeras etapas de la educación del iniciado, parece haber sido tomada del budismo. Y el uso sufí del rosario parece haber sido tomado de la tradición cristiana o de una indobudista. Balkh, el centro monástico budista de Asia central, se convirtió más tarde en el hogar de varios sufís eminentes. Es evidente que el sufismo deliberadamente tomó cosas del budismo, pero también lo es que en esencia ambas tradiciones siguen siendo muy diferentes.[37] Como dice R. A. Nicholson: "El budista se moraliza a sí mismo; el sufí se vuelve moral solamente conociendo y amando a Dios".[38]

La interacción del islamismo con el hinduismo es mucho más significativa que con el budismo. Uno de los primeros tratados comprensivos del hinduismo en el seno del islam fue escrito por el erudito medieval al-Biruni (*ca.* 1000 d.C.). Waardenburg afirma que al-Biruni abrió los ojos del estudioso musulmán a la ciencia y la filosofía india y griega y que sostenía que ambas podrían integrarse en una visión intelectual más elevada del mundo. El contenido de esta percepción más elevada, sostiene al-Biruni, es que 1) los filósofos hindúes y griegos llegaron a la verdad de un solo Dios, en conformidad con las enseñanzas de los profetas; 2) esta clase de pensamiento religioso universal era conocida sólo para la elite culta, mientras que las masas iletradas dentro y fuera del islam caían víctimas de la humana tendencia a la idolatría; y 3) tanto griegos como hindúes conocieron a Dios como el Uno y buscaron la unificación espiritual (*ittihad*) que conduce no sólo al conocimiento erudito sino también a la percepción de la mente.[39]

Cien años después de que al-Biruni dividiera a los hindúes en letrados e iletrados, ash-Shahrastani los comparó con los sabeos y los catalogó en grados de idolatría:

103

Los vaisvanas y los saivas son como los sabeos ashah-ar-ruhaniyyat: veneran a Vishnu y Shiva como Seres Espirituales o mediadores que encarnaron y dieron leyes, aunque no las escribieron, así que no se puede decir que son idólatras en sentido escrito. Los adoradores de Aditya y Chandra (el sol y la luna considerados deidades) son adoradores de astros (*abadat-al-kawakib*), grado inferior pero no todavía idolatría. Únicamente los que adoran y se postran ante ídolos reales son verdaderos idólatras (*abadat* al-*asana*) del más bajo rango, como los árabes de la Jahiliyya.[40]

Como los sabeos son, para ash-Shahrastani, seguidores del antiguo personaje griego Hermes (identificado con el Idris del Corán, o Enoc), se clasifican ya como judíos, ya como cristianos, como Pueblos del Libro. Al clasificarlos en el mismo rango que los hindúes, ash- Shahrastani intentó hacer una amplia interpretación del hinduismo, de tal manera que fuera aceptable para el islam y compatible con él.

Dos artículos de Yohanan Friedmann, según Waardenburg, dan más pruebas de que los eruditos musulmanes medievales tenía una actitud positiva hacia el hinduismo.[41] Friedmann muestra que las escuelas de derecho musulmanas Hanafi y Maliki no consideraron a los hindúes siguiendo la prescripción de la *shari'ah* para los *mushrikun* (politeístas): conversión, exilio o muerte. Identifica también a seis pensadores musulmanes, entre el año 1000 y 1781, cuya actitud hacia el hinduismo fue positiva en grados diversos. Por ejemplo, el príncipe Dara Shikoh (nacido *ca.* 1650), buscando un puente entre hinduismo e islamismo, sugiere "que todos los libros sagrados, incluyendo los Vedas, tienen origen en la misma fuente, que constituyen comentarios unos de otros y que el advenimiento del islam no abrogó las verdades religiosas contenidas en los Vedas ni superó los logros religiosos de los hindúes".[42] El último de estos pensadores es el sufí Jan-i-Janan (nacido en 1781), que dividió a los hindúes en dos grupos: los que vivieron antes de la misión de Mahoma agradaron a Dios con su religión; pero los que nacieron después de Mahoma son culpables de extravío si no se convierten al islam cuando se les ha predicado.[43] Una crítica persistente del hinduismo es que, aunque honran la unidad de Dios, siguen extraviados en virtud de su negación de las profecías. Un maestro sufí egipcio, Abd al-Kari, al-Jili (nacido en 1304), escribe: "[Los hindúes] dan testimonio de Su Unidad en el Ser, pero niegan a los profetas y a los mensajeros enteramente."[44] Al-Jili da también un ejemplo interesante de cómo las perspectivas islámicas se impusieron en ocasiones al hinduismo:

> [Los hindúes] afirman que son hijos de Abraham —la paz sea con él— y dicen que poseen un libro [los Vedas] escrito para ellos por Abraham mismo —la paz sea con él—, salvo que dicen que procede de Su Señor. En el se menciona la verdad sobre las cosas y se divide en cinco partes. En cuanto a la primera parte, su lectura está permitida a cualquiera. Pero en cuanto a la quinta parte, no permiten que nadie la lea, excepto a algunos, debido a su profundidad e inescrutabilidad. Es bien sabido entre ellos que quien lea la quinta parte de su libro necesariamente se aunará al islam.[45]

Al-Jili, al igual que otros sufís, hizo una separación de la práctica cotidiana del hinduismo y buscó las nociones metafísicas que pudieran identificarse con la doctrina de la unidad divina en el islam. Trató de acercarse al hinduismo penetrando sus verdades esotéricas, para que le revelaran la presencia del único Dios tras el velo de los múltiples dioses.

La traducción de la literatura hindú es un aspecto al que el encuentro entre el islamismo y el hinduismo no le ha dado la debida atención académica. Muy al principio de este encuentro, al-Biruni tradujo al árabe los *Yoga sutras* de Patanjali.[46] Pero fueron las traducciones de textos hindúes al persa durante el periodo mogul los que tuvieron el más fuerte impacto. El príncipe mogul Dara Shikoh (1615-1659) es el autor de la traducción del *Bhagavad-Gita*, el *Yoga Vasishta* y los *Upanishads*. (A partir de estas traducciones persas se hicieron las traducciones latinas, que luego habrían de ser leídas por el filósofo Schelling y el poeta Blake.) Dara era un sufí de la orden Qadiriyyah, y en su traducción trató de poner las ideas hindúes dentro del marco del sufismo, con el fin de cerrar la brecha entre la metafísica hindú y la islámica. Estaba convencido de que los Upanishads eran los "Libros Ocultos" a que se refiere el Corán (56:78), y declaró que es uno de los libros sagrados que los musulmanes deberían conocer, tal como conocen la Torá, la Biblia hebraica y los evangelios.[47] Estaba convencido de que los *Upanishads* contienen la esencia de la unidad.[48]

Dara Shikoh fue el tataranieto del emperador Akbar (1556-1605), cuyo enfoque singular de las religiones exige especial atención. Pese a que nació en el seno de la cultura sufí, el sufismo indio que impregnaba a esa cultura había perdido su dinamismo.[49] Desde muy joven empezó a explorar otras religiones y a dar muestras de un gran eclecticismo.[50] Contrajo matrimonio con mujeres hindúes (permitiéndoles continuar con sus prácticas hinduistas) y emprendió debates con eruditos de otras religiones. En 1578 conoció a Taj-al-din Ajodhani, un sufí heterodoxo fuertemente influido por Abd al-Karim al-Jili. Según un estudioso islámico, "este contacto, en vez de constreñir a Akbar a permanecer en el redil del islamismo tradicional, sin querer parece haber allanado su camino hacia la aplicación herética de la concepción del Hombre Perfecto, de al-Jili, a sí mismo."[51] Hacia la mitad de su vida, Akbar anunció la formación de su propia religión, la Din-i-Ilahi. Sus principios eran simples: orar tres veces al día; no comer carne; se aceptaba el karma y la reencarnación; se recomendaba utilizar palabras suaves en la diaria comunicación; y se hacía hincapié en la necesidad del perdón, la tolerancia y la gentileza hacia toda criatura viva. Además,

> se adoraba al sol como el cuerpo de la Divinidad, y la unificación con Dios era la meta final. No había sacerdotes ni clero. Akbar era el Santo Lente de Aumento a través del cual los rayos del sol pasaban a la humanidad. Era, en esencia, un dios en la tierra. Se imprimió en sus monedas "Al-lahu Akbar", y como "Akbar" también significa "grande", la frase podía leerse ya sea como "Dios es grande" o como "Akbar es Dios".[52]

Las ideas y la religión de Akbar tuvieron éxito en parte debido a que ya habían transcurrido mil años desde el nacimiento de Akbar y por-

106

que en el mesianismo abundaba el islamismo indio. Igualmente importante era el interés de Abu'l Fazl, cercano colaborador de Akbar, en las religiones comparadas.[53] Su curiosidad por otras religiones sin duda ayudó a que Akbar se decidiera a construir la Casa de Culto del Emperador en Fathpur Sikri. Ahí se realizaron discusiones entre eruditos de las principales religiones, en las que Akbar dirigía los debates.

Aziz Ahmad concluye que hay pocas evidencias de influencia hindú directa en Akbar. Pese a la constante presencia hindú, solamente algunos rasgos hindúes aislados parecen haberle resultado atractivos, pero no la religión propiamente dicha.[54] Practicaba la *rakhi* (llevar una banda en el brazo), participaba en el festival de *dipavali*, bebía agua del Ganges y llevaba la *tilak* (marca sagrada en la frente) y a veces el lazo sagrado. Pero su tendencia a adorar al sol parece haberse originado más por su contacto con el zoroastrismo o el sufismo musulmán heterodoxo —aunque no hay que olvidar que el hinduismo había influido con anterioridad en este último. Ahmad concluye que Akbar manifestó una sorprendente indiferencia por el hinduismo; sin embargo, el trato liberal que dio a los hindúes, aunque parcialmente por motivos políticos, es notorio. Abolió la *jizya*, o capitación. Permitió a los hindúes conversos al islam regresar al hinduismo y justificó esta acción en la enseñanza coránica "Que no haya compulsión en la religión".[55] No obstante, no intervino en las prácticas hindúes, como la *sati* (quema de las viudas), que consideraba injusta. Promovió las artes y las ciencias hindúes y patrocinó la traducción de las escrituras hindúes al persa. En la educación, introdujo cursos de sánscrito y permitió la participación de hindúes y musulmanes por igual en los altos cargos civiles. Su perspectiva religiosa sigue siendo un enigma para los eruditos. Ahmed dice: "Los historiadores europeos suelen considerarlo un apóstata del islam, mientras que los historiadores modernos hindúes lo consideran un musulmán liberal".[56] La evaluación más útil es tal vez la de M. G. S. Hodgson:

> El tipo de cultura y vida moral universalista promovida por Akbar, y que fue aceptada en gran medida como base de la vida cortesana lo mismo por musulmanes que por hindúes, no era, en rigor, in-

consistente con el islam. Estaba, en efecto, expresada en términos islámicos, y recibió el apoyo explícito principalmente de los musulmanes, más que de los hindúes. Pero presuponía una interpretación alternativa del islam (puesto que trataba sobre la vida y —la cultura) que excluía la interpretación más particularista y comunitaria de la misión islámica en el mundo, que desde siempre sostuvieron los defensores de la *shari'ah*.[57]

Respuestas militantes del moderno islam

En los últimos años la confrontación musulmana con Occidente ha dado lugar a respuestas militares en el seno del islam. En reacción a intentos anteriores de modernizar y liberalizar al islam desechando las tradiciones acumuladas que se sentía que ya no eran pertinentes, movimientos recientes han regresado a la insistencia en que el islam debe ser la norma con la que se midan todos los aspectos de la vida. El objetivo final de dichos pensadores y movimientos parece ser la reconstitución de una sociedad islámica vibrante.[58] Encontramos un ejemplo de ello en los escritos de Sayyid Qutb, cuyas interpretaciones populares del Corán promueven un islamismo revolucionario. Aunque empezó su carrera proponiendo la occidentalización, Qutb se desencantó totalmente de Occidente tras la formación del Estado de Israel. En la negación de los derechos y la patria de los palestinos vio la hipocresía de Occidente y la traición de los valores liberales. Durante su estadía en los Estados Unidos, de 1949 a 1951, descubrió la predisposición de los norteamericanos en contra de los árabes. Esto hizo que renunciara a sus primeras obras y empezara a escribir sobre la Revolución islámica como imperativo divino. Esto hizo que, a la larga, Nasser ordenara su arresto y ejecución en Egipto.[59]

Lo interesante es que la interpretación del Corán que realizó Qutb contiene largas secciones sobre cristianos y judíos, cuyas religiones identifica con "el Occidente" que por siglos ha pretendido socavar al islam. En el sura 2, verso 120 ("Los judíos y los cristianos nunca estarán contentos con vosotros, hasta que no sigáis su religión") y el sura 2, verso 109 ("Muchos de los Pueblos del Libro desean expulsaros después de que hayáis creído, por la ambición que reina en ellos"), Qutb considera que Alá esta advirtiendo a los musulmanes que no sigan por los caminos de judíos ni cristianos. Mayores pruebas de la verdad de estas advertencias se encuentran en las penosas experiencias de los musulmanes bajo el colonialismo cristiano y el sionismo judaico. Para Qutb existe una lucha profundamente arraigada entre la ideología de la comunidad musulmana y la de cristianos y judíos. Para Qutb esta lucha entre el islam y las demás religiones ha venido ocurriendo desde hace mucho tiempo, tal como testimonian las advertencias de Alá en el Corán. Aunque judíos y cristianos periódicamente luchen entre sí, siempre se las arreglarán para unirse en contra del islam. En los últimos tiempos este intento de subvertir el islamismo se ha manifestado en la forma de apropiación de tierras estratégicas y colonización económica y educacional. En reacción, Qutb dice que los musulmanes deben recordar que Alá ha prohibido la recepción de ninguna guía que no sea la de Alá. Y argumenta: "Los musulmanes han sido señalados por Dios como la mejor comunidad. Deben asumir el papel de liderazgo".[60] El objetivo de los revolucionarios islámicos como Qutb es eliminar las influencias occidentales (cristianas y judías) que se considera que están dirigidas a destruir el orden islámico alterando su estructura social, política y económica con miras a la occidentalización. Esta occidentalización es vista como una técnica sutil para convertir al islam a las formas judaicas o cristianas.

Las respuestas militantes en el islamismo moderno han acabado por oponerse no sólo a judíos y cristianos sino también a los musulmanes que se han liberalizado u occidentalizado. Así, "el enemigo ya no está 'allá afuera', sino que el enemigo es la comunidad musulmana que vive la vida ignorando la shari'ah islámica".[61] Éste es el contexto del que surge la moderna fragmentación del islam. Es también la base doctrinal de la lucha entre países islámicos como Irán e Irak. No se rechaza la modernización como tal, pero tecnología y modernización se separan de occidentalización, detestada y repudiada.

Antes de terminar con la cuestión de la modernización y su impacto en el islam, examinemos brevemente las respuestas, bastantes diferentes, de dos pensadores musulmanes importantes: Sayyid Ahmad Khan (1817-1898) y Abul Ala Mawdudi (1903-1979). En un estudio excelente, McDonough describe que ambos hombres vivieron en la India y ejercieron gran influencia en la conformación del islamismo moderno en la India y el Paquistán de hoy.[62] La cerrada respuesta "fundamentalista" de Mawdudi tiene hoy gran influencia en todo el islam. La respuesta de Sayyid Ahmad Khan fue muy diferente, ya que propugnaba un acercamiento abierto, estudiado, racional pero piadoso a la modernidad. Por diferentes que fueran, ambos hombres estaban motivados a encontrar y comunicar una nueva base ética para la vida, apropiada para los retos pluralistas de la modernidad. Pensadores originales ambos, llegaron a diferentes conclusiones de cómo debían pensar y actuar los musulmanes en el mundo moderno, y ambos se consideraban fieles a la sabiduría más básica del islam. Para ellos, el cambio necesario para el musulmán moderno, que no puede limitarse a repetir los modelos de vida y de pensamiento de sus antepasados, es retornar a los valores básicos del pasado distante del islam.

Sayyid Ahmad Khan nació y creció en el seno de una familia aristocrática en Mughal Delhi. Magistrado de profesión, también fue diplomático y fue nombrado miembro de la Sociedad Real Asiática por sus investigaciones arqueológicas en Delhi. Gran defensor del pensamiento racional y de la educación, Sayyid sostenía que los musulmanes eran libres de interpretar por sí mismos en el Corán lo que Dios quiere de ellos. Los asuntos sociales, económicos y políticos de la comunidad debían ser manejados por instituciones en las que todos participaran. McDonough caracteriza así la posición de Sayyid: "La transformación de la sociedad debe ocurrir con los esfuerzos de cooperación voluntarios de sus ciudadanos [...] y los problemas serán diferentes de una época a la otra".[63] Su preocupación eran los procesos más que encontrar respuestas específicas. Pero no creía que uno tuviera que vivir en un Estado musulmán para ser creyente. Trabajó ciertamente para garantizar que los musulmanes pudieran vivir una vida dinámica como musulmanes al lado de hindúes, sikhs, cristianos y las demás religiones que constituirían una India independiente.[64] La visión de Sayyid de las mejoras modernas al orden social es optimista. Para él la desaparición del despotismo musulmán y de otras formas de despotismo medieval será progresiva, porque las personas podrán vivir amparadas por constituciones que las protegerán de los déspotas. La participación democrática de todos los ciudadanos contribuirá a protegerlos de los abusos. El progreso de la civilización musulmana forma parte de un cambio de grandes dimensiones en la historia para dejar atrás la tiranía. Para Sayyid, para progresar los musulmanes necesitan aprender de los estudios occidentales. Para que esto sea posible, fundó el Colegio Mahometano Anglo-Oriental de Aligarth, donde se inscribieron estudiantes musulmanes procedentes de todos los rincones de la India. También se aceptaba a estudiantes hindúes y se respetaban sus costumbres alimentarias. Musulmanes de la India y de Paquistán vieron en Sayyid Ahmad Khan el padre de su concepto moderno sobre la educación.

El contraste entre Abul Ala Mawdudi y Sayyi es muy marcado. El primero no pertenecía a la elite musulmana y su padre había sido expulsado de la escuela de Aligarh, establecida por Sayyid, por sus temores de demasiadas influencias ajenas. Educado en su casa por instructores, Mawdudi era básicamente autodidacta. Su primera profesión fue periodista y escritor religioso. Su libro *Towards Understanding Islam* fue ampliamente utilizado como libro de texto en las escuelas. McDonough concluye que gran parte de su fama e influencia procede del vigor y del poder de persuasión de sus escritos.[65] Encontraba que el islam tradicional no era satisfactorio y se consagró al estudio personal del Corán y de la *sunna* del Profeta, para descubrir el verdadero sistema islámico, que después enseñó como una renovación de la fe. Sus seguidores establecieron una constitución y fue elegido su líder o Amir. Gobernó con la ayuda de un consejo consultivo pero acabó arbitrando todos los asuntos para sus seguidores. Según su comprensión del Corán y la *sunna*, sus seguidores debían abstenerse del lucro, el alcohol, el baile y la música; las influencias occidentales debían ser evitadas, porque ellas traicionan los intereses de los musulmanes. Cuando la India alcanzó su Independencia, Mawdudi y muchos de sus seguidores se fueron a vivir a Paquistán, donde se han opuesto a todos los gobiernos por no encontrarlos lo bastante islámicos. Durante toda su vida Mawdudi siguió escribiendo libros que han influido en muchas partes del mundo musulmán. Por ejemplo, se dice que influyeron en Hasan al Banna, el fundador de la Hermandad Musulmana Radical de Egipto, que atentó contra la vida de Nasir y sigue agitando en contra de todos los dirigentes a los que consideran traidores del verdadero sistema islámico.[66]

La civilización occidental moderna y otras religiones son consideradas por Mawdudi hostiles a las verdades que enseña el islam y promotoras de la corrupción moral del mundo actual. Solamente una transformación radical hacia el verdadero islam puede detener esta corrupción. En vez del acercamiento de la razón, la ciencia y la elección democrática individual que proponía Sayyid, Mawdudi propugna un sistema basado en la selección de algunos hombres morales con autoridad, a los que todos puedan seguir en la necesaria Revolución para restablecer el verdadero islam como religión para todo el mundo. Es obvio que esto no deja cabida al pluralismo religioso del tipo promulgado por Sayyid. Y mientras que para este último las mujeres y las niñas eran alentadas a estudiar y a participar activamente en la sociedad, Mawdudi enseña que la virtud femenina es la molestia, que las mujeres deben recibir algo de educación que les permita ser buenas esposas y madres, pero que deben pasar la vida en el hogar. "Los hombres deben ejercer sus deberes morales protegiendo a las mujeres de su familia y absteniéndose de indecencias sexuales de cualquier clase."[67]

Muchos musulmanes modernos consideran que la visión de Mawdudi conduce a una forma de *jihad* en contra de las fuerzas occidentales modernas de desintegración religiosa, que temen. Contra semejante amenaza, apelar a la sumisión de la autoridad de quienes son considerados rectos líderes morales es popular en la posición fundamentalista de cualquier religión. En comparación, Sayyid, que también era un luchador por la renovación del islam y de la vida de las personas, confiaba más en el poder de la educación y de las elecciones correctas de las personas individuales que en la sumisión a autoridades religiosas o políticas. Instó a los musulmanes a idear formas de gobierno en que los individuos estuvieran protegidos de cualquier forma de tiranía. Mawdudi, como muchos líderes revolucionarios, creía que Dios tiene un plan, que él y sus seguidores conocen, y que un riguroso control de la sociedad por parte del Estado es necesario para hacer realidad el plan de Dios. Como señala McDonough, en cierto sentido ésta es una forma moderna de pensar: Dios es como un ingeniero con un plan que implementar,[68] o, para decirlo de otro modo, la meta religiosa es "la administración por objetivos o por entregas". En su comparación de estos dos pensadores, para McDonough el enfoque de Mawdudi de asustar a la población para que vea el valor moral y religioso de su posición no concuerda con la corriente general del pensamiento musulmán ético, que es igualitario y alienta el desarrollo de la conciencia sensible en el individuo. Éste es mucho más el enfoque de Sayyid en sus intentos de una reforma religiosa y social del mundo moderno.[69]

Conclusión

El encuentro del islam con otras religiones se remonta al profeta Mahoma. En el curso de la historia, la actitud básica ha sido que otras religiones son desviaciones de la religión primordial, cuya plena revelación es el islam. Durante la Edad Media, eruditos musulmanes desarrollaron ciertas categorías para entender a las demás religiones. Los budistas eran escépticos, los hindúes racionalistas que negaban la profecía, los cristianos triteístas y los judíos corruptores de las profecías. Con frecuencia se daban por sentadas estas categorías antes de investigar la evidencia basada en los hechos en la religión de marras. Como el islam era la plena revelación y por ende la norma de toda religión, no era necesario para el islam estudiar y entender a las demás religiones en sus propios términos. Y como el islam, hasta los tiempos modernos, se vivía en un estado islámico cerrado, donde era la religión de la mayoría, no existía presión cultural ni política para actuar de otra manera. En el curso de los siglos el acercamiento islámico básico hacia otras religiones fue buscar las estructuras fundamentales que estuvieran en armonía con el islam pero que yacían ocultas detrás de las desviaciones de las otras religiones del verdadero islam.[70] Las otras religiones eran culpables de haber perdido o alterado la revelación original, o de haber caído en errores doctrinales. Aunque este esquema sirvió para el trato con el ju-

113

daísmo y el cristianismo, basados en la Biblia, produjo resultados forzados cuando se aplicó para analizar el budismo y el hinduismo. Nunca se tomó seriamente el rechazo de los budistas a aceptar a Dios, y hubo un caso en que los Vedas se interpretaron como una muestra de profecía bíblica que debía producir la conversión al islam.

Un obstáculo mayor para entender otras religiones fue la falta de información exacta. El análisis que los musulmanes hacían del judaísmo y el cristianismo se basaba con frecuencia no en las religiones mismas sino en los principios judaicos y cristianos descritos y evaluados en el Corán. Mucha de la información procedía de conversos o de discusiones polémicas. La información sobre el hinduismo y el budismo era muy limitada durante la Edad Media, y se solía distorsionar para que encajara en categorías familiares, como la identificación de Brahman con Abraham.[71] Sin embargo, en general, los eruditos islámicos, al toparse con religiones extrañas o nuevas, no las desecharon alegando idolatría (acción que deben de haber estado tentados a tomar, debido al pecado de *shirk*, de gran importancia para ellos), más bien las consideraron desviaciones de la única y verdadera religión y por lo tanto merecedoras de respeto. En los últimos siglos, especialmente con la expansión del islam hacia Oriente y la moderna migración de los musulmanes a Europa y América, éstos han tenido que conocer a las otras religiones en su propio terreno más que como se las ha presentado el Corán y el *hadith*. En la India y en Occidente, los musulmanes se encuentran en la posición poco familiar de ser miembros de un grupo minoritario en el seno de una cultura dominada por otra religión. Esto puede haber ocasionado la necesidad de delinear con mayor precisión el islam frente a otras tradiciones, para que la comunidad musulmana minoritaria guarde su identidad.

Un estudio realizado en Canadá arroja que el centro de interés educacional en las mezquitas ha variado de la receptividad pasiva al rechazo activo de aquello que se contrapone a la tradición islámica y por lo tanto se contrapone a la voluntad de Dios.[72] Dice un dirigente musulmán europeo: "La tarea mayor que debemos acometer en los Estados Unidos y en Europa no es solamente conservar nuestra identidad ideológica y cultural, sino también desarrollar un carácter verdaderamente islámico en el individuo y establecer una comunidad islámica dinámica en el plano social."[73] Los musulmanes que viven en Estados Unidos participan activamente en el diálogo interreligioso, en la política y en los asuntos comunitarios. Muchos más musulmanes quieren participar en las culturas y sociedades que los hospedan, para así "tener un sitio en la mesa". Los musulmanes que viven como minoría también consideran vital que se desarrollen sólidas comunidades islámicas en el seno de la cultura huésped si se ha de alcanzar la meta de reformar a la sociedad en concordancia con los principios islámicos. En Europa y en Estados Unidos, este método para alcanzar dicha meta se describe todavía como resistencia a asimilarse en la cultura huésped, al mismo tiempo que se absorbe y se reforma de modo que pueda conformarse a las ideas religiosas del islam, la única verdadera religión primordial. Aunque esta visión sea clara, vivir en una sociedad moderna, secularizada y fundamentalmente cristiana plantea graves problemas prácticos todavía no resueltos por la ley islámica (*shari'ah*).

En la India y en el Lejano Oriente la influencia sufi ha provocado una respuesta esencialmente mística al encuentro con otras religiones. La doctrina tradicional islámica de la unidad divina es fundamental, y el concepto del Logos ha sido adoptado para dar cuenta de la diversidad. Según esta interpretación, inicialmente dada por Ibn Arabi y luego por al-Jili, el fundador de cada religión es un aspecto del Logos universal, al que se identifica con la revelación de Mahoma.[74] Los sufis no sólo afirman la unidad de la revelación sino que se consideran los guardianes del islamismo y de otras religiones. El maestro sufi Jalal al-Din Rumi describe este punto de vista recurriendo a una imagen familiar a los hindúes:

> Aunque varios son los caminos, la meta es una. ¿Acaso no veis que hay muchos caminos que conducen a *Kaaba*? [...] Así, si uno tiene en cuenta los caminos, la variedad es grande y la divergencia infinita; pero si lo que se tiene en cuenta es la meta, todos concuerdan y son uno.[75]

El sufismo considera que ofrece la llave necesaria para abrir la puerta al verdadero encuentro con otras religiones. La visión sufí da al islam el camino para reconocer la verdad presente en el seno de las demás religiones porque para él los senderos divergentes son el camino a la *Kaaba*, la experiencia de la unidad con el único Dios. Como el islam posee la plena revelación y experiencia de la *Kaaba*, su papel es el de guía para las demás tradiciones en su camino hacia arriba. El islam es la norma, pero los sinceros creyentes de otros credos son aceptados como vecinos espirituales y se les ayuda en su sendero hacia la meta final que es la Kaaba. Aunque esta visión ha sido de gran ayuda para los musulmanes que viven en comunidades minoritarias dentro de culturas huéspedes, como la hindú en la India, ha planteado problemas a la ley y la doctrina islámicas ortodoxas, problemas que no se han podido resolver.

Con la excepción de Akbar, hay pocas evidencias de que los musulmanes del pasado hayan comprendido realmente la religión budista, hindú, judía o cristiana. Se limitaban a las imágenes presentadas en el Corán o desarrolladas a partir de sus propias experiencias culturales, filtradas a través de reglas y problemas islámicos.[76] En la mayoría de los casos, estas imágenes fueron formuladas en el contexto sociopolítico de un Estado o imperio islámico. En el futuro, al tener que experimentarse como minoría dentro de una cultura huésped extranjera, esta visión tradicional de otras religiones se modificará indudablemente. La educación actual ofrecerá a los musulmanes la oportunidad de entender cada religión en los términos de la cultura, la historia, la visión del mundo y las pretensiones de poseer la verdad de ésta. Esto tendrá efecto en la manera en que el islam se ve a sí mismo. Al verse el islam prácticamente en la misma posición que las demás tradiciones, el pluralismo religioso del mundo moderno lo obligará a aceptar y comprender el carácter bastante provinciano de algunas de sus antiguas opiniones sobre otras religiones. Entre los movimientos revolucionarios modernos, por supuesto, ha habido una respuesta diametralmente opuesta al pluralismo religioso: la del fundamentalismo islámico militante como el que promueve el pensamiento de Abul Ala Mawdudi. Dentro de movimientos como éste no hay, obviamente, mucha disposición a abrirse a otras religiones.

4 El pluralismo religioso y el behaísmo

Entre los nuevos movimientos religiosos del mundo moderno, el behaísmo es lo bastante independiente y numeroso (cerca de seis millones de personas) como para ser considerado una religión. Su difusión mundial sólo la supera el cristianismo.[1] Aunque se originó dentro de un contexto islámico, en Irán, rápidamente se extendió hacia Norteamérica y Europa y hoy la mayoría de sus miembros se encuentran en países en vías de desarrollo como la India. Las escrituras behaístas proclaman que todas las religiones establecidas tienen un origen divino y que no hay ninguna religión que sea superior a las demás, ya que todas proceden de Dios. Se entiende que las diversas religiones son sucesivas y progresivas, y la revelación behaísta tiene el nivel más alto que se haya alcanzado hasta hoy en la experiencia humana —pero se espera un mayor avance hacia la realización universal de una revelación común.[2] En los debates contemporáneos sobre el pluralismo religioso, los escritores behaístas consideran que su tradición rechaza el enfoque exclusivista (una sola religión; la nuestra es la verdadera) tanto como el inclusivista (toda la verdad es nuestra, aunque otras religiones compartan esa verdad) y que adopta la posición pluralista moderna de que todas las religiones representan repuestas humanas a lo divino igualmente válidas.[3]

El behaísmo surgió en el decenio de 1860 como un movimiento dentro del babismo (cuyo fundador fue El Bab, 1819-1950), una secta mesiánica del islamismo chiita, que comenzó en Irak e Irán en 1844. El Bab,

117

en su libro *The Bayan*, propugnó la reforma social y religiosa de Irán, en preparación para la llegada del salvador prometido: un nuevo profeta o manifestación de Dios que revelaría las enseñanzas para la edad venidera. Behá-U'llah, el fundador del behaísmo, se proclamó como el libertador prometido anunciado por El Bab, aquel al que todas las religiones del mundo aguardaban.[4] Proclamándose una "nueva manifestación de Dios" en la larga línea de los profetas (Abraham, Moisés, Zoroastro, el Buda, Jesús, Mahoma), Behá-U'llah y sus seguidores fueron considerados una amenaza para el islamismo ortodoxo, que sostiene que Mahoma fue el "sello de los Profetas", y por consiguiente el portador de la revelación final de Dios. Esto resultó en una historia de persecución de los behaístas y el exilio de sus líderes de Irán hacia Irak, Turquía y finalmente Acre y Haifa, en lo que hoy es Israel. Behá-U'llah pasó los últimos 24 años de su vida creando los principios e instituciones de una nueva religión, entre ellos: la unidad de Dios, la unidad de las religiones del mundo, la unidad de la humanidad y la necesidad de una lengua mundial y una forma global de gobierno. Defendía la democracia parlamentaria, el desarme, más inversión en la educación y en los pobres, y un sistema de seguridad mundial en el que, si un país atacara a otro, el resto de las naciones intervendría para alcanzar la paz.[5]

Dado que el behaísmo nació del contexto chiita, no es sorprendente que haya muchas semejanzas entre el islamismo y el behaísmo. Dios es uno y enteramente trascendente. Dios revela su voluntad por intermediación de mensajeros o profetas, a lo que los behaístas dan el nombre de "manifestaciones de Dios" y cuyo papel es guiar el progreso espiritual de los individuos y moldear a la sociedad en conjunto. En el capítulo anterior vimos que la enseñanza islámica de una unidad fundadora que yace tras todas las religiones. Los behaístas están de acuerdo con esta enseñanza, pero con algunos refinamientos. Según el Corán, los mensajes dados por los diferentes profetas emanan todos de una sola fuente, a la que se da el nombre de la Madre del Libro (43:4; 13:39) y el Libro Oculto (56:78). Como todas las revelaciones proféticas tienen el mismo origen, Mahoma enseñó que todos los mensajes divinos debían ser aceptados. El Corán se refiere específicamente a los judíos y los cristianos como los Pueblos del Libro, invitándolos a reunirse con los seguidores de las revelaciones de Mahoma y seguir a Dios (3:64). Pero los pensadores sufís, por su contacto con la India, se esforzaron por ampliar a los Pueblos del Libro para incluir a hindúes y budistas. La lógica del Corán es que hay una sola revelación a priori en el cielo, que todos los mensajeros o profetas comunican a sus diferentes pueblos (religiones) de manera perfecta. Las diferencias entre las religiones no son atribuibles a errores en el mensaje original (por ejemplo, tal como fue dado por Moisés en la Torá, o por Jesús en los evangelios), sino a errores en la manera en que los seguidores (judíos y cristianos) han transmitido las revelaciones originales. Solamente en el caso del islam la revelación, esto es, el Corán, ha sido transmitida sin errores y sin interpolaciones. Los behaístas concuerdan básicamente con las enseñanzas del Corán en este sentido, pero hacen dos aclaraciones importantes: primero, en tanto que el Corán limita a los Pueblos del Libro a judíos y cristianos, Behá-U'llah amplía esta noción e incluye a todas las religiones:

> No puede caber ninguna duda de que los pueblos del mundo, cualquiera que sea su raza o religión, obtienen su inspiración de una sola Fuente celestial, y son súbditos de un solo Dios. Las diferencias entre las ordenanzas que acatan deben atribuirse a los diversos requisitos y exigencias de la época en que fueron reveladas. Todas, salvo algunas que son el resultado de la perversidad humana, fueron ordenadas por Dios y son un reflejo de Su voluntad y Propósito.[6]

A Behá-U'llah le queda claro que a la admisión del judaísmo y del cristianismo por el islam se debe añadir los profetas y las revelaciones de todas las religiones, que se entiende que manifiestan todas al mismo Dios. Más adelante veremos que para la perspectiva judía es problemático incluirlas en este sistema, ya que Dios no existe para los budistas, sino que es una ilusión generada por el ego que más bien estorba.

La segunda diferencia significativa con el islam se menciona también en la anterior cita de Behá-U'llah. Al revés de los musulmanes, los behaístas consideran que la sucesión de los profetas (religiones) y su revelación es de naturaleza progresiva. Esto difiere de la lógica coránica de una revelación original (el Libro Madre en el cielo) entregada perfecta y completamente por cada profeta a su pueblo, y de la que sus seguidores se apartan. Las diferencias entre las revelaciones, para el behaísmo, ocurren porque Dios adapta la revelación para que se ajuste a las distintas circunstancias del pueblo al que habla el profeta, y con el tiempo esto forma una sucesión progresiva, de la que Behá-U'llah es el contribuyente más reciente. Como expresa Behá-U'llah en la cita anterior, "las diferencias entre ordenanzas [escrituras] que acatan deben atribuirse a los diversos requisitos y exigencias de la época en que fueron reveladas".[7]

En el islamismo chiita existe la tradición de que un imam, o líder espiritual inspirado, emergerá al final de los tiempos para introducir en el mundo un reino de justicia. Según la tradición chiita de Irán, el linaje de los imam terminó en 873 d.C., cuando el doceavo y último imam nombrado se ocultó para evitar ser fusilado y se comunicó con sus seguidores por medio de una serie de intermediarios (llamados *babs*, o puertas al imam oculto). Hubo cuatro *babs* hasta 941 d.C., en que el último murió sin nombrar un sucesor. Dice la tradición que en el fin de los tiempos el imam oculto (el *Mahdi*) aparecerá de nuevo y una vez más se convertirá en el canal directo entre Dios y los seres humanos. Los behaístas surgen de esta tradición del islamismo iraní en que El Bab afirmaba ser el salvador prometido, el imam Mahdi, y que también anticipó la llegada de otra figura mesiánica a la que se refirió como "Aquel al que Dios manifestará".[8] Behá-U'llah, el fundador del behaísmo, declaró ser esa nueva manifestación —pretensión que el islamismo chiita rechazó. Convenientemente para sus pretensiones de ser la nueva manifestación de Dios, en 1867 Behá-U'llah empezó a escribir una serie de cartas a los líderes seculares y religiosos del mundo, donde se declaraba ser Aquel que prometieron la Torá, los evangelios y el Corán, y pidiéndoles que se levantaran, apoyaran su fe y adoptaran una serie de reformas en el mundo[9] Casi al mismo tiempo, cuando formulaba su misión mundial, terminó el *Kitab-i Aqdas* (el Libro Santísimo), que sigue siendo la revelación fundamental de Behá-U'llah para los behaítas.

El año anterior a su muerte en 1892, Behá-U'llah traspasó el liderazgo de la comunidad behaíta a su hijo mayor, Abdul-Behá (1844-1921), que habría de ser el único intérprete autorizado de las enseñanzas de Behá-U'llah y la fuente de autoridad en todos los asuntos de la fe. No debía ser considerado profeta ni mensajero divino, sino como el ejemplo perfecto de las enseñanzas paternas. Abdul-Behá se dedicó a difundir el movimiento más allá del Medio Oriente, en Norteamérica y Europa. La primera referencia registrada al behaísmo en Norteamérica tuvo lugar en el Parlamento de Religiones de 1893, que se organizó como parte de la Feria Mundial de Chicago. Poco a poco se fueron formando más grupos de behaístas en Estados Unidos y Canadá. Para ellos un punto culminante era realizar un viaje a Haifa y Acre, en lo que hoy es Palestina, para conocer al maestro Abdul-Behá y recibir sus enseñanzas. En respuesta a este crecimiento en el extranjero, Abdul-Behá trabajó arduamente para simplificar y esclarecer las enseñanzas claves de Behá-U'llah para el mundo, centrándose más en el mensaje social que en la metafísica. No sólo el corazón debe transformarse, sino también el orden social. Y (algo que es esencial para nuestro interés en el pluralismo) se hizo hincapié en la validez de todas las religiones.[10] En 1911-1912, Abdul-Behá realizó una gira de 28 meses para predicar en Canadá, los Estados Unidos y Europa. Fue invitado a hablar en muchas iglesias cristianas, reuniones obreras, en una sinagoga y en una mezquita, así como a reuniones en casas privadas. Su viaje fue ampliamente cubierto por la prensa. Invitó a la formación de asambleas espirituales en el plano local y nacional, precursoras de lo que más tarde se llamaría Casas de Justicia. Después de su muerte en 1921, el liderazgo pasó a manos de su nieto, Shoghi Effendi (1897-1957), que continuó la occidentalización y expansión del behaísmo. Habiendo realizado sus estudios en la Universidad Americana de Beirut y en Oxford, tenía gran habilidad para poner los conceptos del behaísmo en inglés, cosa que fue de gran importancia para la difusión de esta nueva fe en el mundo occidental.[11] De los escritos de Shoghi Effendi en inglés y de traducciones claves de textos árabes o persas originales al inglés es de donde se han hecho traducciones a cerca de 700 lenguas. El behaísmo no ha sufrido cismas, así que no existen escuelas de teología que compitan entre sí. Teniendo presente este breve resumen del behaísmo, examinemos 1) la teología behaísta del pluralismo religioso, 2) el relativismo como base de la teología behaísta, 3) el enfoque behaísta del diálogo interreligioso y 4) la misión behaísta en la India.

La teología behaísta del pluralismo religioso

¿Cómo toman los pensadores behaístas las pretensiones de otras religiones en comparación con las suyas? Para una tradición que enseña que todas las religiones son de origen divino y ninguna es superior a las demás, y al mismo tiempo se embarca en una misión para lograr conversos y proclama que la revelación es progresiva, siendo la de Behá-U'llah la más reciente en la sucesión progresiva de profetas y escritura, esta pregunta es clave. Dos eruditos behaístas han dado sus respuestas.

Seenas Fazel redactó el artículo "Pluralismo religioso" para la *Baha'i Encyclopedia* (aún no publicada pero a la que se puede entrar por Internet; véase la nota 2). Fazel clasifica a los behaístas como pluralistas religiosos más que como exclusivistas o inclusivistas. Los exclusivistas sólo consideran verdadero un único modo de pensamiento religioso (el suyo), y todos los demás son falsos. Pese a que admite que hay algunos pasajes en las escrituras behaístas que se pueden considerar exclusivistas, eso sólo podrá hacerse sacándolos de su contexto. Cita a Shoghi Effendi: "Uno no puede decir que un credo es superior a otro, ya que todos proceden de Dios".[12] Los inclusivistas sostienen que su religión posee toda la verdad mientras que otras pueden poseer parte de la verdad o constituir acercamientos a toda la verdad. Los escritos behaístas no son inclusivistas, ya que no proclaman que su revelación sea final y sostienen una doctrina de revelación progresiva. Se admite un cierto grado de ambigüedad, con todo: "Existen tendencias inclusivistas en los escritos del behaísmo, en el sentido de que la Revelación de Behá-U'llah marca 'la última y más elevada etapa en la estupenda evolución de la vida colectiva del hombre en este planeta'".[13] Fazel intenta interpretar esto como si fuera no inclusivista, diciendo: "Esto no debe atribuirse a una 'superioridad inherente' o 'mérito superior' del behaísmo, sino al hecho de que esta época es 'indefinidamente más avanzada, más receptiva y más insistente en recibir una mayor medida de Guía Divina de lo que hasta ahora se había concedido a la humanidad'. Es la época actual, y no la religión de la época, la que es superior".[14] Dicho de otro modo, no es que el behaísmo sea superior a revelaciones anteriores como el islamismo, el cristianismo o el judaísmo, sino que las personas de hoy son más receptivas que las de tiempos pasados y ponen más cosas en práctica.

La supuesta posición pluralista de la teología behaísta es descrita por Fazel como la idea de que las grandes religiones encarnan diferentes percepciones y concepciones de lo divino —y por consiguiente diferentes respuestas— y de que en cada religión tiene lugar la redención. No obstante, una aparente contradicción con esta idea es el supuesto postulado de Behá-U'llah de que vendrá un tiempo en que todas las naciones deberán tener un solo credo y toda diversidad religiosa cesará.[15] Fazel aborda esta contradicción citando la explicación de Shoghi Effendi de que las diferentes religiones son como "etapas en la historia eterna y la evolución constante de una religión".[16] Los fundadores de las religiones compartían una revelación común, que manifestaron con intensidad cada vez mayor. A medida que la capacidad del entendimiento humano, en constante evolución, comprende mejor la revelación común que está en el centro de cada religión, caeremos en la cuenta de que no hay más que una religión. Por ello el behaísmo no tiene que volverse imperialista en su acercamiento a las demás religiones. El principio adoptado es el de la libertad de religión y el pleno respeto de los que siguen otros senderos, ya que a la larga todos alcanzaremos la misma meta. Un ejemplo de esta libertad de culto es la forma en que las familias behaístas educan a sus hijos, dejándolos escoger si quieren seguir formando parte de su religión o abandonarla, cuando cumplen los 15 años.

Inherente a la idea behaísta de que hay un meollo común en todas las religiones está la visión de un futuro en que los conflictos entre ellas desaparecerán y se establecerá la paz universal. De ahí que el behaísmo inste a los dirigentes de todas las religiones que entierren sus diferencias teológicas con un espíritu de indulgencia, cosa que les permitirá trabajar en conjunto para el progreso del entendimiento entre los hombres y la

123

paz. Los behaístas se consideran una "fuerza impulsora" en este proceso de fomentar la paz entre las religiones, y están preparados para este papel gracias a la enseñanza de Behá-U'llah de que se relacionen con los seguidores de otras religiones con un espíritu de amistad y camaradería. Está prohibido rehuir a los miembros de otras religiones, así como cualquier acercamiento que implique conflicto. Es necesario que asistan a iglesias o mezquitas a rendir culto, ya que en cada uno de estos sitios se pronuncia el nombre de Dios. Se invita de la misma manera a los líderes de otras religiones a asistir a otras iglesias y conversar sobre los principios fundamentales que subyacen en todas las religiones.

En su artículo sobre el pluralismo religioso, Fazel concluye que este tema debe ser ampliamente analizado por los eruditos behaístas. Propugna "una teoría que reconozca plenamente el amplio espectro y la complejidad de las diferencias que se presentan en la fenomenología de la religión, y que al mismo tiempo nos permita entender las corrientes principales de la experiencia y el pensamiento religiosos que encarnan las diferentes concepciones de la verdad última".[17] Semejante teoría, sugiere Fazel, se sustentará en el principio básico del behaísmo de que la verdad religiosa es relativa.

El relativismo como base para la teología behaísta

En sus enseñanzas, Behá-U'llah dice que Dios está tan por encima de las capacidades de los humanos mortales que es imposible describirlo, o siquiera tener una leve idea de Su esencia. Por consiguiente, es imposible para los seres humanos, aun para los eruditos o los teólogos más brillantes, captar la gloria de Dios en palabras. Toda descripción, pues, está limitada por el punto de vista de la persona que la haga. Entendida de esta manera, toda teología es parcial y relativa, de donde surge la teoría del relativismo metafísico o cognitivo que maneja eficientemente todas las pretensiones de verdad conflictivas entre las religiones. (En el capítulo 6 veremos que el budismo madhyamika llevó esta percepción a su conclusión lógica.) Los escritos behaístas emplean el concepto de relativismo para explicar las diferencias entre religiones. Primero, como dijimos antes, está la idea de que

124

los seres humanos tienen una capacidad limitada para concebir y describir a Dios, aunque también está la idea de que con la evolución nuestras capacidades en este sentido mejoran constantemente. Segundo, está la noción de que la sociedad humana evoluciona con el tiempo y poco a poco se vuelve más receptiva a la revelación divina. De manera que algunas de las diferencias entre las religiones se explican por los cambios en el contexto donde surgieron. Shoghi Effendi, por ejemplo, explica que los temas centrales del cristianismo, el islamismo y el behaísmo han cambiado debido a las sociedades en las que se originaron: "La distinción fundamental entre la misión de Jesucristo, tocante en primer lugar al individuo, y el mensaje de Behá-U'llah es que éste último se dirige mas particularmente a la humanidad en conjunto. La concepción de la nación como una unidad es el tema central del islamismo, ya que la evolución de la sociedad lo requería en ese tiempo".[18] Behá-U'llah considera el islam como una madurez y una receptividad espirituales en evolución de la humanidad y da el ejemplo de alimentar a los niños: "Las palabras son reveladas según la capacidad, para que los principiantes puedan progresar. Hay que dar la leche en la medida requerida para que el bebé del mundo pueda entrar en el Reino de la Grandeza [...] La Revelación de la que soy portador está adaptada a la receptividad y capacidad espiritual de la humanidad".[19] Lo que no queda claro en el pensamiento behaísta es si esta capacidad espiritual humana en evolución podrá alguna vez alcanzar el punto de la recepción perfecta de la revelación, como afirman las religiones orientales del hinduismo y el budismo. Pero aun en estas tradiciones el estado de recepción perfecta de lo divino es místico, y trasciende la capacidad descriptiva de las palabras humanas, por lo que concuerdan con la afirmación de Behá-U'llah de que es imposible describir a Dios. Por consiguiente, aun los mejores esfuerzos de una teología evolucionada parecen estar condenados a la relatividad.

Los eruditos behaístas Juan Cole y Moojan Momen han realizado un cuidadoso estudio de este asunto. Cole entiende positivamente la doctrina behaí de la naturaleza relativa e incompleta de toda verdad religiosa.[20] Para el behaísmo todas las religiones son igualmente válidas porque encarnan respuestas humanas a lo divino igualmente válidas. Las escrituras

125

behaístas enseñan una teología pluralista de las religiones como una parte esencial de la creencia primaria en la unidad de todos los credos. Las diversas religiones reflejan diferentes estadios en un único proceso, esto es, la progresiva revelación de la verdad religiosa. Las diferencias entre las religiones son consideradas como una función de las diferentes condiciones sociales y capacidad receptiva de los individuos prevalecientes en el tiempo y en el lugar donde aparecieron por vez primera. De ahí la naturaleza relativa, aunque válida, de la "verdad" contenida en cada religión. Para el behaísmo la verdad religiosa no es absoluta sino relativa, y la revelación divina es progresiva, no final. Todas las religiones establecidas tienen un origen divino, son idénticas en sus aspiraciones, complementarias en sus funciones e indispensables en su valor para la humanidad. Se admite que algunas religiones y cultos pequeños pueden ser falsos. "El criterio de verdad del behaísmo para un mensaje profético es que ofrezca a los creyentes guía ética y espiritual, que sea duradero en su impacto, que abarque a un gran número de personas y que inspire tanto a una religión recién organizada y en última instancia a una civilización."[21]

En este contexto es donde se identifica una diferencia esencial entre el behaísmo y el islamismo: "El behaísmo difiere de la corriente principal del islamismo no sólo por reconocer a otros profetas después de Mahoma y sumarse a una nueva ley religiosa, liberalizada, sino también porque reconoce la verdad de credos sudasiáticos y otros no abrahámicos y acepta la validez general de la Biblia junto con otros libros sagrados que se usan como escrituras sagradas. Este pluralismo teológico difiere del sincretismo en que las diversas religiones se afirman en su especificidad histórica desde el punto de vista de una tradición nueva e independiente, con sus rituales, leyes y teología particulares".[22] La unidad de las religiones tal como la enseña el behaísmo se considera presente en los arquetipos, las experiencias religiosas y las expresiones éticas que se tiene en común, más que en los detalles específicos y variados de la liturgia, la historia o la doctrina. La verdad de la que se habla no es tanto la verdad del filósofo, con su criterio de no contradicción, sino la verdad arquetípica y metafórica contenida en los textos religiosos. Por ejemplo, dice Cole, en el contexto histórico del Irán chiita de mediados del siglo XIX, con sus expectativas mesiánicas, Behá-U'llah "vivió experiencias místicas que gradualmente lo llevaron a verse como el retorno arquetípico de Husayn [el último imam chiita] y del Cristo, así como del prometido por el Bab".[23] Cada nueva figura profética es vista como una manifestación del Logos (*kalimatu 'llah*, o Palabra de Dios), y cada una ofrece una nueva revelación (adecuada a las necesidades del día), que está más adelantada que la civilización religiosa anterior. La naturaleza progresiva de esta revelación no debe ser vista como una línea recta a través de la historia (en comparación con las nociones cíclicas comunes en las religiones orientales), sino algo así como una espiral: una revelación progresiva que retoma y termina temas del pasado mientras avanza hacia nuevas manifestaciones, más completas, de lo divino. Cole da una ilustración de este proceso en su lectura minuciosa del texto sagrado en donde Dios le ordena a Abraham que sacrifique a su hijo mayor. Muestra como es presentado de diferente manera en la Torá, el Nuevo Testamento, el Corán y por Behá-U'llah. Esto ilustra tanto las diferentes percepciones de la verdad arquetípica del texto como el desarrollo progresivo de la revelación a través del linaje de profetas y religiones. De esta manera entiende el behaísmo que las diferencias reconocidas en el concepto de pluralismo religioso son positivas y de naturaleza no contradictoria.

Moojan Momen, en su artículo "Relativism: A Basis for Behá'i Metaphysics", examina las enseñanzas behaístas en términos de la visión del mundo de las religiones orientales (el hinduismo y el budismo en particular).[24] El problema es que, mientras que las religiones occidentales asumen una separación dualista entre los seres humanos y Dios, en gran parte del pensamiento religioso oriental (por ejemplo, el advaita vedanta en el hinduismo y el madhyamika en el budismo) semejante dualismo se niega explícitamente a favor de nociones monistas en las que el verdadero ser del individuo se identifica con lo divino. Además, en el budismo no existe la noción de un Dios creador ni de escrituras sagradas reveladas autorizadas. Como las enseñanzas behaístas surgieron de un contexto religioso occidental, no es sorprendente que la perspectiva dualista de una separación significativa entre Dios y los hombres y la naturaleza se encuentren por todas partes en sus escritos. Pero, en vista de que la mayoría de los behaístas hoy proceden de un contexto religioso oriental, cómo puede una perspectiva behaísta reconciliarse para admitir los enfoques monásticos de las religiones orientales —recuérdese que el behaísmo sostiene que las enseñanzas de todas las religiones son válidas. Momen responde señalando primero que la mayoría de los escritos behaístas estaban dirigidos a personas que vivían en un contexto occidental. Así, por ejemplo, Behá-U'llah emplea los puntos de vista clásicos del islamismo, el judaísmo y el cristianismo para expresarse, porque éstos eran los puntos de vista a los que sus escuchas estaban acostumbrados. Pero hay pasajes en los escritos de Behá-U'llah que Momen cita alegando que apoyan una posición monista de tipo oriental; por ejemplo: "Vuelve la mirada hacia ti mismo, para que puedas encontrarme [Dios] dentro de ti, fuerte, poderoso y autónomo".[25] Pero, para la solución teológica del problema, Momen acude a las enseñanzas de Behá-U'llah de que, debido a las limitaciones de nuestra mente finita, todos los puntos de vista teológicos (incluyendo las posturas dualista y monista) son necesariamente relativos. Pero dentro de la relatividad de nuestro conocimiento humano de lo divino, las esencias o formas arquetípicas de lo divino pueden identificarse como verdades válidas. En el caso de la postura dualista, los seres humanos son fundamentalmente diferentes de lo divino. En la perspectiva monista, los seres humanos son en esencia solamente una emanación o manifestación de lo divino. Abdul-Behá sugiere que las pruebas y la evidencia dada para estas dos posiciones son igualmente correctas. Los dos grupos están "viendo el mismo objeto [divino] desde diferentes puntos de vista, y por tanto llegando a conclusiones diferentes e incluso contradictorias. Las diferencias de puntos de vista surgen de diferencias en la naturaleza fundamental (esto es, los atributos predominantes en el complejo alma/psique) de los observadores. La naturaleza fundamental de un individuo lo inclina a ver la Realidad de una manera monista".[26] El autor observa que la solución de Abdul-Behá para el problema dualista/monista en teología corresponde a la teoría de la relatividad en la ciencia moderna, en que lo que se observa tiene una realidad relativa al observador.

Abdul-Behá va más lejos aún en dirección de la teología negativa.[27] Por mucho que una persona se esfuerce por conocer lo divino, dice, el único logro será un mejor conocimiento de uno mismo. Recurre a la metáfora de la brújula: "Por muy lejos que vaya la brújula, sólo irá alrededor del punto que está en su centro y, similarmente, por mucho que los hombres es esfuercen y logren en el reino del conocimiento espiritual, en última instancia lo que están alcanzando es un mejor y mayor conocimiento de sí mismos (del Absoluto manifestado en su interior), no un exterior Absoluto".[28] Esto se acerca mucho al monismo del pensamiento oriental. Sin embargo, la postura behaísta pretende incluir la postura dualista (existen diferencias fundamentales entre lo humano y lo divino) y la monista (no existe ninguna diferencia fundamental entre lo humano y lo divino). Para hacer esto debemos renunciar a las leyes racionales de no contradicción y de tercero excluido. La posición de Abdul-Behá parece ser que no se puede dar una respuesta absoluta a la cuestión de la relación entre lo humano y lo divino. Ambas respuestas son igualmente correctas desde sus puntos de vista relativos, aun cuando parecen ser contradictorias. La aparente contradicción surge sólo debido a nuestra limitada capacidad, que nos impide ver que las dos son correctas. Esto se puede intuir pero no conocer conceptual ni lógicamente. De donde la postura behaísta de que Dios no es conceptualmente cognoscible. En palabras de Abdul-Behá, "la esencia de la Entidad Divina [...] está más allá del pensamiento".[29]

¿Cuáles son las consecuencias de la admisión del relativismo teológico en el behaísmo? En primer lugar, ponerlo en una posición fuerte de modo que se relacione positivamente con los creyentes de otras religiones, pues se considera que todas las religiones son verdaderas, aunque sea relativamente. De forma similar, significa que las revelaciones que carecen de tradición, como el behaísmo, deberían considerarse más válidas que cualquier otra. Esto representa un cierto reto para la doctrina behaísta de la revelación progresiva, que parece sugerir que la revelación de Behá-U'llah, la última en el orden de los profetas, es superior a las revelaciones que tuvieron lugar antes. Sin embargo, se considera que el relativismo es aplicable a las verdades metafísicas de cada religión, en tanto que el concepto

129

de revelación progresiva se aplica sobre todo a las enseñanzas sociales de cada credo. Las dos ideas se perciben haciendo referencia a diferentes aspectos de las enseñanzas de las religiones. Momen atinadamente desvía el foco de la discusión para evitar posibles conflictos entre revelaciones y su orden en el tiempo, y lo pone en las relaciones. Sugiere que en el enfoque relativo de la teología nuestro interés central ya no está en las descripciones o definiciones de lo divino sino en lo que debería ser nuestra relación con lo divino, y en las consecuencias de esa relación. "La atención se ha desviado de las estructuras a los procesos y las relaciones. Por consiguiente, la ética se pone en primera fila para nuestra consideración."[30] Ésta puede ser la explicación de la ausencia de teología sobre el pluralismo en el behaísmo, y su interés mayor en la ética social y personal. Es más importante que las acciones y las intenciones concuerden con los requisitos divinos. Cuando éste es el caso, entonces la teología no es tam importante, ya que sólo será válida para una persona en particular, con una estructura psicológica y antecedentes culturales particulares.[31]

El enfoque behaísta del diálogo interreligioso

Seena Fazel ha estudiado las implicaciones del imperativo behaísta de promover el diálogo interreligioso.[32] Behá-U'llah invita a sus seguidores a las asociaciones íntimas y a la camaradería con los creyentes de todas las religiones, con el fin de promover la unidad y la concordia.[33] El propósito de la revelación behaísta, dice Behá-U'llah, es promover el amor, la camaradería y la unidad de las personas. El diálogo interreligioso en todos los niveles, desde el institucional hasta el individual, es un método importante que ha de utilizarse para promover la unidad y la paz. Cuando estuvo en Norteamérica en 1912, Abdul-Behá insistió en la necesidad del diálogo teológico: "Todos deben abandonar los prejuicios y visitar las iglesias y mezquitas de los demás, porque en todos estos lugares de culto se pronuncia el Nombre de Dios".[34]

Fazel encuentra en los escritos del behaísmo cinco razones por las que se insiste en el diálogo. 1) Conocer otras religiones puede ayudar a

130

la comprensión de los textos del behaísmo, que están llenos del simbolismo y las imágenes de otras revelaciones, especialmente del islam. Este conocimiento de otras religiones se adquiere de la mejor manera a través del diálogo que tiene lugar en un nivel significativo, y no en uno superficial. El diálogo ayudará también al behaísmo a elaborar su teología de otras religiones. 2) El diálogo puede constituir una herramienta para actualizar la meta principal del behaísmo, es decir, la transformación de las religiones del mundo para que pueda realizarse su secuencia, su integridad y su unidad. Por ejemplo, Abdul-Behá, en su viaje de 1912 a los Estados Unidos, desafió a un rabino al decir que los judíos deberían conciliar sus diferencias con los cristianos. Y en reuniones con cristianos los instaba a celebrar la singularidad del Cristo sin caer en el exclusivismo. Alcanzando un entendimiento más profundo de la propia revelación en el contexto del diálogo pueden comprenderse las diferencias religiosas y alcanzar la paz mundial. 3) El diálogo promoverá la transformación interna y la renovación del behaísmo. Fazel sugiere que una limitación presente del behaísmo es que se funda demasiado exclusivamente en conceptos procedentes de las religiones occidentales que son el judaísmo, el cristianismo y el islamismo. Es necesario ensanchar la base de autocomprensión adaptándose a las visiones del mundo de las religiones orientales y aborígenes —y esto puede alcanzarse con el diálogo. 4) El diálogo interreligioso forma parte integrante de la meta de realización de la paz mundial del behaísmo. Sus fundadores emitieron una visión de unidad dentro de una comunidad global, que se puede promover a través del diálogo con los dirigentes de otras religiones. 5) Un importante subproducto del diálogo interreligioso es que coadyuvará al reconocimiento del behaísmo como religión mundial independiente que tiene algo que aportar a los retos que enfrenta la humanidad hoy. Este diálogo crea amistades y alianzas que ayudan a superar los obstáculos para que el behaísmo salga de la oscuridad y se convierta en un actor importante en el escenario mundial. Ésta es una situación circular. El behaísmo, por ser relativamente poco numeroso y nuevo, no siempre es incluido en los intercambios interreligiosos. Participando más en este diálogo alcanzará más notoriedad y su estatus crecerá a los ojos de muchos académicos y líderes religiosos, y también será invitado a participar más en este tipo de encuentros.

Fazel concluye su estudio identificando dos beneficios fundamentales de la participación del behaísmo en el diálogo interreligioso. El primero es que alcanzará un más profundo entendimiento de las otras religiones (al mismo tiempo que de la suya propia). El segundo, al examinar la unidad mística profunda que yace detrás de todas las religiones, tal vez aprenda de los demás cómo nutrir un sentido más profundo de este aspecto dentro de su propia comunidad. El behaísmo ha tendido a centrarse exclusivamente en las enseñanzas éticas y sociales de su credo, y necesita recuperar el aspecto místico esencial de su religión y de su fundador. Esto hará que sus adeptos tengan un sentido más profundo de espiritualidad y comunidad en su vida devocional. Conocer estas cualidades en otras religiones puede ayudarlos a sensibilizarse a estas cualidades en su propia tradición.

Conclusión: la misión behaísta en la India

Vimos que el behaísmo se relaciona intelectualmente de una manera muy positiva con las demás religiones del mundo. A manera de conclusión puede ser interesante examinar brevemente cómo ha puesto estas ideas ideológicas en práctica en su expansión hacia la India. William Garlington comenta que a principios del decenio de 1960 la obra misionera behaísta en la India dio un giro.[35] Los esfuerzos misioneros anteriores, a lo largo de casi cien años, se habían dirigido a elementos urbanos, educados, de la sociedad india, y exigían que los creyentes mostraran conocimiento de las creencias, leyes y estructuras administrativas behaístas. Para 1960 los miembros de este movimiento en la India ascendían a alrededor de mil personas; para 1964 la cifra se elevó a cien mil, y para 1973 a cerca de 400 mil. Este súbito aumento se debió a que se volvió hacia las castas inferiores y desposeídas del ámbito rural. La prueba para obtener la membresía se redujo a una declaración de fe en el profeta fundador del behaísmo, Behá-U'llah.[36] Históricamente la comunidad behaísta en la India había estado formado parte de la elite cultural islámica y zoroastriana, pero los misioneros decidieron utilizar los símbolos hindúes y la práctica devocional de cantar *bhajans* como medio para difundir su fe.

El *bhajan* es un canto devocional rítmico, muy popular en la India. Se realiza en grupo; un devoto se levanta y canta los versos y el grupo en unísono canta las palabras del refrán. Como el behaísmo admite que el hinduismo es una religión revelada, se consideró aceptable utilizar conceptos hindúes tales como "Krishna" (la encarnación humana de Dios en el *Bhagavad-Gita*, libro sagrado hindú) e identificarlos con Behá-U'llah en las palabras del *bhajan*.

Teológicamente, esta acción implica identificar el concepto behaí de un profeta o manifestación de Dios con el concepto hindú de avatar, o encarnación de Dios. Aunque en el behaísmo se prefiere hablar de "manifestaciones" y no de "encarnaciones" de Dios, está probado que ya en 1920 los behaístas de la India identificaban a Behá-U'llah como un avatar o encarnación. Esto puede ser aceptable para el concepto behaí de que es necesario entender la revelación de Dios en el contexto cultural y psicológico del creyente. Por supuesto, en la India, entre las masas es muy común la noción de que Dios toma forma humana —especialmente como el Señor Krishna— para otorgar gracias al devoto. Por lo tanto, si se desea utilizar formas de pensamiento populares en la India para comunicar el mensaje del behaísmo, es muy probable que sea efectivo identificar a Krishna con Behá-U'llah.

Según Garlington, en los escritos behaístas encontramos que Krishna y Buda son manifestaciones legítimas de Dios.[37] Ambos se encuentran en los *bhajans* behaístas, en donde se identifican con Behá-U'llah. Por ejemplo, un bhajan, refiriéndose a Behá-U'llah, dice: "Él manifestó la virtud de Krishna".[38]

Otro avatar hindú, Rama, que no está presente en los escritos de Behá-U'llah, Abdul-Behá ni Shoghi Effendi, también aparece en los *bhajans* behaístas, usualmente en estrecha conexión con otros avatares. Un *bhajan* dice: "Él [Behá-U'llah] trajo la promesa de Rama; Él trajo la justicia de

Krishna".[39] Garlington anota que la incorporación de Rama como avatar/ manifestación es un producto natural de la misión de enseñar, y puede muy bien haber sido autorizada por Ruhiyyih Khanum, la viuda de Shoghi Effendi y prominente behaí, durante su viaje a la India en 1964, en que se refirió a Rama junto con otros profetas establecidos.[40] En el hinduismo también existe el concepto del avatar que ha de venir, Kalkin. Los *bhajans* behaístas han utilizado este nombre, aunado a la idea behaísta de las manifestaciones que vendrán, como una manera de dar esperanza a las castas y tribus inferiores de la India rural. Todo esto parece ajustarse a la admisión de otras religiones en el behaísmo, en el concepto de revelación profética progresiva. Un *bhajan* resume esto efectivamente:

> ¿Cómo puedo motivar la conciencia de las profecías del Gita?
> ¿Cómo puedo difundir el conocimiento de las historias bíblicas?
> En el Corán se dice: "muestra la luz al mundo".
> La esencia de todo esto la llamo el sendero del behaísmo.[41]

Garlington observa que para el behaísmo el *Bhagavad-Gita* es, de las múltiples escrituras hinduistas, el texto supremo de la revelación de esa tradición.

Otro problema con que se toparon los instructores behaístas en la India, con su prolongada historia de hostilidad entre musulmanes e hindúes, es que el nombre mismo de Behá-U'llah tiene una connotación islámica (ya que "Alá" es el término islámico para Dios). De tal manera que en muchos *bhajans* behaístas el término sánscrito hindú "Bhagavan" ("Señor") se sustituyó por el árabe "Alá". En el uso popular hindú "Bhagavan" se utiliza para referirse tanto a Dios como a Sus avatares, o encarnaciones (por ejemplo Krishna). Garlington ha encontrado *bhajans* en los que se refleja este uso dual: "Bhagavan ha dicho que vendrá de nuevo en cada era para restituir la virtud", y "Debemos difundir las buenas nuevas de Bhagavan Baha".[42] Dice Garlington: "Behá-U'llah se convierte así en Bhagavan Baha, título que sin duda le suena mejor al aldeano hindú y que tal vez se ajuste mejor al avatar Kalkin: 'oh, canta alabanzas a Bhagavan Baha; oh, canta el mensaje de paz de Bhagavan Baha; oh, manifiesta hoy la protección de Bhagavan Baha'".[43]

Para explicar el éxito del behaísmo en la India desde la adopción del nuevo enfoque en los años sesenta, Garlington comenta que este enfoque es culturalmente inclusivo, más que triunfalista, por la forma en que los *bhajans* han comunicado las creencias esenciales behaístas.[44] Semejante acercamiento no sólo es estratégico para su misión, sino que encarna los conceptos propios del behaísmo de la validez de todas las revelaciones y de todos los profetas. La disposición a ampliar el concepto de profeta/manifestación, esencial en esta tradición, para que pueda ser identificable con la encarnación hindú de Dios, el avatar, muestra el principio behaí del relativismo en la práctica. Pese a que esto demuestra claramente que su acercamiento a otras religiones difiere significativamente del islamismo, donde estas cosas no podrían ocurrir, existe la pregunta de por qué un empuje misionero como el desplegado en la India sería necesario. Podría poner en tela de juicio la descripción que el behaísmo hace de sí mismo al decir que es una religión "pluralista", más que "inclusivista", en su acercamiento a otras tradiciones. También cabría preguntarse cómo se reconcilia esta actividad misionera con la teología behaísta del diálogo interreligioso, que propondría la conversación confiada cuyo fin es ahondar en la experiencia espiritual de cada participante dentro de los límites de su propia tradición, y no la conversación por la conversación. Si continúa el éxito del behaísmo en la India, los behaístas se verán algún día en la situación que hoy viven los cristianos en la India: son criticados por los hindúes (a menudo por los más fundamentalistas), para quienes la actividad misionera que produce la conversión, sobre todo entre las castas inferiores, que tienen una educación pobre, como un ejercicio de robo de ovejas. Como han descubierto los cristianos, cuando estos cargos se hacen públicos en los medios, el resultado puede significar un grave revés en el diálogo interreligioso. La pregunta que deben hacerse los behaístas es: ¿un aumento en el número de devotos, como resultado de las actividades misioneras de conversión, es más importante que el avance en el diálogo interreligioso para llevar a la práctica la visión behaísta del mundo? ¿O acaso existe otra forma de hacer ambas cosas honesta y sensiblemente? Éste es un reto para la teología y la práctica futura del behaísmo, como lo es para toda religión que participe en actividades misioneras de conversión y en el diálogo interreligioso.

5 El pluralismo religioso y el hinduismo

El hinduismo, a diferencia de las tradiciones occidentales, no tiene un comienzo fácilmente identificable. Aunque no existen antecedentes del principio de su historia, parece ser que la religión hindú se desarrolló en el mismo terreno fértil que nutrió al jainismo y al budismo. Estas tres religiones tienen la misma premisa común de que el karma (los vestigios mentales o semilla que deja todo pensamiento o toda acción y que predispone a uno al mismo pensamiento o acción en el futuro; volición; acción), el *samsara* (el mundo de los fenómenos, incesantemente en movimiento o flujo, uno de cuyos aspectos es la rencarnación) y el *jiva* (el yo empírico; el alma individual) son *anadi* (no tienen principio) y que siguiendo un sendero espiritual particular (*marga*) se puede alcanzar la liberación.[1] Cada una tiene una diferente comprensión de lo divino o absoluto que se experimentará al término del sendero espiritual. En la tradición brahamánica, la realidad se concebía como "ser puro", que quiere decir que la realidad es una sustancia pura inalterable, concepto que se expresa en la doctrina del *atman* de los Upanishads. Los budistas adoptaron la postura opuesta, la doctrina búdica de *anatma*, y para ellos la realidad es momentánea (*ksanika*), única (*svalaksana*), unitaria (*dharmamatra*) y en flujo constante. El jainismo tomó el camino del medio entre estas dos maneras opuestas de considerar la realidad; para ellos tiene la misma realidad la sustancia que sus formas: "ser" y "llegar a ser". T. R. V. Murti sugiere que la visión jainista "constituye la tercera corriente de la filosofía de la India, en el centro de

137

los dos extremos".[2] Es abrahmánica porque acepta un *atman* cambiante, y es abúdica porque acepta la entidad permanente (*atman*) así como el cambio. Para Murti la tradición jainista, en su posición media, no encontró eco dentro de ninguna de las otras tradiciones, y en consecuencia tuvo comparativamente poca influencia en el desarrollo de la filosofía india.[3] Pero el brahmanismo y el budismo se conformaron mutuamente en virtud de su mutua oposición y el debate.

P. T. Raju afirma que en los comienzos del pensamiento occidental hubo dos corrientes opuestas similares: la órfica, relativa al espíritu interior del ser humano, y la olímpica, relativa a la naturaleza externa.[4] En Platón encontraron equilibrio, pero la segunda se convirtió en la dominante en el pensamiento occidental gracias a Aristóteles, mientras que la primera se transmitió a través de la tradición de Plotino y los místicos, de menor envergadura. Aunque aún no se ha establecido si estas dos corrientes de pensamiento nacieron en la India y fueron llevadas a Occidente, o viceversa, o si espontáneamente surgieron en ambos sitios, las dos parecen ser fundamentales para la experiencia religiosa. El hinduismo, tal como se entiende a través de la tradición brahmánica, se arroga la revelación de la identificación del ser interno —el ser puro inalterable (*atman*)— con la realidad última, el absoluto, lo divino.[5] En los *Upanishads*, que se atribuyen en general a periodos anteriores a Mahavira y a Buda, existen pasajes sobre *jiva*, *karma* y *samsara*, pero se centran en el conocimiento del espíritu interior y los medios para alcanzarlo. El resultado de esta búsqueda hacia adentro es la creencia hindú en una única realidad divina que se fenomenaliza en múltiples y diversas formas. El hindú típicamente considera que existen diferentes sectas dentro del hinduismo, y que otras religiones son diferentes manifestaciones de la única realidad divina externa. Como todas las manifestaciones remiten a la misma fuente, no debería existir ningún conflicto entre las tradiciones. La cooperación, la comunidad y el respeto mutuo deberían prevalecer entre todos los fieles. Examinemos qué papel ha tenido esta perspectiva filosófica en el encuentro del hinduismo con otras religiones.

El periodo clásico

Según el hinduismo, todos los aspectos del mundo tienen una procedencia común. "Existe necesariamente algún tipo de equivalencia entre sonidos, formas, números, colores, ideas, al igual que entre las abstracciones de los mundos sutil y trascendente, por un lado, y las formas del universo perceptible, por el otro [...] La Naturaleza toda (*prakriti*) no es más que el símbolo de una realidad superior."[6] Desde el punto de vista del que percibe, es como mirar una escultura desde diferentes ángulos. La forma entera no se puede aprehender más que cuando la escultura ha sido mirada desde diferentes perspectivas: por el frente, por atrás, por los lados. Aunque cada una de estas vistas es diferente, y aun cuando algunos aspectos de lo visto y lo descrito desde diferentes ángulos pueden parecer incompatibles, de esta información contradictoria se puede obtener una descripción general fidedigna de la escultura, que no se podría obtener de un solo ángulo. En la visión hinduista las diversas religiones se entienden como perspectivas diferentes y a veces contradictorias de la única realidad divina. En realidad, la divinidad se describe a veces como "aquello en lo que coexisten los opuestos".[7] Siguiendo esta lógica, el hinduismo debe ser tolerante y estar abierto a otras religiones porque mientras más aspectos de lo divino podamos percibir más completa será nuestra comprensión. Incluso en el seno del hinduismo es necesaria una amplia tolerancia para incluir a todas las denominaciones (como el vaisnavismo y el saivismo) y todos los puntos de vista (*darsana*), desde la perspectiva lógica o experimental del Nyaya-Vaisesika hasta la psicología supramental del yoga sankhya y la visión dialéctica y metafísica del vedanta. Entre todas estas perspectivas, las concepciones van —en concordancia con las premisas de las diferentes escuelas— del ateísmo al panteísmo, el teísmo, el monismo y el misticismo. Cada uno es verdadero en su propia perspectiva, es decir, cada punto de vista es una conclusión lógica basada en las premisas de su propia perspectiva. Cabe esperar que las verdades expresadas por cada posición pueda contraponerse, ya que cada una es solamente una parcial perspectiva de lo divino. El objetivo de los eruditos de cada una es ensanchar su comprensión al máximo en una dirección en particular. Los constructores de los *darsanas* en el hinduismo son caracterizados como los videntes de la realidad divina (*rishis*). Todos los *rishis* ven la realidad en su totalidad, pero, en virtud de la necesidad de la finitud humana, deben escoger una forma (entre las muchas posibles) a través de la cual transmitirán la visión reveladora a los demás. Para el hinduismo clásico, las religiones pueden ser entendidas como visiones adicionales de la misma realidad divina; se pueden considerar que los nuevos *rishis*, como Moisés, Jesús, Mahoma y Buda, describen nuevas perspectivas diferentes de lo divino único.

Los buscadores religiosos comienzan en cualquier sendero que se ajuste a su sensibilidad y esté a su alcance. Como todos los senderos son visiones diferentes de lo divino, no importa cuál sendero se elija. En teoría, todos los senderos a la postre llegan a la misma meta. Alain Danielou escribe: "La persecución o proselitización de otros grupos religiosos, por extrañas que le parezcan sus creencias al hindú, no es aceptable".[8] Sin embargo, el hinduismo clásico parece hacer excepciones. A pesar de que todas las religiones nos hacen progresar hacia el objetivo de liberarnos del karma-*samsara* y hacia la unión con lo divino, solamente con ayuda de la revelación contenida en los Vedas podemos recorrer todo el camino hacia la liberación. Raju da una explicación razonable de la forma en que este criterio pasó a ser la norma en el hinduismo:

> La religión védica, después de desarrollar su propia interiorización, se esparció interiorizando e incorporando a todas las otras religiones con las que tuvo contacto. Todas se preciaron de remontar sus orígenes a los Vedas y los Upanishads. Algunas, como el saivismo, el saktismo y el vaisnavismo, tenían sus propias escrituras, los *Agama*, a los que atribuyen un lugar tan elevado como el de los Vedas. No obstante, con el tiempo empezaron a escribir comentarios sobre los Upanishads originales, escribieron sus propios Upanishads y los agregaron a la lista. De tal forma que ni en el pasado ni el presente ninguna religión puede ser ajena a los indios, con tal que gire alrededor de la interiorización.[9]

El crecimiento y la difusión del jainismo y el budismo trajeron consigo una intensificación, en el hinduismo, de la "interiorización", en palabras de Raju, de la tradición del *atman*, en oposición a la tradición del *anatman* del budismo. La atención primordial a la interiorización en la religión védica no implicó dejar de prestar atención a las formas externas. En la tradición védica se exigían obligaciones de índole social; la forma de trazar el sendero de la realización interior fue cuidadosamente marcada a través del orden de las castas y los *asramas*, o etapas de la vida. Los deberes asignados a cada casta a cada etapa de la vida tenían el propósito de disciplinar al individuo y llevaban por etapas a la meta de la realización espiritual interior. Así, en el hinduismo se dio tanto una estructura para mantener y regular a la sociedad como la oportunidad de realización espiritual interior. En gran medida, el budismo en la India adoptó la regulación social y ceremonial hindú.

El reto que presentó el budismo no sólo ocasionó la intensificación de la insistencia del hinduismo en el *atman* sino que, en concordancia con la filosofía brahmánica, se absorbió todo aquello que se consideró nuevo y benéfico en el budismo. Gaudapada, en el siglo VII d.C., maestro de Shankara, escribió sus *karikas* sobre el Mandukya Upanishad, entre los que incorporó los mejores métodos de la filosofía budista, al mismo tiempo que conservó el contenido védico.[10] Shankara sistematizó los avances de Gaudapada y otros en la escuela advaita vedanta. Shankara también viajó a lo largo y ancho de la India, debatiendo con los budistas[11] "y aparentemente fue dejando tras de sí órdenes monásticas [imitando la práctica budista en esto también] en Badrinath, en el norte, en Sringeri, en el sur, en Puri, en el este, y en Dwaraka, en el oeste".[12] Sin embargo, la práctica hindú difería notablemente de la budista (y la cristiana) en que cada monasterio, a pesar de ser una filial, era autónomo. La práctica monástica budista, que se modificó para que hubiera más autonomía y flexibilidad, ha desempeñado un papel cada vez más central en el hinduismo, desde la Edad Media hasta nuestros días. Como dice David Miller, tal vez tenga más sentido pensar en el hinduismo medieval y moderno en términos de una *sampradaya*,

141

o tradición monástica de enseñanza, alrededor de un gurú, que como grupos sectarios clasificados según deidades particulares.[13]

La tendencia a la absorción también fue visible en el desarrollo de la nueva forma de *bhakti*, o hinduismo devocional. Buda fue absorbido y convertido en uno de los avatares o encarnaciones de Vishnu. El relato de este acontecimiento en el Vishnu Purana es el siguiente:

> Cuando el poderoso Vishnu escuchó su petición [la petición de los dioses de ser protegidos de los Daityas (Asuras), o malvados], emitió de su cuerpo una forma ilusoria, que entregó a los dioses, y dijo: "Esta visión ilusoria [Buda] engañará a los Daityas, de modo que, al ser apartados del sendero de los Vedas, se les pueda dar muerte; porque todos los dioses, demonios u otros que se opongan a la autoridad de los Vedas perecerán por mi poderío, que ejerceré para la preservación del mundo. Id, y no temáis; que esta visión engañosa os preceda; este día os será de gran utilidad, ¡oh, dioses!"[14]

Y sigue relatando cómo Vishnu, en la forma del Buda, logra seducir a los Daityas para que dejen de estudiar a los Vedas y abandonen los deberes sociales que les son propios prometiéndoles un sendero secreto a la liberación y enseñándoles la verdad igual en principios contradictorios. Cuando los dioses se dan cuenta de que los Daityas han abandonado a los Vedas, la única armadura religiosa verdadera, comienza una batalla. Los dioses obtienen la victoria con facilidad, y los Daityas son destruidos.[15] Los seguidores de los Vedas son purificados y renovados y la herejía del budismo, habiendo cumplido su propósito divino, desaparece en la India. En el Agni Purana se ofrece una interpretación similar.[16] Buda es absorbido por la tradición hindú, pero la representación y la interpretación de los fieles budistas ciertamente no son positivas. La interpretación negativa que hacen puede tener que ver con la persecución de los budistas. A. L. Basham da ejemplos históricos de esta persecución: en el siglo VI el rey huno Mihirakula destruyó monasterios budistas y asesinó a los monjes.[17] Hasta hace poco, sin embargo, la respuesta hindú a otras religiones se ha distinguido, en general, por la absorción pacífica más que por la agria oposición descrita en el relato puránico anterior.

El relato puránico de Buda como avatar nuevamente pone de realce la posición de los Vedas en el hinduismo. Los hindúes consideran que los Vedas son la revelación eterna, impersonal y más perfecta de la verdad divina. De los Vedas procede todo el conocimiento del *dharma* (la ley, especialmente la ley moral o deber; la rectitud, el principio inherente a la religión), y sin los Vedas la liberación (*moksha*) no es posible.[18] Esto trae a colación la pregunta de cómo ven los hindúes las escrituras de otras religiones. En el caso del jainismo y el budismo, no es difícil responder. Como unos y otros rechazan el concepto de revelación sagrada, y consideran que las enseñanzas de Mahavira y de Buda son ejemplos que hay que experimentar y probar por uno mismo, es natural que los hindúes simplemente rechacen esas enseñanzas en relación con los Vedas, que constituyen una revelación.

Hay un caso interesante de pluralismo dentro del hinduismo, durante el periodo clásico, en relación con los Vedas. ¿Cómo deben relacionarse con los Vedas textos diferentes, como la Épica y los Puranas? La tradi-ción hindú resolvió el problema dando a esos textos el estatus de revelación secundaria —por re-revelar la verdad de los Vedas en una forma más apropiada para el *karma* incrementado de la época. La Épica y los *Puranas* no agregan nada nuevo, pero, al igual que en el Bhagavad-Gita, representan la revelación védica original en formas más simples, como relatos y acontecimientos históricos. El principio que predomina parece ser el de la continuidad basada en los Vedas, continuidad que atraviesa épocas y condiciones cambiantes.[19] El modo en que opera este principio, en el hinduismo, es que hay eruditos que escriben comentarios que aclaran enseñanzas contenidas en textos más antiguos, con el fin de establecer una serie ininterrumpida que se remonta al pasado y necesariamente termina (o principia) en los Vedas. Tal vez el hinduismo podría aplicar este principio de continuidad, en alguna forma, a las escrituras sagradas de otras religiones reveladas (como el cristianismo y el islamismo).

143

Otra perspectiva de la respuesta al pluralismo se halla en la forma en que el hinduismo clásico enfrenta el mal. En su estudio del mal en el pensamiento hindú, Wendy O'Flaherty observa que la inicial religión védica ignora en gran medida los aspectos más trágicos de la vida, más que negarlos.[20] Pertenecientes a un periodo posterior, los Upanishads prestan más atención al mal y al sufrimiento de la vida. Más adelante, la Épica y los Puranas hacen el intento de integrar el mal existente en la vida a las metas positivas de la visión védica de la vida. Para O'Flaherty, este cambio en el enfoque del mal se desarrolló a partir de la interacción con el budismo. La perspectiva védica, con su doctrina del *svadharma*, supone que ambos roles, tanto el bien como el mal, son necesarios para la variedad que constituye a la sociedad en conjunto. Aunque el individuo no puede escoger sus roles, la sociedad está organizada de tal manera que la contribución de cada persona es importante para el mosaico entero, y algunos de estos roles individuales, como partes del todo, necesariamente incluyen el sufrimiento y el mal. O'Flaherty sugiere que el budismo, los Upanishads y la *bhakti* ponen en cuestión este enfoque al insistir en la responsabilidad moral del individuo y en el objetivo espiritual individual (liberación del *karma-samsara*), más que en el *svadharma* de la perspectiva anterior. O'Flaherty escribe: "Por influencia del budismo, los Upanishads y los cultos de la *bhakti*, al individuo se le da a elegir un curso de acción, emancipación de las estructuras de casta; en vez de crear su vida a partir de *objets trouvés*, puede escoger sus medios y liberarse del karma".[21] Naturalmente, la elección no es enteramente libre. En el budismo la elección está condicionada por el karma del pasado, y en la teoría de la *bhakti* a menudo se piensa que Dios escoge a quien lo venera; con todo, en ambos sistemas las persona pueden deliberadamente cambiar su vida en términos de acción.

El único aspecto de la doctrina hindú que O'Flaherty deja de lado en el análisis anterior es la noción de las "etapas de la vida". Parte de la distinción que se hace entre el enfoque védico y el de la libre elección puede eliminarse, hasta cierto punto, si el *svadharma* se ve como un deber necesario durante las dos primeras etapas de la vida. Cuando los deberes de la etapa de estudiante y de cabeza del hogar se han cumplido (y aquí parece que no hay cabida para la libre elección individual), luego, durante las dos últimas etapas uno tiene libertad individual para proseguir el desarrollo espiritual encaminado a la liberación. No queda claro aún si la idea de la libertad individual de las dos últimas etapas procede del budismo, si es originaria del hinduismo o si pertenece conjuntamente a ambos. O'Flaherty está en lo correcto en su observación de que en el contexto del *svadharma* el mal se define como la amenaza de impureza, profanación, mezcla de castas, etcétera.[22] También está en lo correcto al señalar que la noción *svadharma* de integridad no permite que el mal (impureza) se convierta en un principio autónomo, o que se pase por alto, ya que se considera que actúa al servicio de la pureza. Esta perspectiva clásica contrasta con la perspectiva de la *bhakti*, que se desarrolló en respuesta al budismo y a que el budismo pusiera las castas en tela de juicio. Como escribe O'Flaherty,

> La visión *svadharma* del hinduismo ortodoxo es un sistema ético que se basa en el pluralismo inherente en el sistema social de castas (el objetivo es la preservación del equilibrio social y moral), las filosofías de la *bhakti* niegan la validez del sistema de castas y favorecen un sistema ético más universalista y aparentemente más individualista, cuyo objetivo es la salvación.[23]

Tomadas en conjunto, el hinduismo no considera que estas diferentes perspectivas filosóficas sean exclusivas, sino diferentes puntos de vista sobre la realidad. Así es posible para el hinduismo suponer que el mal en la vida humana es necesario y deseable, y al mismo tiempo asumir un bien universalmente válido hacia el cual la humanidad debe aspirar. Como afirma O'Flaherty, "'el mal' debe ser aceptado, pero el 'bien' debe ser buscado; estas dos opiniones juntas aportan una solución funcional al problema del mal, un marco en el que el género humano en conjunto, así como cada individuo, pueda operar cuando confronte un problema fundamentalmente insoluble".[24] Fiel a su percepción filosófica y religiosa fundamental de la diversidad como la manifestación de unidad, el hinduismo demuestra su habilidad para hacer frente al problema del mal en relación con el bien

—acaso la paradoja más difícil de la vida. El análisis del problema del mal conduce al buscador de nuevo a la fuente básica y unificadora. Como dice un texto respecto a esta búsqueda y a esta fuente,

> hay muchas religiones —la de los vedas, *snkhya*, *yoga*, *pasupatas*, *vaisnavas*— y una persona elige este sendero, otra persona aquél; en virtud de la variedad de preferencias, unas por el sendero recto, otras el que rodea, tú eres la meta de todos los hombres, tal como el océano es la meta de todos los ríos.[25]

Sin embargo, la idea de que todos los senderos conducen a la misma meta estaba presente más en la teoría que en la práctica en el hinduismo clásico. Los debates entre escuelas filosóficas rivales eran un asunto muy grave, porque se consideraba que lo que estaba en peligro eran asuntos relativos al conocimiento correcto o incorrecto sobre cómo alcanzar la liberación. En la mente de estos filósofos, cada escuela con sendero diferente hacia la liberación, excluía a las otras. Uno estaba en lo correcto o bien en el error en su conocimiento e interpretación de los Vedas. Los debates no sólo se ventilaban en comentarios sino también en público, y, siguiendo la tradición, al perdedor se le exigía que aceptara el punto de vista del ganador, "convertirse" al sendero de realización de lo divino del oponente.

El encuentro del hinduismo con el islam

Los árabes visitaron la India mucho antes del nacimiento de Mahoma, y parece que existieron comunidades musulmanas en la costa a partir del siglo VIII d.C. Basham afirma que la comunidad Mappila (Moplah) de Malabar desciende de pueblos que se establecieron o se convirtieron ahí antes de la invasión musulmana de la India. Pero no hay pruebas contundentes de la influencia del islamismo en el hinduismo hasta después de la conquista musulmana.[26] Fue la segunda oleada de expansión islámica la que trajo a los primeros invasores musulmanes a la India, a combatir contra las fuerzas hindúes. Entre 711 y 712, los musulmanes capturaron y se enseñorearon de Deval, un puerto próximo al Karachi de hoy, y Aror, al norte de Hyderabad.[27] Sin embargo, la invasión musulmana no fue acometida hasta los siglos ix y x, en que poderosas dinastías islámicas se apoderaron del control de una gran parte de la India. Los sufis, los misioneros del islam, pronto llegaron a instalarse en la corte, y el encuentro con el hinduismo empezó en serio. De lado del islamismo, el efecto inmediato fue una infusión de nueva vida de la religión mística hindú a la tradición sufi, que había venido pasando por un periodo de estancamiento. Y no parece que haya tenido lugar ningún efecto comparable en el hinduismo. Aunque a los hindúes se les otorgaron puestos altos en la burocracia islámica, y se convocó a los eruditos hindúes a dialogar con los musulmanes, aparentemente los hindúes mantuvieron su religión alejada de la influencia islámica. La sociedad estuvo dominada por la segregación cultural y religiosa.

Al igual que antes hicieron el budismo y el jainismo, el islamismo atacó al hinduismo rompiendo el sistema de castas. Los musulmanes proclamaban: "Ante Alá, todos los hombres son iguales; en la esfera de la religión no hay privilegios de nacimiento".[28] La fuerte oposición a las castas reforzó y estableció un punto de contacto con los movimientos hindúes de la *bhakti*. Del siglo xiii al xviii una larga serie de santos y profetas *bhakti* lucharon por la purificación de la religión hindú, muchos de los cuales eran conversos del islam al hinduismo.[29] Otro punto de mutuo refuerzo entre los movimientos *bhakti* hinduistas y el islamismo en la India fue la producción de literatura religiosa vernácula. Uno de esos profetas y poetas *bhakti* fue un hindú llamado Namdev (*ca.* 1300), de baja casta. Los principios fundamentales de la enseñanza de Namdev eran que el fiel depende de Dios y la necesidad del arrepentimiento personal. Una antigua experiencia de pecado y perdón llenó a Namdev de confianza en la presencia universal, el perdón y el amor de Dios. Namdev encontró que parte de su enfoque religioso tenía semejanza con el islamismo, entre otros el rechazo del fútil servicio devocional a ídolos religiosos. Haciendo referencia a un ídolo, se pregunta: "¿Por qué bañarlo cuando Dios está en las múltiples especies del agua; por qué tejer una guirnalda de flores cuya fragancia ha percibido la abeja, cuando Dios ya está en la abeja?"[30]

147

El repudio de las castas, el uso de lenguaje vulgar y su insistencia en el pecado, el arrepentimiento y el rechazo de la idolatría sentaron las bases para los intentos de acercar al hinduismo y al islamismo. Cabe mencionar dos intentos notorios: el de Kabir, con una perspectiva básicamente hinduista, y el de Akbar, con una perspectiva básicamente musulmana. Al igual que Namdev, Kabir (*ca.* 1500) fue también poeta y cantor de la *bhakti*. Hijo de un tejedor musulmán, creció en un hogar musulmán y estuvo constantemente rodeado por el islam.[31] El antecedente más representativo de su enseñanza se intitula Vijak, supuestamente dictado por Kabir a un discípulo de nombre Bhagwan Das.[32] Al igual que Namdev, Kabir evitó los símbolos externos en la vida religiosa, así como las castas, los ídolos y las austeridades de las peregrinaciones, además de enseñar en una lengua común, el hindi. Kabir recibió influencia de maestros de las comunidades hindú e islámica y tuvo estrecho contacto con los sufís.[33] Fue incansable crítico del formalismo hueco de una y otra religiones. Para él, "todas las religiones buscan al mismo Dios, y sólo difieren en el nombre que Le dan".[34] Esto hace que toda pugna religiosa —entre hindúes y musulmanes, o entre otras religiones— sea vana. La prescripción religiosa de Kabir es que toda persona debe renunciar al ego y a la vanidad y considerar a sus semejantes como a sí mismo.

Otro aspecto del atractivo de Kabir era que no creía en la negación ascética, sino que, al vivir una vida natural, de una manera pura, uno puede llevar su propia *sadhana* (disciplina espiritual que conduce a la liberación o la iluminación. Dios y el universo, según él, están dentro de uno mismo.[35] Y el camino para conocer a ese Dios que está dentro es repetir el nombre de Dios hasta "volverse como Él".[36] Como en el islam, la perspectiva de Kabir ve por doquier la acción de un revelador divino que utiliza el Logos, o la Palabra, como instrumento educativo y devocional. Para Kabir, en concordancia con la filosofía del lenguajes del gramático Bhartrhari,[37] la Palabra es el fundamento de toda experiencia espiritual, y el canto de la Palabra es una disciplina espiritual. J. Estlin Carpenter escribe que "Kabir dice: 'Escuchad la Palabra, la Verdad, que es vuestra esencia'".[38] La insistencia de Kabir en la Palabra tiende un puente natural entre el is-

148

lamismo y el hinduismo. Para ambas tradiciones la Palabra de las escrituras sagradas es divina, eterna y poderosa. Pero en términos del lenguaje, en términos de su uso en el lenguaje vernacular, el hinduismo de Kabir se parece más al sufismo que a la tradición gramatical del sánscrito clásico. En palabras de Kabir, "el sánscrito es el agua del pozo, mientras que las lenguas *habladas* (bhasa) son agua del río que corre".[39] Sustentándose en la tradición de sánscrito y fuertemente influido por el sufismo islámico, Kabir dio nueva expresión al hinduismo en la lengua hindi del norte de la India.

En comparación con Kabir, Akbar no parece haber tenido un encuentro duradero con el hinduismo. Kabir era predominantemente hindú y Akbar básicamente musulmán. Las esposas de Akbar practicaban rituales hindúes sin restricciones, distinguidos eruditos instruían al emperador, pero ninguno ejerció una fuerte influencia sobre él. Los eruditos hindúes, aunándose a la adulación generalizada del emperador, hallaron profecías de su realeza en las *Leyes de Manu* y proclamaron que era un avatar.[40] Akbar intentó trascender de los conflictos y las insuficiencias tanto del islamismo como del hinduismo creando su propia religión, el Din-illahi, o "monoteísmo divino". La religión de Akbar no ganó muchos adeptos y no sobrevivió a su muerte. Sin embargo, Tulsi Das, poeta durante el reinado de Akbar, tuvo una fuerte influencia en el hinduismo de la India septentrional. De niño, Tulsi Das aprendió el persa y por ende recibió cierta influencia del islam. Su principal contribución al hinduismo moderno fue que lo revivió, frente al reto que le presentaba el islamismo, al rescribir el Ramayana de Valmiki en hindi, con el título de "El lago de los actos de Rama". Para todo fin práctico, se convirtió en la escritura sagrada de la mayoría de los hindúes del norte de la India, y sigue siéndolo.

P. T. Raju afirma que el principal legado que la invasión musulmana hizo al hinduismo fue el embotamiento.[41] Cuando los musulmanes destruyeron las universidades y las bibliotecas budistas, una gran parte de la literatura hindú sucumbió con ellas. Sin embargo, los libros vernaculares de los eruditos escolares estaban más difundidos y mejor ocultos, y así la simple religión vernacular *bhakti* fue la predominante.

El hinduismo y los sikhs

Nanak (n. 1469), el fundador del sikhismo, escribió en hindi y criticó el sistema de castas y la adoración de ídolos.[42] Desarrolló un sistema de culto que constituyó una síntesis del sufismo, *vaisnava bhakti* e ideas asociadas con los yoguis nath.[43] La interacción más intensa entre el sikhismo y el hinduismo tuvo lugar entre 1708 y 1849, cuando la religión sikh pasó por una época de decadencia. El poder absorbente del hinduismo se afirmó, en respuesta a las debilidades inherentes del sikhismo. Durante ese periodo los sikhs mostraron una tendencia a abandonar sus costumbres y sus símbolos para adoptar prácticas hindúes ortodoxas.[44] Incluso proclamaron ser una variedad especial de hinduismo.[45] Sin embargo, durante el siglo xix hubo un resurgimiento del sikhismo, con dos aspectos que resaltaron: el envío de misioneros y la conversión de hindúes. Dentro del Punjab mismo, los hindúes punjabi y los sikhs tienen una misma historia de persecución, patrones sociales y tradición religiosa. N. G. Barrier agrega que "los arya-samajistas, con los que los sikhs educados se identificaron al principio y con los que cooperaron, insistían en que los sikhs eran hindúes".[46] Pero diez años después de la introducción, en 1877, del Arya Samaj en el Punjab, la cooperación de los sikhs se convirtió en hostilidad, y no pasó mucho antes de que aquél fuera identificado como el enemigo número uno de éstos. Las disputas alrededor de las relaciones entre sikhs e hindúes, que en el Punjab tienen tintes políticos, continuaron durante el siglo xx.[47]

Nanak, más nítidamente que Kabir, intentó fusionar y trascender todo elemento hindú y musulmán en sus enseñanzas.[48] Pero sus antecedentes parecen ser sobre todo hindúes.[49] Dios es a la vez el Absoluto informe (*nirguna*) y la realidad manifiesta (*saguna*). Siguiendo a Kabir, hace hincapié en la confesión de los pecados y en el arrepentimiento y se exige actividad humana y vigorosa de todos. El hinduismo tuvo, con toda seguridad, una gran influencia en el sikhismo, cuyo mayor impacto en el hinduismo tal vez sea que coadyuvó a romper el sistema hindú de barreras de raza y casta.

150

El hinduismo y el cristianismo

Hay muchas especulaciones sobre los primeros encuentros entre el hinduismo y el cristianismo.[50] Según Eusebio, historiador del siglo IV, a santo Tomás se le asignó como misión un territorio que atravesaba todo el noroeste de la India, hasta el Indo, aunque no hay huellas del cristianismo en aquella región. No obstante, la tradición católica todavía vincula a santo Tomás con la India, y Gregorio, el arzobispo de Tours de 573 a 593, menciona que los restos de Tomás descansaban en una gran iglesia y monasterio de la India. Marco Polo (*ca.* 1290) ubica esta iglesia en Mylapore, al sur de Madrás. Poco se sabe de las conexiones de esta iglesia con santo Tomás, pero en unas excavaciones realizadas del otro lado del río Adyar, frente a la iglesia, se descubrió una pieza de granito adornada con una cruz y una inscripción. Una cruz similar con inscripción fue hallada en una iglesia en Travancore, Estado de Kerala. El persa de la inscripción sugiere la existencia, en el siglo VII o en el VIII, de una comunidad cristiana persa, tal vez nestoriana, en la India. Sin embargo, el cristianismo no parece haber ejercido ninguna influencia mayor, si es que hubo alguna en esa época, en el hinduismo.

La llegada de los mercaderes ingleses y portugueses a la India en el siglo XVII fue la que abrió el camino a los misioneros cristianos procedentes de Europa.[51] Ya en 1573 Akbar había convocado a los cristianos jesuitas de Goa a presentarse ante él y participar en los debates teológicos, pero no fue sino hasta después de la caída del imperio mogul y de que los ingleses asumieran el control, para proteger sus intereses comerciales, cuando los misioneros cristianos llegaron con pleno vigor. Los gobernantes ingleses querían gobernar a los hindúes en concordancia con la ley y la religión hindúes, para lo cual establecieron la Sociedad Asiática de Bengala, con el fin de estudiar la filosofía y la literatura hindúes. Los misioneros cristianos empezaron a interesarse también en el pensamiento hindú, principalmente para poder criticarlo y ganar adherentes.[52] El esfuerzo acumulado de estas y otras actividades dieron lugar al Renacimiento hindú, cuyo objetivo era reformar y justificar la religión hindú en distintas formas.

Rammohun Roy (1772-1833) se dedicó a rescatar de la oscuridad las ideas del hinduismo védico, que había sido abandonado a favor de un superficial culto a los ídolos. Roy estaba hondamente interesado en las enseñanzas religiosas de los misioneros cristianos. Leyó el Nuevo Testamento y comprendió las enseñanzas éticas que según él eran universalmente coherentes con las leyes de la naturaleza. Con la intención de cultivar el corazón y la mente de sus hermanos hindúes, tradujo al sánscrito este compendio con el nombre de Preceptos de Jesús.[53] Como rechazaba la divinidad de Jesús, causó furor entre los misioneros cristianos de Calcuta. Después de más de tres años de debates con los cristianos, Roy empezó a escribir para "reivindicar a la religión hindú, en contra de los ataques de los misioneros cristianos".[54] En cartas públicas argumentó que el hinduismo no es inferior al cristianismo (como decían los misioneros) y que los misterios de cada religión trascienden todos el entendimiento humano, de modo que ninguna puede prevalecer sobre la otra.[55]

El programa de Roy de incorporar las enseñanzas éticas de Jesús al hinduismo tuvo como resultado una campaña en contra de la práctica del *sati* hindú (quema de las viudas), que no tiene antecedentes en el *Dharma Shastra* ni en el código de leyes hindú. Al oponerse a semejante práctica, Roy atacó la actitud, prevaleciente en el hinduismo a la sazón, de que las mujeres "eran víctimas de las pasiones", "indignas de confianza" y "carentes de inteligencia". Resaltó la capacidad de las mujeres, si se les daba la oportunidad, de tener éxito en la educación, la disciplina espiritual, la virtud, etcétera.[56] Las opiniones de Roy sobre las mujeres ejemplifican de qué modo, "minuciosamente, distinguía entre los errores de los ingleses, y defendía el hinduismo de la crítica de los misioneros al exigir a los ortodoxos que abandonaran sus superfluidades".[57] Con el fin de defender al hinduismo de las acusaciones cristianas de que era una religión pagana e idólatra, Roy y sus colegas emprendieron una reforma de aquél. Se formó el Brahmo Samaj con este propósito. Su objetivo era "purificar el hinduismo e inmunizarlo contra las ideas y las prácticas cristianas".[58] Esta estrategia, iniciada por Roy, pasó a manos de Keshub Chunder Sen y luego de Dayananda Sarasvati. Pero antes de proseguir con el examen de cada uno de estos reformadores hindúes, vale la pena abundar en el papel que tuvo Roy en la introducción de la lengua inglesa en la educación hindú.

Para Roy, la única forma de modernizar a los hindúes era hacer que se utilizara el inglés en su educación. Se opuso a los intentos de los ingleses de imponer la tradicional educación en sánscrito y propugnó con éxito enseñar el conocimiento occidental moderno por medio del inglés.[59] El haber intensificado el uso del inglés en detrimento del sánscrito tuvo en el hinduismo un impacto que aún no ha sido evaluado. Sin duda, volvió la atención de los jóvenes indios hacia Occidente y la alejó de la tradicional sabiduría de los textos sánscritos hindúes.

Keshub Chunder Sen (1838-1884) estaba dispuesto a ir mucho más lejos que Rammohun Roy en la apropiación del cristianismo. Durante los últimos años de su vida hizo, por cierto, algo parecido a lo que hizo Akbar: experimentó con la síntesis de algunos elementos de las principales religiones del mundo. W. T. De Bary escribe: "Aunque tomó prácticas devocionales y yóguicas del hinduismo, tomó muchas más de las enseñanzas y prácticas del cristianismo".[60] Llegó a extremos tales que fue prácticamente excomulgado del hinduismo, y durante años pareció que su conversión al cristianismo era inminente. Mientras que Roy había aceptado solamente las enseñanzas éticas de Jesús, Keshub aceptó al Cristo como el cumplimiento de los esfuerzos devocionales del hinduismo. Propuso que Cristo, los apóstoles y los evangelios eran de naturaleza asiática, y concluyó que "en el Cristo, Europa y Asia, Oriente y Occidente, pueden aprender a encontrar la armonía y la unión".[61] Más aún, Keshub pensaba que el cristianismo, el hinduismo y el islamismo podrían unirse. Pensaba que la nueva religión resultante sostendría a la India y conduciría a una comunidad espiritual mundial. El talento religioso hindú, en continuidad con la revelación del Viejo y el Nuevo Testamentos, reconciliaría, en su sentir, a todas las religiones en pugna.

> ¡Como absorbe el hindú al cristiano! ¡Como el cristiano asimila al hindú! Cultivad esta comunión, hermanos, y absorbed continuamente todo lo que es bueno y noble en cada uno. No malqueráis,

153

no excluyáis a los demás, como hacen los sectarios, más bien incluid y absorbed a todos los hombres y todas las verdades.[62]

Mientras Chunder Sen predicaba el extremo de una religión universal cristiana-hindú-islámica en Bengala, un rígido asceta hindú del norte de la India enseñaba la visión opuesta. Dayananda Sarasvati (1824-1883) era asimismo un ardiente reformador, pero lo que él quería era arrancar todas las influencias no védicas del hinduismo: "Firmemente parado en la autoridad de los Vedas, audazmente denunció los males del hinduismo posvédico".[63] Dayananda aprendió sánscrito de niño, y a los 14 años, indignado por el culto a los ídolos que lo rodeaba, huyó de su casa y se convirtió en *sannyasi*. Se le enseñó reverencia absoluta a los Vedas y desprecio hacia cualquier texto posterior. Consagró su vida a dar conferencias sobre la autoridad exclusiva de los Vedas.

Su postura era debatir con todo aquel que no estuviera de acuerdo con él. Atacaba a los hindúes por las prácticas que —sostenía Dayananda— no encontraban soporte en los Vedas, como adorar ídolos, los intocables, los matrimonios arreglados, la sujeción de las mujeres y la restricción del estudio de los Vedas a los brahmines. Según él, la casta debía decidirse funcionalmente, según los propios méritos. Hablando como un profeta bíblico, Dayananda atacó la forma inmoral de vida de un príncipe, lo que le costó la vida. Debido al fervor de sus reformas y de sus sermones, se le llamó "el Lutero de la India". A sus seguidores se les llama Arya Samaj, grupo que se volvió especialmente fuerte en el Punjab, y que hoy, con las migraciones de los indios a muchos países, se ha extendido por todo el mundo.[64]

El acercamiento de Dayananda a otras religiones y otros grupos en el seno del hinduismo fue agresivo y militante, cosa que representa un cambio considerable en la tradicional actitud hindú de la tolerancia pasiva de todo otro credo. Al cristianismo se enfrentaba emprendiendo debates con ministros y demostrando las inconsistencias lógicas de la religión cristiana.[65] Prestó cuidadosa atención al islam, estudió el Corán traducido y formuló sus objeciones a cada pasaje. La conclusión de este estudio fue que "Dios es presentado en el Corán como un ser cuyas cualidades son indignas de la veneración humana".[66] El islam, concluyó, carece de una base válida, mientras que los Vedas son el sólido fundamento de la verdadera religión.

> Esas enseñanzas [el islam] merecen ser totalmente desechadas. Ese libro, ese profeta y esa religión lo único que hacen es perjudicar. El mundo estaría mejor sin ellos. Los hombres prudentes deberían desechar una religión tan absurda como ésa, y aceptar el credo védico, que carece absolutamente de errores.[67]

Una rama de los seguidores de Dayananda, liderados por Pandit Lekh Ram, consagraron sus energías al conflicto abierto con el islam. Su finalidad era ganar adherentes al hinduismo. Establecieron un sistema de predicadores pagados, especialmente preparados (*up-deshaks*), con fines de proselitismo.[68] La respuesta militante de Dayananda hacia otras religiones, en particular el islamismo, ha contribuido a incrementar las hostilidades entre musulmanes e hindúes, así como al desarrollo del nacionalismo hindú.[69] El Arya Samaj adoptó algunas prácticas cristianas cuando se apartó de la tradicional tolerancia hindú de otras religiones y adoptó la *suddhi*, o movimiento de conversión de los años veinte.[70] Esto condujo al estallido de tumultos entre hindúes y musulmanes, que todavía ocurren en el norte de la India.

Si bien Dayananda trató de establecer una relación con el cristianismo adoptando su empuje fundamentalista y misionero, Sarvepalli Radhakrishnan hizo lo opuesto, buscando exhaustivamente los aspectos universalistas del cristianismo que pudieran ser afines a las enseñanzas védicas del hinduismo. Rdahakrishnan representa la respuesta del hinduismo ortodoxo al desafío del cristianismo y del Occidente moderno. Sostiene que el hinduismo y los Vedas siguen siendo la verdad última de la religión, pero que una verdad puede ser universalmente aceptada. Se le ha llamado "oficial de enlace" entre la India y Occidente.[71] Con toda seguridad, el haber sido elegido para ocupar la cátedra Spalding de Ética y Religiones Orientales en Oxford y las conferencias que ahí impartió de 1936 a 1938 constituyeron una gran contribución a la comprensión del hinduismo en Occidente.[72] Tal vez por el tiempo que pasó en Oxford, Rdahakrishnan está perfectamente enterado de los desafíos que presenta el pluralismo religioso de hoy. Como bien dice, "ni un fatalismo complaciente, ni expectativas religiosas, ni un regreso al pasado pueden dar significado a un mundo que anda en busca de su razón de ser".[73] Los fundamentos del pasado ya no representan seguridad; todo está cambiando. Pero esto no debe deprimirnos. Los grandes periodos de la historia de la humanidad han estado marcados por la duda y la infusión de influencias ajenas, incluyendo las de otras religiones. Por lo tanto, sugiere Rdahakrishnan, tal vez sea posible ayudar a subsanar las dificultades del Occidente moderno, que fue inspirado por el cristianismo, con la infusión de algo de sabiduría de Oriente. En particular, el enfoque racional de la India y la importancia que se da a la experiencia individual —más que a la creencia en una deidad objetificada— son acaso los que mejor se ajustan a las necesidades de la religión de hoy.[74] Afirma:

> La verdadera religión puede existir sin una concepción definitiva de la deidad, pero no sin una distinción entre lo espiritual y lo profano...
>
> Religión no es tanto una revelación que debamos alcanzar con fe, como un esfuerzo de develar las capas más profundas del hombre y alcanzar un contacto duradero con ellas.[75]

Con esta concepción vedántica de la religión como base, Rdahakrishnan presenta un enfoque que cree que puede ser aceptable para cristianos, budistas y toda otra tradición. En muchas de las conferencias que pronunció después de 1938 su objetivo era demostrar este enfoque, en particular a los cristianos.

Para Rdahakrishnan las diferentes religiones deben desarrollar el espíritu de comprensión mutua que caracterizó al hinduismo, aun en sus inicios. Las excavaciones del valle del Indo han arrojado evidencias que sugieren firmemente que ya en 1500 a.C. coexistían cuatro grupos en esa zona.[76] En el *Rig Veda* hay evidencias de conflictos entre muchos grupos (arios, dravidianos y aborígenes), pero también hay una resolución que absorbió aspectos de cada uno. Esta resolución y aceptación de otros cultos se explican de la siguiente manera: "Lo real es uno, la persona culta le da diferentes nombres, Agni, Yama, Matarisvan".[77] Los Upanishads desarrollan aún más esta misma postura. Brahman es uno; las diferentes deidades son meras manifestaciones de los diversos aspectos de Brahman.[78] Rdahakrishnan adscribe los mismos atributos del uno y los muchos a Buda. Un Buda es uno que tiene la visión del todo, mientras que los miembros de las diversas religiones están apegados a su propia y parcial opinión. En el hinduismo, esta actitud se menciona explícitamente en el Bhagavad-Gita: lo divino acepta a los que se acercan a la divinidad en los senderos de las diferentes religiones, y en su visión suprema Arjuna ve a las diferentes deidades dentro de la forma ilimitada de lo divino.[79] El hinduismo, dice Rdahakrishnan, ha practicado lo que ha predicado. Los cristianos, judíos, parsis y musulmanes han vivido en la India hindú durante cientos de años, en una atmósfera de tolerancia y libertad religiosa. Las escasas revueltas de la militancia y la tolerancia hindúes son, de la manera en que las interpreta Rdahakrishnan, imitaciones del islamismo y del cristianismo provocadas por ellos mismos.[80] Debido a su actitud tolerante, el propio hinduismo se ha convertido en un mosaico de casi todo tipo y estado de aspiración y obra religiosa: "Se ha adaptado, con gracia infinita, a toda necesidad humana, y no ha evadido la aceptación de ningún aspecto de Dios concebido por el hombre, y sin embargo ha preservado su unidad al identificar las diferentes formas históricas como modalidades, emanaciones o aspectos del Supremo".[81] Rdahakrishnan proclama que ninguna otra religión, con excepción del budismo, que suma al hinduismo, tiene este talento para la diversidad y unidad religiosas que hace que constituya la respuesta prototípica para las actuales demandas que plantea el pluralismo religioso. La actitud del culto hindú culto hacia otras formas de religión es de simpatía y respeto.

La razón de que el hinduismo pueda ser tan tolerante es que supone que la religión es un asunto de realización personal. "Los credos y los dogmas, las palabras y los símbolos, tienen exclusivamente un valor instrumental [...] El nombre con el que llamamos a Dios y el rito con el que nos acercamos a Él no son de mayor importancia."[82] Para Rdahakrishnan, este enfoque hinduista confirma la experiencia de los místicos de todas las tradiciones. También apela a las escrituras sagradas del cristianismo en su apoyo. Cita la declaración de Jesús: "Aquel que hace la voluntad de Dios, ése es mi hermano y mi hermana y mi madre". Las raíces del exclusivismo cristiano las atribuye al credo semítico heredado del "Dios celoso", que los cristianos tradujeron en "Cristo es el único hijo ungido de Dios".[83] Para el hindú, Cristo puede ser aceptado como un avatar, o encarnación, pero no como la *única* encarnación. Cristo, Krishna, Buda y otros deben ser vistos por igual como encarnaciones válidas de Dios. En opinión de Rdahakrish-nan, la validez de cada religión se encuentra en su valor instrumental: es válida en la medida en que permite a sus seguidores alcanzar la realización.

> Si el hindú canta los vedas en las orillas del Ganges, si el chino medita en los Analectas, si el japonés hace un ritual frente a la imagen del Buda, si el europeo está convencido de que Cristo es el mediador, si el árabe lee el Corán en la mezquita y el africano se inclina ante un fetiche, cada uno tiene el mismo motivo para confiar. Cada forma de fe apela exactamente de la misma manera a la certeza interna y a la devoción de sus adherentes. Es su aprehensión más profunda de Dios y la revelación más completa de Dios para ellos. Las pretensiones de validez de cualquier religión se basan en que sólo a través de ella sus seguidores han llegado a ser lo que son.[84]

Siguiendo los lineamientos del hinduismo clásico, Rdahakrishnan considera las diferentes religiones como las diversas formulaciones históricas de la única verdad sin forma. Cada tradición histórica debe evaluarse por sí sola, según su capacidad de vincular a un grupo racial/cultural con lo divino. El cristianismo se adapta bien al europeo, para el que otra tradición, como el hinduismo o el budismo, no es apropiada en absoluto. "La religión es como la cuerda de un violín: si se separa de su cuerpo resonante, dará un tono incorrecto, si es que da alguno."[85] La solución para el problema del pluralismo religioso no es hundir o acabar con las tradiciones religiosas individuales sino afirmar y respetar las creencias de los demás. Las tradiciones son la memoria que tienen las sociedades de sus propios senderos, y el medio instrumental para la liberación. Apartar a los individuos de sus raíces tradicionales los enajena y los deja a la deriva. El Bhagavad-Gita, dice Rdahakrishnan, tiene una comprensión clara de esta dinámica, y previene contra el despojar a las personas del solaz psicológico sacudiendo sus creencias.[86]

Rdahakrishnan observó el problema de que, tal como la fe en nuestra nación parece matar la fe en la humanidad, también "la fe en una religión parece matar la fe en las demás".[87] La tendencia común es tratar de imponer nuestra fe a los demás. Pero esto sólo despoja a la religión de la diversidad de senderos que conducen a Dios. El hinduismo reconoce esta verdad. La ruta que toma el sabio hindú, por ejemplo, puede ser demasiado angosta y abrupta para la mayoría de los hindúes, por ello son necesarios diversos senderos hacia la misma meta. La libertad religiosa es necesaria para permitir a los individuos elegir libremente el camino que mejor se ajuste a su naturaleza y a sus antecedentes culturales. El hinduismo reconoce también la estrecha relación que existe entre cada religión y su cultura. Las religiones y las culturas pueden crecer. Se reforman y se desarrollan por sí solas a través de la interpretación y el ajuste de unas a otras. "La actitud hindú —dice Rdahhadakrishnan— es de camaradería positiva, no de tolerancia negativa".[88] La actitud espiritual es de esforzarse constantemente hacia una más elevada perfección y verdad. Este esforzarse sin cesar por la verdad puede ser considerado la meta de toda religión.

> El requisito mayor de la vida humana es ser leal a la verdad tal como uno la ve. Por sobre todas las cosas, uno debe aprender a ser leal al espíritu de lealtad en las otras personas, aun cuando no compartamos su visión de la verdad [...] Esta lealtad con el mundo es la esencia de la religión.[89]

La contribución del hinduismo a las actuales exigencias del pluralismo religioso es alentar el espíritu inquisitivo y la devoción a la verdad, que es más grande que cualquier tradición individual. Así, "la vida religio-

159

sa se convierte en una empresa cooperativa que une diferentes tradiciones y perspectivas con el fin de alcanzar una visión más clara de la realidad perfecta".[90]

Si consideramos los resultados del encuentro del hinduismo con el cristianismo, es claro que las esperanzas de Rammohun Roy se cumplieron. A través de sus diversas reacciones al cristianismo durante los dos últimos siglos, el hinduismo ha revivido y se ha reformado. Y ahora su filosofía, como dice Sarvepalli Rdahakrishnan, se presenta ante las otras tradiciones como guru, como una guía para el futuro.

En los últimos años, los eruditos hindúes han seguido los pasos de Rdahakrishnan y han participado activamente en el diálogo interreligioso con las iglesias cristianas. Anantanand Rambachan, erudito hindú nacido en Trinidad y Tobago, y actualmente profesor de religiones en St Olaf College, en Northfield, Minnesota, es un buen ejemplo. Rambachan participa en las consultas del Consejo Mundial de Iglesias sobre relaciones entre credos. Replantea la perspectiva hindú en palabras todavía más inclusivas que las de Rdahakrishnan, a la vez que admite más explícitamente las diferencias reales que existen. Rambachan dice: "Sé que mi propia tradición, en su meritorio entusiasmo por afirmar y dar la debida importancia a los elementos unificadores de las religiones del mundo, a veces peca por pasar por alto o por minimizar las diferencias".[91] Rambachan replantea la posición hinduista, en relación con otras religiones, de la siguiente manera: desde el punto de vista del hinduismo, Dios es visto como nuestro Dios. Pero, a la vez que reconocemos que a nuestro Dios se le pueden dar diferentes nombres en las diferentes religiones, para nuestros fines devocionales escogemos un nombre y una forma divinos como el centro de nuestra vida. Esto se debe en parte a las limitaciones del lenguaje (ninguna palabra ni nombre pueden por sí solos definir completamente a Dios) y a nuestras limitaciones finitas como seres humanos que somos. Debido a estas limitaciones, cada uno de nosotros tiene derecho a escoger el nombre y la forma, el *ishtadevata* o Dios de nuestra elección, "a la vez que reconocemos que otras personas han elegido algo diferente y que Dios puede ser agasajado y honrado con muchos nombres y formas".[92]

Ello no significa que las diferencias religiosas son meramente semánticas, o que todos los senderos son igualmente capaces de llevar a lo sagrado. Rambachan observa que, pese a que el hinduismo admite un solo ser divino o absoluto como origen y destino de todos los seres, no da por sentado ingenuamente que todas las religiones son igualmente fieles a ese ser divino. Y cita a Mahatma Gandhi como un buen ejemplo de hinduismo en este sentido. "Gandhi creativamente balanceó una apertura a las percepciones esenciales de las religiones con un aguzado cuestionamiento del contenido de cada una en particular."[93] La religión sin moralidad no era válida para Gandhi, y las virtudes de la verdad y la compasión eran esenciales por igual. Ninguna religión podía, para él, contener plenamente a Dios, y en todas se reflejaban las limitaciones de la condición humana. La principal limitación del hinduismo, para Gandhi, era su intolerancia con los intocables.

Un hindú del siglo xix que manifestó su apertura a otras religiones fue Ramakrishna, aunque, al igual que Gandhi, tenía una postura crítica ante todas ellas, el hinduismo incluido. Para Ramakrishna, "un camino religioso conduce a Dios sólo si hay un sincero y dedicado anhelo de Dios como valor último, la renunciación al materialismo y compasión por todos los seres. Algunos senderos que conducen hacia Dios son mejores que otros".[94] Cabe mencionar que tanto para Gandhi como para Ramakrishna los criterios de validez de las religiones incluían la insistencia en la moralidad y la compasión. El hinduismo no sólo admite que hay muchos caminos que llevan a Dios, sino que también provee pruebas normativas para los diferentes grados de realización espiritual que alcanzan las diversas religiones, incluido el hinduismo. Concluye Rambachan: "mientras que la tradición hindú claramente admite que Dios es nuestro Dios, no legitima todo lo que ocurre en nombre de la religión".[95]

El hinduismo y la India secular

Aparte de la filosofía inspiradora de Radhakrishnan y de Rambachan, puede hallarse otra perspectiva en la respuesta hindú al pluralismo

161

religioso si se estudia la Constitución de la India. Robert Baird observa que esta Constitución no sólo contiene provisiones relativas a la religión en la moderna India pluralista, sino que propiamente se trata de un documento religioso.[96] Al revés del Manusmriti, la Constitución ignora las doctrinas del karma y del *samsara* y se limita a asuntos concernientes a esta vida. En comparación con el sistema de clases establecido por Manu, el modelo religioso constitucional adopta el principio de igualdad para todos.[97] La Constitución también define la religión de tal manera que no infringe el principio de igualdad. La libertad religiosa está sujeta a dictados creados en respuesta a asunto como el orden público, la moralidad y la salud. No puede obstruir el camino de las reformas sociales.[98] Para distinguir entre las áreas de libertad religiosa y las restricciones religiosas, introduce la distinción entre lo sagrado y lo secular. Es deber del reino de lo secular garantizar la igualdad. En el reino de lo religioso, se garantiza la libertad de cada tradición de seguir sus propias creencias. La tarea de distinguir entre estos dos reinos se asigna a la Suprema Corte de la India, que rechaza la definición de "religión" aceptada por la Suprema Corte de Estados Unidos, para la que el budismo y el jainismo nos son religiones, según su propia definición.[99] La práctica adoptada por la Suprema Corte de la India exige primero los principios de la religión en cuestión, y luego una evaluación de si el asunto de que se trate es secular o religioso. Si se considera que el asunto es religioso, entonces serán los principios de la tradición los criterios contra los cuales se realizará el juicio. Aunque este enfoque legal da cabida al pluralismo religioso, la justicia depende de la habilidad de la corte de entender y aplicar los principios de todas las tradiciones religiosas. También tiende a reificar cada tradición religiosa en un conjunto de principios establecidos, cosa que no concuerda con lo que Radhakrishnan entiende como la necesidad de cambio y de adaptabilidad en la religión moderna.

Cabe anotar que Bhimrao Ramji Ambedkar, quien redactó la Constitución, ha confrontado seriamente al hinduismo moderno con su propia vida. Habiendo nacido intocable, se abrió camino asumiendo que gran parte de las injusticias que se viven en la India se deben a la tradición hindú. Para él, el hinduismo no tiene reforma posible. Tachó de misticismo y de

162

simple cambio de nombre los intentos de Gandhi de lidiar con el problema de los intocables. Para dar a los intocables y a sí mismo una nueva identidad y libertad religiosa, creyó necesario abandonar el hinduismo y adoptar el budismo, por ser una religión sin castas.[100] Se dice que, debido a esto, cerca de tres millones de seguidores abandonaron el hinduismo en un lapso de diez años (1951-1961).[101] Por una parte, que tres millones de hindúes se conviertan súbitamente al budismo parece la viva demostración de la tan proclamada tolerancia del hinduismo y de la libertad religiosa garantizada en la Constitución de Ambedkar. Por otra parte, este hecho constituye un reto moderno para la adaptación y el desarrollo del hinduismo de la forma en que Rahdakrishnan contempló que ocurriría. La práctica relativa a los intocables se ha transformado radicalmente. La influencia de las castas en el matrimonio y en el empleo está también dando muestras de cambio, pero no hay legislación que pueda sacar rápidamente de la conciencia hindú esta noción, tan profundamente arraigada.

Existe un conflicto fundamental entre las premisas de la Constitución y las del hinduismo. La Constitución propone que todas las personas sean tratadas como iguales, cosa que sugiere una especie de visión de tabula rasa de la naturaleza humana. En cambio, para el hinduismo la naturaleza de cada persona es diferente, es el resultado natural de sus acciones en esta y en vidas anteriores. Los vestigios acumulativos (karma) de esas acciones pasadas conforman la naturaleza del individuo antes de la realización de la *moksa*, o liberación. Esta concepción del karma-samsara yace tras la noción y la práctica de las castas, y constituye un aspecto fundamental de la psicología hindú. No parece que exista una forma clara de resolver este choque frontal entre los principios del hinduismo y la teoría de la naturaleza humana que da por sentada la Constitución. Como ésta es ahora la ley en la India, hogar del hinduismo, esta confrontación interna no puede obviarse y tal vez se convierta en terreno de prueba para el hinduismo del futuro.[102]

El interés por la libertad religiosa y la distinción entre lo sagrado y lo secular contenidos en la Constitución son actualmente impugnados por el surgimiento de un hinduismo nacionalista en política,[103] que ha dado lugar a hechos tales como la destrucción por hindúes de la mezquita de Ayodhya, en 1994, o los ataques a cristianos por sus actividades de conversión. En sus *Essentials of Hindutva*, escritos en 1922, V. D. Savarkar definió los principios del nacionalismo hinduista.[104] Los hindúes son, para Savarkar, los habitantes de la India que la consideran su tierra santa y la tierra de sus antepasados: son ellos los verdaderos hijos de la India. En su calidad de presidente de Hindu Mahasabha de 1937 a 1944, Savarkar viajó dando conferencias por todo el país aplicando los principios de hindutva a diversas cuestiones políticas, con lo que cosechó apoyos para el nacionalismo hindú, especialmente de los dirigentes políticos hindúes de las castas superiores, así como denuncias de antinacionalismo contra los musulmanes. En el último decenio del siglo xx, este enfoque antimusulmán de los nacionalistas hindúes se extendió a los cristianos, sobre todo a sus actividades misioneras de conversión. Sentimientos anticristianos se ventilaron sobre todo en 1999, en la avanzada de la visita del papa Juan Pablo II a la India en noviembre. El principio de hindutva de que la India es la tierra santa de los hindúes y por ello debe ser gobernada por nacionalistas hindúes hace pensar en la probabilidad de que la hostilidad hacia los musulmanes se extienda a otras religiones. Los principios de hindutva apuntalan el apoyo popular que se da hoy a movimientos como Vishva Hindu Parishad (VHP) y el Partido Bharatiya Janata (BJP), que hoy por hoy se disputa el control político de la India con el Partido del Congreso (el de Gandhi y Nehru). El hinduismo de Gandhi (y de académicos como Radhakrishnan) y su apoyo del pluralismo religioso abierto en la India están en entredicho en los comienzos del siglo xxi.[105] Lo mismo ocurre con los principios seculares de la libertad y la igualdad religiosas para todos que Nehru incluyó en la Constitución de la India. El tan vanagloriado pluralismo del hinduismo puede verse socavado gravemente si la ideología del hindutva de Savarkar aumenta en fuerza e influencia.

Mahmood ha realizado un análisis antropológico muy útil de las raíces del movimiento nacionalista hindú.[106] Aporta convincentes pruebas de que su perdurable esencia ha dominado a la sociedad hindú desde siempre. En consecuencia, hindutva no debería verse como un movimiento político moderno sin raíces históricas o culturales. La India premoderna, vista en términos de sus fronteras comunitarias entre los puros (*arya*, o los hablantes de sánscrito de casta superior) y los impuros (*mleccha*, grupos descastados, de casta inferior, tribales o heterodoxos), o entre brahmanes (seguidores de los Vedas) y *sramanas* (seguidores de religiones no védicas, como los jainitas o los budistas), no era un país de pluralismo religioso abierto ni tolerante. La ética nosotros/ustedes y las fronteras religiosas han operado en el plano comunitario cuando menos desde la introducción del jainismo y el budismo (*c.* 600 a.C.) para consolidar una identidad hindú esencial que, para Mahmood, ha prevalecido siempre en la sociedad india.[107] La estrategia del hinduismo, dice Mahmood, para hacer frente a los retos presentados por los jainitas y los budistas (por ejemplo el rechazo de los Vedas y la división de castas) fue rehusarse a reconocer siquiera las diferencias y luego absorber o incorporar a los competidores. Así que, ante las recientes demandas de los sikhs de que el sikhismo sea reconocido como una religión diferente, muchos hindúes han seguido considerándolo sencillamente como parte de la tradición hindú, en donde se siguen aplicando las restricciones de castas y pureza. Una tribu montañesa que practica el animismo es considerada hindú por las comunidades de castas de la planicie de Bihar, pese a que en sus creencias y en sus prácticas no hay nada que sea hindú y a todas luces pertenecen al grupo de los impuros (*mleccha*). Los hindúes, dice Mahmood, están convencidos de que son tolerantes al incluir con benevolencia a los demás: al Buda como avatar de Vishnu, a los sikhs como casta del hinduismo, a las tribus como compañeras de viaje, etcétera. Desde esta perspectiva inclusiva, adoptada por el hindutva, ¿qué hay de malo en hablar de una nación hindú? Pero desde la perspectiva de musulmanes, budistas o sikhs, en semejante nacionalismo hindú cualquier viso de distinción religiosa real sería poco menos que tráición.[108] Esta noción equívoca de la tolerancia hindú —en palabras de Ainslie Embree— se desprende de la idea de que las diversas identidades culturales-religiosas pueden encapsularse dentro de la sociedad hindú solamente si todo mundo concuerda con las premisas (hinduistas) sobre las que ese encapsulamiento se basa.[109] Empero, un pluralismo cuyos términos privilegian a una comunidad religiosa

165

por sobre las demás no funciona, tal como demuestra la situación actual de la India. El filósofo contemporáneo hindú Rambachan (véase *supra*) critica este enfoque e insiste en que la honesta admisión de las diferencias reales es fundamental tanto para el pluralismo como para las enseñanzas más profundas del hinduismo. Las ideas fundantes de la constitución india tampoco apoyan el estrecho nacionalismo hindú que la ideología del hindutva, de Savarkar, ha producido.

Conclusión

A lo largo de su extensa historia, la actitud hinduista hacia las demás religiones ha sido constante. Existe una sola realidad divina que se manifiesta en múltiples formas. Las diversas religiones son sencillamente diferentes revelaciones de la única realidad divina. En este reconocimiento de que las demás religiones son diferentes revelaciones del Único y de que brindan los diferentes senderos por los cuales los devotos pueden alcanzar la liberación del karma-samsara, el hinduismo se considera una religión muy abierta y tolerante. Pero como asevera que los Vedas son la más perfecta revelación de la verdad divina, el hinduismo también considera que provee los criterios con los cuales las revelaciones de todas las demás religiones deben probarse. De modo que la tolerancia de las demás religiones en el hinduismo es directamente proporcional a su congruencia con los Vedas. No cabe duda de que para el hindú sólo hay una divinidad, tal como lo revelan las escrituras hindúes, y de que cualquier otra revelación (como la Torá, el Nuevo Testamento o el Corán) es una manifestación secundaria que debe verificarse contra el telón de fondo de la revelación hindú.

En el momento en que uno pone en perspectiva la metafísica hindú, ya no parece tan abierta y tolerante en su aceptación de las demás religiones. Su aproximación a éstas es absolutizar el relativismo implicado en la idea de que no son más que manifestaciones diferentes del ser divino. El rechazo hinduista a admitir las pretensiones de verdad exclusiva (del cristianismo o del budismo, por ejemplo) que difieren de la revelación de los Vedas apunta a la limitada naturaleza de la tolerancia hindú. En este sentido, por supuesto, el hinduismo no se diferencia de otras religiones que afirman que poseen la verdadera revelación y aspiran a imponer su verdad a los demás. Sarvepalli Radhakrishnan ha sido el representante moderno más eficiente de esta clase de "tolerancia hindú". Su tolerancia ha afirmado siempre y exclusivamente su propia posición y lo ha protegido del cuestionamiento de otras posiciones.[110] Sin embargo, la concepción hindú de que hay una única divinidad, a la que se puede llegar por diversos caminos, con el curso de los siglos ha demostrado ser una poderosa influencia en la interacción del hinduismo con otras religiones. Pensadores hindúes contemporáneos como Rambachan pretenden dar mayor reconocimiento a las diferencias reales entre tradiciones, a la vez que guardan el punto focal de la unidad subyacente de todas ellas. Pero las ideas del hindutva, y los movimientos nacionalistas hinduistas que ha producido, están poniendo severamente a prueba la tradicional pretensión de los hindúes de que son tolerantes para con los demás.

6 El pluralismo religioso y el budismo

La actitud del budismo hacia otras religiones[1] ha sido calificada de "tolerancia crítica" combinada con un objetivo misionero.[2] El budismo se ha extendido enormemente más allá de las fronteras de la India: a Sri Lanka y el sudeste de Asia, en el sur; al Tíbet, en el norte; a China y Japón, en el este; y recientemente a Europa y Norteamérica, en el oeste. Aunque se encontró con religiones establecidas en todos estos sitios, no hay muchas evidencias de guerras o persecuciones. El budismo ha dado muestras de un notable grado de tolerancia y flexibilidad en el curso de su expansión. A diferencia de otras expansiones religiosas, la difusión del budismo se ha realizado más a través de la diseminación de las ideas que de la migración de pueblos. Arnold Toynbee atribuye al contexto hindú en que emergió el budismo el origen, aunque sólo sea parcial, de la "tolerancia budista".[3] Toynbee encomia a esta tolerancia hindú-budista por ser el prototipo de la actitud religiosa que se necesita para la paz en este mundo plural.[4] Además de su actitud de tolerancia crítica, la importancia que da el budismo a la compasión ofrece el natural punto de contacto con otras religiones. Su apreciación crítica de otros credos surge de la particular experiencia budista de *prajna* (sabiduría) como resultado de la meditación.[5] El budismo rechaza la veneración de Dios o de los dioses y efectuar rituales religiosos como medio para la liberación. También rechaza las especulaciones alrededor de seres supremos, y sobre todo acerca de si el ser y el mundo son eternos, y otras sobre el estado último del ser en el futuro.[6] Para comprender de

169

qué manera operan estos tres factores (tolerancia, compasión y *prajna*) en el encuentro del budismo con otras religiones, comencemos por la propia experiencia del Buda.

Los inicios del budismo y otras religiones

Aun cuando el Buda Sakyamuni (*ca.* 560 a.C.) nació en el seno de una sociedad hindú, vivió en un periodo hinduista que se distinguió por un marcado pluralismo en la filosofía y en la práctica. En cuanto a la filosofía, fue una época en que se propusieron muchas y encontradas teorías acerca de la naturaleza y el destino de la humanidad en el universo. En lo que toca a las prácticas religiosas, se realizaban muchas y variadas disciplinas ascéticas como formas de liberación.[7] Sin duda muchas de ellas tenían antecedentes jainistas y yóguicos. En este mundo hindú pero pluralista el Buda inauguró el sendero del budismo. Un estudio contemporáneo del budismo, K. N. Jayatilleke, observa que la existencia misma de semejante variedad de teorías y prácticas religiosas es un tributo a la tolerancia del hinduismo en tiempos del Buda. Este autor sugiere, al igual que Toynbee, que la actitud no dogmática del budismo en sus inicios puede haberse debido a que compartía la tendencia a la tolerancia del hinduismo.[8]

El Buda estaba íntimamente familiarizado con una amplia gama de visiones y formuló su propia posición dentro de este contexto. Acepta el renacimiento, aunque no en términos del alma, y da testimonio de éste no a partir de la razón ni de escrituras sagradas, sino a partir de la experiencia empírica: su propia capacidad para recordar sus vidas pasadas. Muchos de sus discípulos proclaman también haber podido recordar vidas pasadas.[9] En este punto el budismo coincide con el hiduismo y el jainismo, pero difiere del judaísmo, el cristianismo y el islamismo. Una similar y amplia variedad de opiniones sobre temas tales como el libre albedrío contra el determinismo, la responsabilidad moral contra ninguna responsabilidad moral y el teísmo contra el ateísmo existía en tiempos de Buda. No es sorprendente que éste se refiriera a ellas como una maraña de opiniones en que uno podía verse atrapado y degradado. En el mundo de hoy sigue existiendo esa misma pluralidad de opiniones. El verso inicial del Visuddhimagga, del canon pali, da una lúcida descripción de la persona pensante atrapada en una situación semejante:

> Enredada por dentro y por fuera, he aquí, en afanes,
> confundida está la raza de los seres sensibles,
> por ello te pregunto, Gautama, esto:
> ¿quién puede de esta confusión desenredarnos?
> *Dichos sobre el parentesco*, 1:20[10]

El método desarrollado por Buda para desenredarnos estaba basado en la "tolerancia crítica" y el criterio empírico de la "experiencia personal". Más que proceder por la fe ciega o la autoridad (de escrituras sagradas o de instituciones), Buda enseñó una "fe provisional" que la experiencia personal del individuo debía poner a prueba, y que la probaría o la rechazaría. Cimentar la religión en una actitud dogmática o aceptar acríticamente cualquiera de las múltiples perspectivas védicas o no védicas obraría en detrimento de uno mismo, en opinión de Buda. Por tanto, a aquellos que se sintieran desconcertados por las preferencias o los conflictos del pluralismo religioso "Buda les aconsejaba una posición crítica, recomendándoles que probaran la validez de cualquier religión o filosofía en particular que les resultara atractiva a la luz de su propia experiencia personal".[11] En el Anguttara Nikaya (1:18) se dice:

> Hay algunos instructores religiosos que vienen a Kesaputta. Hablan muy bien de sus propias teorías pero se oponen, condenan y ridiculizan las teorías de otros. Al mismo tiempo, hay otros instructores religiosos que vienen a Kesaputta y también hablan muy bien de sus propias teorías, oponiéndose, condenando y ridiculizando las teoría de estos otros. Ahora nos encontramos perplejos porque no sabemos quienes de estos venerables ascetas dijeron la verdad y quiénes dijeron falsedades.

171

Oh, Kalamas, tienes el derecho de dudar o de experimentar incertidumbre, porque te ha surgido la duda en una situación en que se te pide suspender tu juicio. Ven, Kalamas, no aceptes nada so pretexto de revelación, tradición o noticia, o porque se trate del producto de meros razonamientos, o porque sea cierto desde algún punto de vista, o por alguna superficial evaluación de los hechos, o porque se ajusta a tus propias nociones preconcebidas, o porque esté sancionado, o por el prestigio de tu instructor. Cuando tú, Kalamas, caes en cuenta por ti mismo que estas doctrinas son erróneas e injustificadas, que son reprobadas por los hombres prudentes y que cuando son aceptadas y tomadas como guía conducen a males y penas, entonces debes rechazarlas.

Como se dice en el Digha Nikaya (1:3), esta actitud crítica debe aplicarse al budismo mismo:

Si alguien se expresara mal de mí, de mi doctrina o de mi Orden, no le guardes rencor, no te alteres y no dejes que tu corazón se perturbe; porque si así ocurriera, sólo te producirá agravio. Si, por otra parte, alguien hablara bien de mí, de mi doctrina y de mi Orden, no te regocijes en demasía, no te conmuevas ni dejes que tu corazón se exalte; porque si así ocurriera sólo será un obstáculo en la formación de una valoración realista sobre si las cualidades que han alabado en nosotros son reales y si efectivamente se encuentran en nosotros.

Para el budismo, religión, es aquello que uno encuentra razonable y verdadero después de haberlo tomado provisionalmente con fe y de haberlo comprobado por uno mismo. Cuando esa fe culmina en conocimiento, el budismo la llama "fe racional" (*akaravati saddha*), en contraste con una fe ciega y sin bases (*amulika saddha*).[12] A este enfoque suele dársele el nombre de "el esquema budista de la libre indagación".

El enfoque budista de la tolerancia crítica también se funda en la concepción de la naturaleza (*paticca-samupadda*). Éste es un sistema causal en donde hay leyes físicas (*utu-niyam*), biológicas (*bija-niyama*), psicológicas (*citta-niyama*) y morales y espirituales (*kamma-dhamma-niyama*). Éstas son como la ley de la gravedad: sencillamente existen. Lo que Buda hizo fue descubrirlas y transmitirlas para ayudar a los demás a alcanzar la vida espiritual. Como dice el Samyutta Nikaya (11:25),

> Ya sea que el Tathagatas se presente o no, este orden existe, esto es, la naturaleza fija de los fenómenos, el patrón regular de los fenómenos, o condicionalidad. El Tathagatas descubre y comprende esto; habiéndolo descubierto y comprendido, lo señala, lo enseña, lo declara, establece, revela, analiza, clarifica y dice: "Mirad."

El Buda ha descubierto la ley de la causalidad como verdadera descripción de la realidad. La transmite a los demás, no para que la acepten porque él la dijo, sino para que la demuestren en su propia experiencia crítica. Es un enfoque muy semejante al de la ciencia moderna. Las leyes y teorías descubiertas por un científico deben ser experimentalmente demostradas y verificadas por otros científicos antes de ser aceptadas. Esta concepción del Buda como descubridor de la verdad, más que como dador autorizado de la ley, produce tolerancia porque deja abierta la posibilidad de que otros descubran aspectos de la verdad o toda la verdad por sí mismos (de ahí la aceptación de los *Pacceka-Buddhas* en el budismo, que descubren la verdad por sí mismos).[13] Otras religiones también pueden ofrecer caminos para descubrir la ley causativa del universo, la verdad única.

La motivación misionera se originó en las directrices del Buda de que el *dharma* sea predicado a todas las personas con el fin de alentar a los que se inclinan por la espiritualidad a probar por sí mismo (*Anguttara Niyaka* 1:20:1). Una vez más el proceso y sus razones se asemejan a la ciencia: el científico transmite un hallazgo a sus colegas para que pueda ser demostrado y verificado por ellos, de tal manera que puedan alcanzar un nuevo conocimiento.

173

Pese a que todo lo anterior propicia el crecimiento espiritual y la salvación, o liberación, fuera del budismo, no todas las religiones se consideran eficaces guías iguales que llevan a la verdad. La palabra para "religión" en los primeros tiempos del budismo era *dhammavinaya*, que significa "doctrina y disciplina", o "verdad y práctica".[14] Para llenar las exigencias de esta definición, un credo debe practicar lo que predica y vivir la verdad de lo que enseña. Desde este punto de vista, una ideología como el marxismo podría incluirse en la amplia clasificación de religión. La manera en que el budismo juzga una religión es descrita por Ananda en el Sandaka Sutta. Al presentar la enseñanza del Buda, Ananda dice que hay cuatro religiones que son falsas (*abrahma-cariyavasa*) y cuatro religiones que son insatisfactorias (*anassasikam*) pero no necesariamente falsas.[15] Las religiones falsas son: 1) el materialismo, que propugna exclusivamente la realidad de lo material y niega la vida después de la muerte; 2) cualquier filosofía religiosa que recomiende una ética inmoral; 3) cualquier religión que niegue el libre albedrío y la responsabilidad moral y postule que las personas se salvan o se pierden de manera milagrosa; 4) cualquier religión que postule la inevitabilidad de la salvación última o liberación para toda persona.[16]

Las cuatro religiones insatisfactorias pero no necesariamente falsas son aquellas que de alguna manera guardan un concepto de la vida después de la muerte, valores morales, libertad y responsabilidad; también deben postular que la salvación o liberación no es inevitable. Las religiones de esta categoría incluyen aquellas que se basan en: 1) la omnisciencia de su fundador en periodos de existencia conscientes o inconscientes; 2) una revelación o tradición (como el judaísmo, el cristianismo, el hinduismo); 3) especulación lógica y metafísica (como algunas religiones griegas); 4) un escepticismo pragmático o agnosticismo (como el estoicismo). El budismo juzga lo satisfactorio de estos tipos de religión según la medida en que se aproximen a los requisitos esenciales de la propia religión budista (renacimiento, valores morales, libertad y responsabilidad en la obtención de la liberación).[17] Esta lógica no difiere mucho de varias de las teologías cristianas analizadas en capítulos anteriores, especialmente de la teología de Karl Rahner, de que otras religiones son el medio para la salvación en la medida en que se conformen a Jesucristo como criterio de validez. Este criterio, en el budismo, es la experiencia con la verdad (*dhamma*) del Buda. Con base en la experiencia de Buda, las religiones centradas en la omnisciencia del fundador, en la revelación o tradición, en la especulación metafísica o en el escepticismo pragmático son consideradas útiles pero insatisfactorias porque sus fundamentos son inciertos. El punto en que se insiste en el argumento budista es que, mientras que estos fundamentos pueden ser verdaderos o falsos y no se pueden verificar, el budismo, en su enseñanza esencial del renacimiento, los valores morales, libertad, responsabilidad y la necesidad de obtener la salvación, es una religión que puede verificarse con la razón y la experiencia.

Cabe anotar que todas las religiones que revisamos en esta obra proclaman poseer la misma clase de verificación: la razón y la experiencia. De manera que, en este aspecto, el budismo no parece estar en una categoría cualitativamente diferente (esto es, no es la única religión verificable), aunque sus adeptos están convencido de que sí lo está.

Puesto que los valores morales se incluyen como uno de los requisitos en el criterio budista de religión verdadera, es necesario que nos detengamos en la concepción budista de estos valores, que puede encontrarse en la explicación budista de "la visión correcta de la vida" (*samma ditthi*):

> Hay mérito en las limosnas, los sacrificios y las oblaciones; hay sobrevivencia después de la muerte y recompensa por los actos buenos y malos; hay obligaciones morales e instructores religiosos, que han llevado una buena vida y que han proclamado, con su percepción superior y su personal entendimiento, la naturaleza de este mundo y el mundo del más allá [Majjhima Nikaya 3:72].[18]

Este resumen de la correcta filosofía de la vida es lo bastante amplio para prestar un reconocimiento general y respeto a las enseñanzas básicas de otras religiones, aunque hay obvias diferencias de interpretación en lo tocante a puntos tales como la naturaleza de la sobrevivencia después de la muerte. Lo que sí resulta claro es que la inicial concepción budista de la naturaleza y el destino del género humano no está en conflicto básico con otras religiones. La distinción crítica que haría el Buda —y éste es un paso no diferente del que dio Karl Barth en el cristianismo— sería examinar todas las religiones, incluyendo todas las variantes del budismo, para encontrar de qué manera se han quedado cortas en cuanto a vivir y realizar los criterios centrales de la creencia en la sobrevivencia después de la muerte, los valores morales, la libertad, la responsabilidad y la no inevitabilidad de la salvación o liberación. El budista es distinto de una persona como Barth, un hindú *bhakti* o un sufí, porque estos tres están convencidos de que es la gracia de Dios la que hace posible la realización religiosa, mientras que para el budista es el esfuerzo humano, y no la intervención sobrenatural, el que es efectivo. Es el objetivo de la salvación o liberación lo que interesa al budista. Por lo tanto, si el judío, el cristiano, el musulmán o el hindú encuentran necesario creer en un Dios para alcanzar la salvación, esto es bastante aceptable. El peligro de esta táctica devocional (esto es, creer en un Dios sobrenatural que otorga la gracia) es que se puede convertir en un impedimento para nuestro propio sentido de responsabilidad moral y para nuestros propios esfuerzos encaminados a la liberación. Si semejantes creencias teístas no se interponen en el camino, entonces no hay objeción. En efecto, como veremos, el budismo mahayana mismo que recurre a "artefactos espirituales" como ése ayuda para la liberación.

Como creer en Dios es un punto de distinción importante entre el budismo y las otras cinco religiones examinadas en este libro, vale la pena revisar los argumentos budistas en contra del teísmo. El teísmo específico contra el cual el Buda reaccionó fue el de Makkhali Gosala, quien proclamaba que Dios había predestinado la salvación para todos. Todo ha sido planeado de antemano y ocurre de acuerdo con la voluntad de Dios; es como deshacer una bola de estambre rodándola por el piso. Este teísmo fatalista y determinista le resultaba repulsivo al Buda porque negaba el libre albedrío y la responsabilidad moral, y trabaja en contra del esfuerzo humano. En las escrituras del budismo los dos argumentos en contra de este tipo de teísmo son: 1) "si Dios diseña la vida del mundo entero —la gloria y la miseria, los buenos y los malos actos—, el hombre no es más que un instrumento de Su voluntad y Dios es el responsable" (*Jataka* 5:238); 2) algunos males son inexplicables si la verdad de ese teísmo se da por sentada (esto es, si un Dios bueno es omnipotente, ¿por qué ese Dios crea la injusticia?) (*Jakata* 6:298).[19] Ambos argumentos atacan la irresponsabilidad moral que un teísmo como el de Gosala produce. Pero en sus conversaciones con los brahmines hindúes, el Buda también dejó claro que, si el teísmo comprende la libertad individual y la responsabilidad moral y promueve un comportamiento compasivo, entonces no debe ser tratado de la misma manera negativa que el teísmo de Gosala. Con fines prácticos, creer en Dios no es algo que haya que desalentar, mientras sea un incentivo y no impedimento para el desarrollo moral y espiritual.[20] Sin embargo, la mayoría de los budistas consideran que creer en Dios es un serio obstáculo, una forma de engaño a la que hay que renunciar, tal como expresa la primera sentencia del camino óctuple: "entendimiento correcto".[21]

Un ejemplo contemporáneo como éste, de acercamiento abierto a las religiones, incluyendo las teístas, es el bhikku theravada, de Buddhadasa, de Bangkok. Atribuyendo la mayor importancia al desapego y a la acción compasiva, afirma que, en la medida en que éstos se encuentren en una religión, todas las religiones son iguales.[22] Si creer en Dios ayuda a los miembros de otras religiones a alcanzar el desapego y la acción compasiva, entonces Dios, como salvador del mundo, puede ser considerado el equivalente del *dharma* como salvador del mundo; pero Buddhadasa invita a que Dios sea entendido en términos impersonales.[23] En un análisis comparativo de las enseñanzas cristianas y budistas sobre el pecado, la muerte y el desapego, no encuentra mayor diferencia.[24] Queda claro que para los primeros pensadores budistas y los theravada contemporáneos, como Buddhadasa, la religión, incluyendo las creencias teístas, debe ser juzgada según su valor instrumental para la realización de la verdad y la vida compasiva.

El budismo mahayana y otras religiones

La actitud tolerante, aunque crítica, del Buda hacia la pluralidad de perspectivas religiosas es organizada en un enfoque riguroso por los budistas madhyamika. Al igual que el del Buda, el propósito de la crítica es positivo. El análisis crítico de las creencias de una perspectiva religiosa no tiene la finalidad de rechazar esa religión ni de demostrar su inferioridad en relación con otras perspectivas religiosas (inclusive otras perspectivas budistas); el objetivo de madhyamika es eliminar las ataduras del ego a cualquier filosofía religiosa o teología para que se pueda experimentar y vivir una verdadera espiritualidad.[25] Así, el Buda es visto como el médico que prescribe la medicina correcta (esto es, el punto de vista crítico) para curar la enfermedad de las ataduras del ego a las teologías o filosofías religiosas. Si, tal como descubrió el Buda, la meta de la religión es la compasión, entonces, dice el madhyamika, el mayor obstáculo para alcanzar esa meta es el apego a nuestras propias creencias religiosas de tal forma que se conviertan en absolutas. La filosofía, la teología y las escrituras sagradas tienen un papel útil en tanto guían, en tanto que procuran el contenido para una "fe provisional". Pero en el momento en que el ego desarrolla apego a sus puntos de vista y se vuelven absolutos, destruyen la capacidad para la tolerancia, la crítica objetiva y la acción compasiva. La historia interminable, con frecuencia perniciosa, de las argumentaciones filosófico-teológicas entre religiones y en el seno de ciertas religiones se cita como prueba de la verdad de las afirmaciones del Buda.

En esta inteligencia, la actitud del budismo madhyamika hacia otras religiones (y las diversas perspectivas dentro del budismo mismo) es de apertura, efectivamente, de "deseo misionero" de establecer un diálogo, pero de un tipo específico. Siguiendo las indicaciones de Nagarjuna (*ca.* 150-250 d.C.), el gran pensador madhyamika, un madhyamika intentará primero entender claramente la posición del otro y luego la someterá sin cortapisas a la crítica dialéctica, hasta que se derrumbe por sus propias inconsistencias internas. Los detalles de la técnica dialéctica de Nagarjuna de la "negación de cuatro puntas" (*catuskoti*) han sido presentados en otra parte.[26] Lo que nos interesa son sus efectos en otras religiones.

A lo largo de los siglos la crítica madhyamika de otras perspectivas religiosas ha tenido una influencia considerable. En el hinduismo, influyó en Gaudapada y Shankara en la sistematización del advaita vedanta.

Por lo que se ve, el vedanta se apropió el método crítico del budismo madhyamika. Dentro del propio budismo, el madhyamika ha tenido el efecto purificador de recordar a los budistas que no deben tomar las palabras del Buda ni las formulaciones de ninguna escuela budista como una verdad absoluta. Ahora que los textos madhyamika han sido traducidos y son accesibles en Occidente, los pensadores cristianos, judíos e islámicos también recibirán el beneficio de la presentación filosófica madhyamika del punto de vista crítico del madhyamika, que, en cierto sentido, parecería ser el más intolerante de los enfoques, porque niega, sin excepción, todo punto de vista posible. En otro sentido, puede aceptar y dar cabida a todo punto de vista religioso mientras no pretenda ser absoluto.[27] De ahí la formulación de Nagarjuna:

> Todo es concordia en verdad para aquel que se sujeta al Sunyata; no todo es concordia para aquel que no se sujeta al Sunyata.[28]

Aunque es un digno representante de la posición crítica del Buda respecto a la perspectiva de otras religiones, en el madhyamika está implícito el peligro de conducir a sus practicantes a que su ego desarrolle apego a la posición crítica misma y pierda el contacto con la tolerancia y la compasión del Buda y, por ende, abra la puerta al nihilismo. Esto sería la absolutización de la dialéctica, y puede constituir una tentación real para el madhyamika no purificado, tal como la absolutización de una cierta opinión lo es para el proponente de una posición religiosa en particular. El madhyamika ha admitido que este peligro existe y prescribe la meditación purificadora junto con la práctica de la dialéctica.

Un punto en que el budismo madhyamika parecería divergir de las demás religiones es en la insistencia en que la posición crítica (la razón dialéctica) aunada a la meditación son suficientes para alcanzar la liberación. El judaísmo, el cristianismo y el islamismo admiten algunas funciones de la razón, pero mantienen que sin revelación la salvación no se puede alcanzar. Y aunque el hinduismo tiene una variedad de opiniones sobre el lugar de la revelación, hay concordancia, en general, en que los Vedas son necesarios para la liberación. El desacuerdo se finca en las diferentes opiniones sobre el estatus de las ataduras del ego en la naturaleza humana. Desde la perspectiva del judaísmo, el cristianismo y el islamismo, las ataduras del ego (la naturaleza pecaminosa del género humano) pueden ser controladas pero nunca completamente superadas. La gracia de Dios puede controlar las ataduras del ego de tal manera que la vida espiritual y la salvación sean posibles. El hinduismo sostiene que la revelación de los Vedas, la razón y cierta forma de disciplina espiritual destruyen las ataduras del ego y permiten la realización de la liberación. El budismo, como el hinduismo, difiere radicalmente de las religiones occidentales al sostener que es posible desprenderse completamente de las ataduras del ego. Pero el budismo difiere del hinduismo al afirmar que, aunque se puede recurrir a la revelación, no es un requisito indispensable. Para el madhyamika sólo la perspectiva crítica (la dialéctica) y la meditación son necesarias para desprenderse completamente de las ataduras del ego.

Mientras que el madhyamika ofrece una crítica de todas las perspectivas metafísicas, sean budistas o no, es probable que el budismo Yogacara haya nacido como reacción al peligro de tener una comprensión nihilista del madhyamika. El yogacara da una formulación más positiva. El budismo yogacara cambia el centro de atención a la conciencia y su realización como compasión pura. Más que el *dharma*, se identifica *alayavijñana* (el almacén de la conciencia) como el fundamento de todos los seres y la percepción. Los variados sistemas de creencias pueden verse como diferentes obstrucciones para la conciencia, que ha de purificarse con la meditación y de tal manera prepararse para la realización del *nirvana* o liberación. El resultado final no es un idealismo subjetivo, sino una conciencia no dual en la que no existe una dicotomía ilusoria entre el sujeto y el objeto presente. Debido a su atención interna en la meditación y la conciencia, no hay más que algunos aspectos del budismo *yogacara* que pueden vincularse con otras religiones. Las características comunes del budismo que son la tolerancia crítica y la compasión por los demás prevalecen. La insistencia en "la conciencia exclusivamente" indica la probabilidad de haber recibido influencia del advaita vedanta.

180

Al extenderse y desarrollarse, el budismo mahayana ha absorbido influencias significativas en la India del hinduismo, en China del taoísmo y en el Tíbet del bon. Y. Krishnan ha analizado la interacción entre el hinduismo y el budismo.[29] Observa que el desarrollo budista de la doctrina del karma como una ley ética significó una grave amenaza para el hinduismo védico. La identificación budista de los aspectos morales de *pratitya-samutpada*, la ley de la causalidad, con el karma quiere decir que la buena conducta produce buenos efectos y la mala conducta produce malos resultados. De tal manera, el bien y el mal que se experimentan en la vida no proceden de los dioses ni de los misterios sino que están condicionados por las propias acciones a través de la ley de la causalidad. En consecuencia, las prácticas védicas tales como los sacrificios a los dioses se ven despojadas de su poder frente a esta ley del universo, que opera fuera del reino de los dioses. Parecería que no hay forma de contrariar, neutralizar ni escapar de los efectos del karma. Naturalmente, esto también planteó un problema al budismo: aparentemente, era necesario que identificara una entidad continuamente presente, capaz de llevar el karma de un nacimiento al siguiente. Para el hinduismo la dificultad era que su sistema de sacrificios a los dioses ya no parecían tener ningún poder sobre el curso de los acontecimientos (controlados por la ley del karma), por lo que no había ninguna razón para seguir llevando a cabo semejante actividad. Según Krishnan, los Puranas cobraron existencia en el hinduismo para contestar a este reto del budismo. Los Puranas aceptan completamente la ley del karma, pero como medio para mitigar los efectos del karma, desarrollan el concepto védico de *tapas* (austeridad) y la nueva noción de avatares (encarnaciones), y hacen hincapié en prácticas como las peregrinaciones, la observancia religiosa y la caridad.[30] Se introdujeron, así, varios medios para alcanzar la gracia (y se pusieron al alcance de todos, independientemente de casta, sexo, etc.); la ley moral budista del karma fue absorbida y las nociones védicas del poder divino fueron conservadas, pese a las aparentes incongruencias que ello implicaba. Krishnan está seguro de que esta resolución hindú tuvo una influencia significativa en el budismo mahayana:

En el budismo mahayana, la doctrina de *punya parinamna* (transferencia del mérito) y la del *bodhisattva mahasattva*, que renuncia al nirvana una y otra vez para librar a la humanidad del sufrimiento, estaban en abierta contradicción con las enseñanzas del Buda. Necesariamente implicaban una modificación decisiva a la ley del karma. Éstas fueron las versiones budistas de la doctrina hindú de la gracia y los avatares (encarnaciones), e hicieron las veces de concesión a la que se vieron obligados los budistas para hacer frente al contrataque del hinduismo.[31]

En China, la influencia taoísta del budismo Mahayana fue enorme. En los siglos III y IV d.C., el pensamiento chino estaba dominado por el estudio del Tao-te-king, Chuan-tse y el I-ching. Estas tres obras constituían lo que se llama las escrituras metafísicas (sanhsüan).[32] A éstas se agregaba el estudio de las obras budistas; Buda, su autor, era considerado un sabio, como el sabio del Tao-te-king. Con frecuencia son tomados como uno solo. La iluminación del Buda, su *prajna*, era un aspecto de su papel de sabio y vidente y significaba que él debía conocer y revelar en una escritura sagrada los secretos de la inmortalidad y del poder omnicomprensivo de la naturaleza, secretos ávidamente buscados por los taoístas.[33] Los pensadores chinos indagaron por ello en los *sutras* del Buda, y no es sorprendente que las respuestas que encontraron en los textos arrojaran una comprensión bastante diferente de la que los mismos textos originaron en la India. Para los chinos el Buda no era indio, sino un sabio chino que había ido a la India a convertir a los bárbaros. Con ese carácter, fue recibido con los brazos abiertos por los chinos.[34] Esta mezcla de budismo y taoísmo se refleja en obras como el *Chao-lun*, en el que la noción india del Sendero del Centro aparece de diferente manera. En el *Chao-lun* no aparece el Sendero del Centro del Buda Gautama el que aparece, ni el de Nagarjuna, sino una nueva interpretación de él, que expresa la identidad de los dos estados del universo: el impuro y el puro, el verdadero y el aparente.[35] Así fue como se incorporó la filosofía taoísta de la naturaleza al budismo mahayana en China, y luego fue llevado a Japón y a otros países del este de Asia.[36] En los términos de la religión popular, la figura de Amida (Amitabha) se convirtió en el foco de la imaginación religiosa de indios y chinos y produjo un culto devocional similar a la religiosidad hindú de la *bhakti*. También esta práctica popular del mahayana fue adoptada por el budismo japonés.

Cuando el mahayana se fue expandiendo hacia el norte, se topó con las tradiciones del Tíbet. Los estudiosos occidentales aluden frecuentemente a la religión tibetana prebudista como bon, en el entendimiento de que se refiere a alguna forma de animismo primitivo o chamanismo.[37] Estudios recientes han puesto esta concepción en tela de juicio. David Snellgrove, basándose en un estudio minucioso de textos bon-pos, concluye que "hay motivos para creer que los yoguis y los eremitas budistas, y probablemente los ascetas hindúes también, ya habían familiarizado a los aldeanos del Tíbet occidental con las enseñanzas y las prácticas indias antes de que el budismo fuera formalmente introducido por los reyes tibetanos religiosos".[38] De manera que es posible que los seguidores del bon (bon-pos) no surgieran del animismo primitivo o el chamanismo sino de una forma de budismo indio, es probable que fuertemente influido por alguna variedad tántrica del hinduismo de Cachemira. Este budismo bon parece haber existido en el Tíbet antes de la introducción del budismo ortodoxo (chos) al Tíbet por los reyes en los siglos VII y VIII d.C.,[39] y haberse desarrollado al lado del chos, como una forma paralela de budismo. Las nuevas influencias introducidas por el bon, entre otras cosas "métodos de predicción", "calmar y ahuyentar a las divinidades locales" y "destruir a los enemigos con bárbaros ritos tántricos", pueden haberse derivado del tantrismo hindú.[40] Una vez más, tal como en el encuentro del taoísmo chino, se pone de manifiesto la capacidad de adaptación del budismo y de mezclarse con otras formas.

En conclusión, pues, es la actitud de tolerancia crítica y la disposición a adaptarse lo que ha caracterizado al budismo a través del tiempo. Desde la reacción del Buda Gautama a los diversos credos que había a su alrededor, hasta los sucesos ocurridos en China y en el Tíbet, lo que ha predominado es esta actitud abierta aunque firme. Hoy, en Europa y en los Estados Unidos esta misma apertura crítica permite al pensamiento budista interactuar con la ciencia moderna y la psicología en cauces nuevos e interesantes. El budismo está dialogando creativamente también con el cristianismo, una de las conversaciones interreligiosas más fructíferas que se realizan hoy.[41]

Finalmente, es interesante observar la actitud de un budista mahayana contemporáneo hacia las demás religiones. El Dalai Lama ha dicho en varias ocasiones que no es necesario que los adherentes de otras religiones se conviertan al budismo, sino más bien que sean mejores cristianos, musulmanes, judíos, hindúes, etcétera. En un artículo publicado en 1981, el Dalai Lama afirma que las diversas religiones tienen un objetivo común: hacer mejores seres humanos. Las diferencias entre las religiones deben admitirse, pero también han de entenderse dentro del contexto de su objetivo común. El respeto mutuo ha de prevalecer entre todas las religiones.

> Cada sistema tiene su propio valor, que conviene a personas con una disposición o a una actitud mental diferentes. En estos tiempos en que la comunicación es fácil, debemos incrementar nuestros esfuerzos para conocer los sistemas de cada uno. Ello no significa que hagamos una sola religión de todas, sino que hemos de reconocer el propósito común de las múltiples religiones y valorar las diferentes técnicas que han desarrollado para mejorar internamente.[42]

7 El pluralismo religioso y el futuro de las religiones

Pronto llegará el tiempo en que, cuando un teólogo que trate de forjarse una posición y no esté enterado de que lo hace como miembro de una sociedad mundial en la que otros teólogos, igualmente inteligentes, igualmente devotos, igualmente morales, son hindúes, budistas, musulmanes; o de que es probable que sus lectores sean budistas, o tengan un esposo musulmán, o colegas hindúes, ese teólogo no estará actualizado, como no lo estará aquel que trate de forjarse una posición intelectual sin saber que Aristóteles reflexionó acerca del mundo, o de que los existencialistas iniciaron nuevas orientaciones, o de que la tierra es un planeta menor de una galaxia que es vasta sólo para las medidas terrestres. Hasta ahora, la filosofía y la ciencia han incidido en el pensamiento teológico más eficazmente que las religiones comparadas, pero esto no durará.[1]

El pluralismo religioso constituye hoy un reto especial para las religiones, pero en otro sentido el pluralismo religioso siempre ha existido. La tensión creativa que genera con frecuencia ha sido el catalizador para nuevas percepciones y el desarrollo de los diversos credos. A partir de un conjunto de puntos de vista (el brahmánico, el jainista, el materialista y el agnóstico) tuvo lugar la iluminación del Buda. En la Meca, en medio de una mixtura de judíos, cristianos, zoroastrianos, maniqueos y otros, las profecías de Alá fueron reveladas a través de Mahoma. En medio de la

185

veneración de los numerosos dioses territoriales del antiguo Oriente Medio, Dios estableció una alianza con Abraham y con Moisés. Fue el reto del gnosticismo y de la filosofía griega lo que ayudó a los primeros cristianos a identificar su separación del judaísmo. Y la pluralidad ha sido la fuerza del hinduismo hasta nuestros días. Seguramente hubo épocas en la historia de estas religiones en que los retos pluralistas pasaron a segundo plano, señal, a menudo, de un periodo de estancamiento espiritual; el cristianismo durante la Edad Media y el islamismo antes del encuentro del sufismo con el hinduismo son ejemplos de esto. Y cuando el desafío del pluralismo reapareció, generalmente infundió nueva vida a la tradición confrontada. Así, aunque el desafío del pluralismo religioso es una crisis de nuestros tiempos, al mismo tiempo es una oportunidad de crecimiento espiritual.

Es demasiado pronto para detectar los nuevos contenidos y formas que surgirán del pluralismo religioso moderno. Pero los análisis de los capítulos anteriores indican algunos esbozos preliminares de las religiones del futuro, religiones que podrán vivir cómodamente, unas al lado de las otras, en una comunidad global. Este capítulo examina las características principales de la situación actual, para luego hacer algunas observaciones sobre el futuro de las religiones. La perspectiva y los lineamientos del autor para el diálogo interreligioso (basados en el contenido de los capítulos anteriores) se presentan en la segunda parte del capítulo. La primera sección contiene un resumen de las similitudes de enfoque observadas a lo largo del libro.

Pluralismo religioso: la situación actual

Nuestro estudio de la forma en que cada religión ha respondido, y responde, al reto del pluralismo religioso ha identificado tres temas generales y principios comunes: 1) que el pluralismo religioso puede entenderse mejor en términos de una lógica que considera que el Uno se manifiesta como multiplicidad —una realidad trascendente que se fenomenaliza en las diversas religiones; 2) que existe el reconocimiento común de la instrumentalidad de la experiencia religiosa particular; y 3) que la espiritualidad se identifica y valida al imponer el criterio propio sobre otras religiones. Existen varias dificultades comunes que plantea el moderno pluralismo. Examinemos cada uno de estos puntos en detalle.

Una lógica común: el Uno y la multiplicidad

Desde el punto de vista de la filosofía o la teología, la lógica de que el origen de la realidad se experimenta en una pluralidad de formas parece ser el camino más satisfactorio para dar cuenta del hecho del pluralismo religioso. La formulación más antigua de esta lógica se encuentra en la noción védica del Uno al que se le dan muchos nombres. Para el budismo, la ley causal del karma es la única realidad con que las religiones lidian. El judaísmo y el cristianismo comparten la percepción bíblica de que todos los pueblos y todas las naciones están amparados por el único Dios; también comparten el Logos, noción de la filosofía griega. En el islam está el "Libro Madre", del cual todos los libros terrenos de las diversas religiones son copias. Los estudiosos contemporáneos de las religiones, como Karl Jaspers,[2] John Hick[3] y Wilfred Cantwell Smith,[4] se suman a esta lógica, al igual que los pensadores actuales de cada una de estas religiones. La lógica de que el Uno se manifiesta en la multiplicidad es la más antigua y la más contemporánea explicación del pluralismo religioso.

Tratar de reducir a todas las religiones a un universal común —reducirlas a todas a una sola religión— ha sido inaceptable para todas, y, como demuestra Charles Davis, es filosóficamente inaceptable porque significa una violación del principio de libertad.[5] Una religión universal equivaldría a coerción religiosa. Unidad sin diversidad conduce a una negación de la libertad. Por lo tanto, la pluralidad en asuntos de fe y de moral debería ser aceptada. En cuanto a la relación interna entre el Uno y la multiplicidad, todas las religiones parecen concordar en que debe insistirse en el Uno como fuente creadora. Identificar la fuente creadora o espiritual con el Uno más que con la multiplicidad permite que los muchos (las tradiciones individuales) cambien sin destruir al Uno. Es una relación de identidad de una sola parte. A esto se debe que la riqueza de la pluralidad provea la dinámica para hacer que las múltiples religiones vuelvan a su fuente creadora. Así, el centro de gravedad permanece en el Uno, sin descartar la multiplicidad. Lo que se requiere es exponer nuestra propia particular religión en el diálogo con otras tradiciones como medio de acceso a la fuente creadora subyacente.

La religión como instrumental

La diversidad y la pluralidad de la religión señalan su función instrumental. La revelación, las doctrinas y los discípulos espirituales de las múltiples religiones son los medios gracias a los cuales se alcanza al Uno. Las parábolas del Buda, las reglas monásticas, las escuelas filosóficas y los *bodhisattvas* fungen todos como instrumentos de la iluminación en el budismo. Son las "barcas" que le ayudan a uno a cruzar el río del *karma-samsara* hacia la iluminación que está del otro lado. Pero una vez que se alcanza la meta, la barca que empleamos se queda atrás. El budismo no son las parábolas del Buda, ni la institución monástica, sino la experiencia de la iluminación, lo que Buddhadasa llamaba el *dhamma*. De manera semejante, en el hinduismo, los Vedas, aunque necesarios, se dejan atrás cuando se alcanza la *moksha* o liberación. Los Vedas son la "escalera" con la cual se llega a Brahman. Pero, una vez liberada el alma, cuando la función instrumental de la escalera védica ha sido cumplida, los Vedas ya no son necesarios. Gurus, ashrams, imágenes y yoguis son igualmente instrumentales en su función dentro del hinduismo.

Las escrituras sagradas, las formas y las prácticas de las religiones occidentales difieren en que su función instrumental nunca es trascendida en la experiencia del devoto.[6] La Torá, el Nuevo Testamento y el Corán nunca son trascendidos y dejado atrás en la manera en que las escrituras sagradas hinduistas o budistas son trascendidas. Pero, aun cuando no puedan ser completamente trascendidas, las escrituras en las religiones occidentales no dejan de fungir como el instrumento o el medio a través del cual Dios se revela. Similarmente, aun cuando las religiones occidentales difieren en cuanto a su aceptación y uso de la teología, la oración, los himnos y los sacramentos, cada religión los emplea como el medio por el cual se responde y se conoce al único Dios y éste otorga gracias. Es, pues, claro que gran parte de lo que se considera el meollo de las diversas religiones es, en realidad, una colección particular de medios instrumentales por los cuales se puede alcanzar al Uno. Así entendidas, no es necesario tratar a las religiones como si fueran verdades fijas, inmodificables, sino como tradiciones de instrumentalidad religiosa en proceso de desarrollo.

Los problemas surgen en el pluralismo religioso cuando son las formas de las diversas religiones las que se toman como absolutas y no al Uno. Tanto Karl Rahner en el cristianismo como Nagarjuna en el budismo concuerdan en este punto, pese a que su comprensión del Uno sea bastante distinta. Para ambos las religiones son formas instrumentales imperfectas por medio de las cuales se puede aprehender al Uno. Los profetas judíos, Mahoma y Shankara estarían de acuerdo. Se pueden obviar muchos malos entendidos entre las religiones si se comprende la índole instrumental de la pluralidad de la experiencia religiosa. En el pasado, el no haber tenido esta comprensión y el absolutizar las formas de religión instrumentales ha dado a menudo origen a conflictos religiosos.

Para Wilfred Cantwell Smith el problema con muchos de los estudios sobre las religiones, especialmente en el Occidente moderno, es que toman a las religiones como si fueran formas fijas e inmodificables.[7] Esta reidificación de la religión ha pasado por alto la naturaleza cumulativa y evolutiva de las tradiciones religiosas —caballo de batalla del análisis de Troeltsch. Smith sugiere que las diversas religiones nunca han sido entidades distintas. En sus formas instrumentales, como se ha demostrado en los capítulos anteriores, las religiones constantemente han tomado elementos de las demás y han interactuado unas con otras. Y agrega que si los eruditos estudiaran detenidamente el concepto chino de *san chiao* (las tres tradiciones) y el concepto japonés de ryobu shinto (shinto de dos caras), se llegaría a una mejor comprensión de este aspecto del pluralismo religioso.[8]

189

La superposición de criterios de validez

Otro rasgo común observado en nuestro estudio es la práctica de responder al desafío del pluralismo superponiendo los propios criterios de validez a las otras religiones. Si, para el cristiano, Cristo es el criterio de validez, entonces la verdadera espiritualidad en el seno de cualquier otra religión se identifica superponiendo Cristo en esa religión —de ahí el concepto de "cristiano anónimo" de Rahner y "el Cristo desconocido del hinduismo", de Panikkar. Para Buddhadasa, el *dhamma* es la verdad de todas las religiones. Para el islam, el Corán es la revelación validatoria contra la que todas las demás deben comprobarse. Al igual que los judíos fueron elegidos por Dios para cumplir determinado papel en la historia, otras religiones deben ser entendidas en términos de la elección particular que Yahvé haga de ellas. Y como el único Brahman es, para el hindú, la meta hacia la cual todos los caminos deben conducir, Buda, Cristo, Mahoma y Moisés pueden ser validados como avatares de Brahman. Para el pluralismo religioso es fundamental el hecho de que el compromiso que uno hace con la verdad en cada tradición se experimenta como algo decisivo y absoluto, y se universaliza al imponerlo a los demás. La razón de esto tal vez se encuentre en los límites psicológicos y filosóficos de la naturaleza humana. Esta posibilidad será explorada más adelante. Sin embargo, el punto en el que hay que insistir aquí es que los criterios de validación adoptados por cada religión surgieron de la contienda que se derivó a partir del reto que significó el pluralismo. La validación que cada religión ha efectuado de sus tradiciones tuvo lugar después del contacto con otras religiones. Los criterios del cristianismo, por ejemplo, se formularon tras el contacto con la filosofía griega y el gnosticismo. El mismo proceso se observa en cada religión.

Antes de pasar a hablar del futuro de las religiones, es importante identificar algunos de los peligros y dificultades del pluralismo de hoy, que todas las religiones enfrentan. Un punto problemático es la actividad misionera que tiene lugar cuando la imposición de los propios criterios sobre los demás va seguida de esfuerzos por convertirlos. Forma parte de nuestra naturaleza querer compartir nuestras convicciones más caras. A menudo, como el caso del budismo, el cristianismo y el islamismo, esta tendencia se ve reforzada por las enseñanzas del credo en cuestión. Las dificultades surgen cuando este deseo y las instrucciones de comunicar nuestras enseñanzas a otras personas se convierten en militantes o exclusivistas. Nuestro estudio indica que estos enfoques, el militante y el exclusivista, son severamente cuestionados en términos de la enseñanza de la propia tradición. Cuando se ofrecen datos precisos sobre otras tradiciones, como ocurre ya en muchos sitios, la comprensión resultante generalmente produce un replanteamiento de la filosofía misionera y sus métodos. Ejemplos de ello son el sufismo islámico en la India y la teología cristiana moderna. El pluralismo siempre exigirá que compartamos unos con otros nuestra particular comprensión de la religión. Si lo hacemos guardando simpatía y respeto por la integridad del otro, este compartir, tal como lo demuestran ejemplos del pasado y del presente, puede conllevar crecimiento espiritual y enriquecimiento para todos. En la experiencia abierta de otras tradiciones, la posibilidad de conversión siempre existe. Pero con la mayor frecuencia el resultado será un reforzamiento y un enriquecimiento de nuestra propia religión —que es lo que demuestra el pluralismo dentro de cada religión. La alternativa de pretender atacar o degradar a otra religión frecuentemente ha producido estancamiento interno y, a veces, conflictos interreligiosos violentos.

En los capítulos anteriores el problema de la divergencia entre las religiones teístas y las no teístas, como el budismo y el hinduismo advaita vedanta (a las que cabría agregar el taoísmo y el confucianismo), apareció una y otra vez. Este problema ha ocasionado dificultades mayores a los estudiosos de las religiones, al grado de verse tentados a resolverlo imponiendo indiscriminadamente el concepto de Dios al advaita vedanta y al budismo; John Hick es uno que propuso semejante "solución". Wilfred Smith intenta una solución más honesta.[9] Recurriendo a su enfoque autoconsciente incorporado, trata de demostrar que, como símbolo general de lo trascendente, el término "Dios" podría ser aceptable para los eruditos budistas. Smith piensa que los theravadas estarían de acuerdo en que, para los fines de la discusión general, la noción de *dharma* podría compararse fructíferamente con el concepto de Dios en las religiones occidentales. Los budistas sostienen que el *dharma* es una verdad trascendental que está más allá de la comprensión de las palabras y sin embrago es inmediato y se vive. En el budismo mahayana, el *boddhisattva* como símbolo de lo trascendente puede ser operativamente paralelo al término teísta "Dios". Para el adherente del advaita vedanta, puede ser el Brahman simbolizado como *sat* (ser puro), *cit* (conciencia pura) y *ananda* (deleite puro). Los budistas y los hindúes monásticos estarían prestos a admitir que las conceptualizaciones difieren entre tradiciones, pero como ellos no dan más que una importancia secundaria a estas conceptualizaciones, estas dificultades no les molestan sobremanera. Tomado en este nivel secundario, el concepto de "Dios" podría ser aceptado como un término heurístico en el debate entre tradiciones. Smith no sugiere que simplemente aceptemos utilizar el término "Dios" y ya. Nos insta enérgicamente a aprender la lengua y las formas de pensar de lo demás, como una necesidad. Sólo así podrá resolverse el problema de vocabulario.[10] Como una contribución al proceso inevitable de aprender la lengua de los demás, hace la siguiente sugerencia como posible base para la discusión entre teístas y no teístas:

> que con el término "Dios" nos refiramos a la verdad, una realidad que explícitamente trasciende la concepción, pero en la medida en que es concebible es aquello para lo cual la historia religiosa del hombre ha sido su mejor respuesta, humana y en cierto sentido inadecuada.[11]

Smith añade que su concepto de historia religiosa incluye, además del budismo y el hinduismo, la tradición clásica occidental y la tradición metafísica-humanista-idealista, en que la trascendencia se presenta como la verdad, la belleza, la justicia y el bien. En caso de que alguien pretendiera que dar una descripción comprensiva implica que todas las religiones son verdaderas, Smith responde de la siguiente manera:

192

Esto sería ciertamente estúpido. Yo, por supuesto, sostengo que no hay una sola "religión" que haya sido igualmente veraz, en abstracto, en todas sus manifestaciones a lo largo de la historia; más bien, es más o menos veraz en el caso de personas particulares al dar forma a su vida y a sus grupos, y construye y nutre su fe... Insisto en que el problema de la verdad religiosa no es diferente en principio, pero en la práctica se corrige en gran medida si tomamos la religión en conjunto y no sólo un sector como campo de cuestionamiento.[12]

Aunque las conclusiones de este estudio parecerían apoyar, en términos generales, la interpretación de Smith, existe un punto en que tal vez nos veamos obligados a diferir. Smith insiste en que "nuestra comprensión de los conceptos de los demás se sustenten en la historia, incluso en el caso de conceptos autotrascendentes y que trascienden la historia como el de 'Dios'".[13] Aunque esta aseveración sería aceptable para el judaísmo y el cristianismo, no lo sería para el islamismo, el hinduismo y el budismo. El judaísmo y el cristianismo explícitamente experimentan la verdad de Dios en y a lo largo de la historia, es muy poco probable que musulmán, hindú o budista compartan esta percepción. Aunque admitan que hay historia en la religión (esto es, que las tradiciones cambian con el tiempo), no aceptarían la idea de que la verdad está "sustentada" o se revela en ese proceso histórico. Para ellos la verdad está sustentada y es revelada en la realidad que está detrás o más allá de la historia. Como dice Smith, debemos aprender y respetar la lengua y las formas de pensar de los demás. En este caso, su formación de historiador moderno occidental tal vez le ha impedido seguir su propio consejo.

Otra dificultad del pluralismo religioso contemporáneo es el conflicto entre las declaraciones constitucionales de "igualdad" (como las que se encuentran en la Constitución de los Estados Unidos y la de la India) y las religiones para las que las personas están en diferentes estadios de realización espiritual y por tanto no son iguales (por ejemplo, la ley del karma del hinduismo y del budismo). Cuando surge este conflicto, tal como ocurre hoy en la India, el requisito de igualdad puede legalmente anular las enseñanzas y las prácticas de una religión como el hinduismo, y con ello violar la libertad religiosa. Como las constituciones que convocan a la igualdad usualmente también encierran el principio de libertad religiosa, el resultado es una grave contradicción interna. En este momento los políticos, los legisladores, suelen lavarse las manos y pasar el problema a las cortes. Debido a que el problema no es legal, sino que se trata de un conflicto de opiniones o presuposiciones (por ejemplo, en el caso de la India, el humanismo igualitario contra la teoría del karma del hinduismo), en realidad es un problema clásico de pluralismo. En este caso la experiencia y la sabiduría de las religiones podrían informar con provecho al moderno humanista o secularista. El problema y los principios del pluralismo religioso son en muchos sentidos paralelos los del pluralismo cultural de hoy.[14]

El problema de la igualdad es sólo uno de los muchos que ocasiona el pluralismo cultural y religioso moderno. Por ejemplo, el islam se percibe como una religión de estado. No obstante, si pretendiera absorber o tomar una nación como los Estados Unidos o Canadá, que son constitucionalmente multiculturales, se pensaría que es subversivo. Una vez más, las tradiciones religiosas y seculares y las percepciones chocarían, y este hecho exige que el islam, en la medida en que cada vez más se encuentra como grupo minoritario en culturas pluralistas anfitrionas, reinterprete esta percepción que tiene de sí mismo como religión de estado. Muchos problemas similares se han presentado y seguirán presentándose debido a las tensiones generadas por el pluralismo cultural y religioso.

Una amenaza que se cierne sobre la contribución creativa del pluralismo a la religión es que a veces los adherentes a alguna religión reaccionan ante el reto del pluralismo con un exclusivismo militante (por ejemplo, el fundamentalismo cristiano, hindú o islámico. Una reacción así es lamentable porque, como nuestro estudio revela, generalmente provoca estancamiento espiritual y "violencia religiosa", como demuestra la historia moderna de Irán. Tal como en una familia, aceptar las diferencias en un contexto de respeto y apreciación mutuos puede ser un poderoso catalizador para beneficio de todos. La estrechez mental y egocéntrica será siempre destructiva y es lo opuesto de la verdadera religión, en cualquiera de sus manifestaciones.

El futuro de las religiones

Hemos observado que dentro del pensamiento occidental moderno Schleiermacher inauguró un enfoque de la religión diametralmente opuesto al de sus predecesores. Este cambio de perspectiva tuvo el efecto de atraer la atención hacia la naturaleza universal de la experiencia religiosa en sus múltiples y variadas tradiciones —de donde surgió el enfoque relativizante de Troeltsch. Además de quitar la atención de la metafísica, el racionalismo o la revelación, el enfocarse en lo humano de la religión ha hecho que se pongan de manifiesto algunas de las limitaciones de la naturaleza humana que deben ser seriamente consideradas en toda religión futura.

La teología del futuro y los límites inherentes del pluralismo

Para los fines de este análisis, demos al término "teología" un significado amplio y general, el de conocimiento o verdad religiosa en todas sus formas pluralistas. Aunque esto incomode a un budista o a un hindú monástico, solicitamos la aceptación de semejante interpretación heurística en esta discusión. La cuestión que examinaremos es ésta: ¿cuáles son los límites que habrán de respetarse en todos los futuros trabajos de teologización? En el ámbito de la religión cristiana Karl Rahner se ha ocupado ampliamente del tema, y ha demostrado que el pluralismo necesita dejar atrás el método escolástico del pasado y adoptar un nuevo enfoque que todavía no ha sido plenamente explorado ni articulado. Pero, como un primer paso hacia la teología del futuro, es posible enumerar algunas limitaciones importantes, limitaciones que se aplicarán a los pensadores del futuro en cualquier religión.

La teología, dice Rahner, ya no puede seguir el patrón simplista del pasado en que el problema del pluralismo se superaba aplicando el principio de no contradicción, esto es, cuando se consideraba que dos posiciones teológicas constituían alternativas contradictorias, siguiendo el principio de no contradicción, en virtud del cual las dos no pueden ser correctas, se tomaba una decisión sobre cuál sí lo era, de manera que se superaba el pluralismo o la contradicción. Es un modelo que ya no sirve en el encuentro de las religiones y el desafío que representa. Rahner admite que la teología se encuentra en una nueva situación:

> El pluralismo del que estamos hablando aquí consiste más bien en el hecho de que es prácticamente imposible reducir de tal manera las teologías y sus tesis representativas a una simple alternativa lógica, porque existen unas al lado de las otras separadamente y son mutuamente inconmensurables.[15]

Rahner se refiere al caso del pluralismo en la teología cristiana exclusivamente. Es un pluralismo inabordable porque no se puede encontrar una base común entre las diversas escuelas teológicas con el que se pueda llegar a una comprensión comparativa y a un juicio lógico entre alternativas. Si los cristianos piensan que esto es lo que ocurre entre las diversas teologías elaboradas dentro del cristianismo mismo, entonces las dificultades serán con toda seguridad mucho mayores cuando se consideren las pretensiones individuales conflictivas de las diversas religiones. El inevitable pluralismo de toda teología del futuro tiene dos dimensiones limitantes. En primer lugar está el hecho de que visiones rivalizantes pueden adoptar puntos de partida tan diversos que no será posible establecer un terreno intelectual común. Sin la base de este terreno común, las propuestas individuales no pueden discutirse de manera que se llegue a un juicio definitivo de "acierto" o "error". Aun cuando los dos participantes en el diálogo puedan anticipar similitudes y diferencias en su postura, la ausencia de un terreno común, dice Rahner, "se traduce en que los representantes de las diferentes escuelas no pueden alcanzar, ni siquiera de forma indirecta, una postura en que puedan explicarse mutuamente, deliberada e inequívocamente, en qué consiste con exactitud la diferencia entre sus respectivos puntos de vista".[16] Aquí Rahner alude a la experiencia con que se topa (y piensa que otros también) cuando el otro en el diálogo teológico constantemente parte de un punto que no es el de uno, utiliza diferentes términos y asume que ciertas cuestiones están establecidas cuando en realidad son ajenas al otro. La consecuencia es que no se llega a ninguna conclusión y se rompe el diálogo por falta de tiempo, o cualquier otra razón que hace que sea imposible continuar. En todo caso, la falta de una base común, que impide llegar a conclusiones categóricas, es una limitación que requiere del pluralismo en teología.

Una segunda dimensión limitante que Rahner también considera que necesita del pluralismo teológico tiene que ver con la naturaleza finita de la mente humana. Ni todas las diversas posiciones teológicas ni todo el conocimiento de las numerosas religiones puede ser abarcado por una sola mente. Aun si fuera a nacer una sola civilización o religión mundial, dice Rahner, seguiría habiendo diferencias internas que se manifestarían en una creciente pluralidad de teologías en cuanto a "sus métodos, su evolución estructural, sus puntos de vista, su terminología, y las tendencias prácticas que desencadenan. Estas diferencias serán tan grandes que será imposible que sean abarcadas en forma de teologías, o subordinadas a una sola teología homogénea".[17] Lo cual significa que no puede haber *una sola* teología, aun cuando uno ponga la mirada en una religión particular. Si, en virtud de la limitada capacidad de la mente humana, no es posible hacer juicios dogmáticos dentro de una religión, mucho menos lo es cuando la reflexión teológica tiene lugar en el contexto mayor de muchas religiones. En el contexto de las religiones mundiales, el pluralismo teológico es la norma.

Estas dos limitaciones tendrán que ser tomadas en serio por los eruditos de una tradición o en el contexto mundial de las religiones. Desde los tiempos de Nagarjuna[18] en Oriente y de Immanuel Kant[19] en Occidente se conocen los límites intelectuales de la mente humana —aunque no siempre se hayan respetado. Pero para hacer teología en un contexto plural tal vez sea más importante la primera limitación: la falta de una base intelectual común sobre la cual llevar a cabo el diálogo o el debate. Los teólogos de alguna de las principales religiones de Occidente (el judaísmo, el cristianismo o el islam) se toparán con esta dificultad de inmediato si en un diálogo con hindúes empiezan a sopesar el concepto de creación, o si en el diálogo con los budistas empiezan a escudriñar la noción de Dios. Simplemente no parece que exista una base intelectual común. La compren-

197

sión, aunque sólo sea parcial y confusa, parece alcanzarse sólo cuando un grupo de teólogos suspende su propio punto de vista y trata de adoptar las premisas del otro y ver el universo a través de esos conceptos ajenos.

También aquí emergen límites psicológicos, que el teólogo no debe desdeñar. En cualquier ejercicio intelectual en que los teólogos traten de mirar con los conceptos de otra religión, la dinámica psicológica de su mente nunca les permitirá ser completamente objetivos y neutrales en su postura. El primer impulso será identificar las semejanzas entre su posición y la de los demás. Esto suele indicar un acto de reduccionismo intelectual, o lo que Freud llamaba "proyección".[20] En vez de identificar una semejanza real, simplemente habrán cedido al mecanismo de defensa que dice "Oh, sí, veo qué quiere usted decir con eso; es exactamente lo que nosotros queremos decir con esto otro". Proyectan su punto de vista a las personas de otras religiones y luego afirman haber descubierto que es el mismo que el suyo. Esto, por supuesto, es bastante consolador en varios sentidos. Indica que, después de todo, sí hay una sola verdad, que ellos la tienen (probablemente en mayor medida, o completamente, o por ello afirman la superioridad de su punto de vista) y que por tanto no se requiere ningún cambio. El verdadero hallazgo, esto es, que existen diferencias reales, naturalmente produce inseguridad emocional y dudas respecto a que efectivamente la propia postura teológica sea absoluta.

La característica humana universal de la atadura del ego a la propia posición fue estudiada ampliamente por Nagarjuna y otros budistas madhyamika. Abordaron el problema de la siguiente manera: como los seres humanos tienen apego a su propia opinión o posición teológica, ninguna cantidad de argumentos de la parte contraria tendrá ningún efecto. Los teólogos se limitarán a reinterpretar una objeción o una posición contraria de manera que se ajuste a su sistema. En otras palabras, por el mecanismo de proyección intentarán forzar a los oponentes a descartar ciertas premisas y a aceptar las suyas. Y como los oponentes harán la misma cosa (todos tienen apego a su posición con el ego, y cognitivamente son incapaces de soltarla), el debate consiguiente será interminable e inútil. Teniendo en cuenta este hecho psicológico, el modelo desarrollado por los budistas ma-

198

dhyamika para el debate teológico fue sencillo y arrollador: entraron al debate sin una posición teológica. La finalidad era entender la posición de un oponente tan completamente que el madhyamika podría encontrar las inconsistencias internas que inevitablemente se encuentran presentes en todo sistema teológico, y luego, por reducción al absurdo, tirar toda la argumentación del oponente por el suelo. Verse derrotado con su propio sistema ocasiona un duro choque psicológico, al grado de que el teólogo llega a convencerse de que sería mejor abandonar la teología. Eso era precisamente lo que los madhyamika esperaban alcanzar. Una vez que los teólogos dejen la pluma y renuncien a sus conceptos favoritos, se despejará el camino de obstáculos intelectuales para que finalmente vean la realidad como percepción pura y vivan la vida correctamente.

Tanto el análisis madhyamika como el freudiano dejan claro que cualquier intento de conceptualizar la realidad completa y objetivamente estará ligado, inevitablemente, a la limitación finita de nuestros propios procesos cognitivos y a las emociones, egocéntricas y deformantes, vinculadas a estos procesos.

Cuando estas limitaciones se toman con seriedad y se aplican a los actuales modelos teológicos, el resultado es una crítica fructífera. Para el cristiano, por ejemplo, significa que ya no habrá ningún terreno sobre el cual el teólogo se arrogue el derecho absoluto para una postura teológica. Por ejemplo, el argumento de Hans Küng de que uno debería ser cristiano porque Jesús de Nazareth es "decisivo en última instancia, definitivo y arquetípico para la relación del hombre con Dios, con sus semejantes, con la sociedad",[21] es violatorio de los límites de la obra teológica cuando menos por dos razones. La primera es que Küng, por supuesto, se arroga un conocimiento que los límites finitos de la mente humana invalidan. La segunda, como ha señalado Paul Knitter en su cuidadosa evaluación del argumento de Küng, es que se basa en una visión muy confusa de las otras religiones.[22] Pese a la advertencia que hace Küng a otros teólogos de que no saquen conclusiones teológicas sin un conocimiento claro de las demás religiones, es obvio que su propia comprensión estaba muy distorsionada por la premisa básica de su pensamiento: que Cristo es la norma final para todas las religiones.[23] Küng se embarca en proyecciones freudianas (al ver Cristo como el cumplimiento desconocido de toda otra religión) y en reduccionismo intelectual (comprensión incorrecta y simplista de otras religiones para hacerlas caber en sus propias categorías).

El enfoque de Küng se puede clasificar junto con el de los teólogos cristocéntricos estudiados en el capítulo 2. En tanto que toda religión es reconocida (en diversos grados) como una particular manifestación de Dios, el cristianismo se considera la única religión que manifiesta plenamente a Dios (o casi plenamente), y por ello debe servir de criterio de verdad para las demás. Los acercamientos teológicos que presuponen un Logos universal como fundamento de todas las religiones, y luego identifican al Logos como el Cristo, no son más que una variación sobre el mismo tema, y adolecen de los mismos defectos que la proyección psicológica y el reduccionismo intelectual. Si, por ejemplo, a los judíos se les dijera que la base de su religión es el Logos, cuyo criterio u manifestación es Jesucristo, su respuesta a semejante argumento teológico sería que el que lo hizo no tenía ninguna comprensión de la religión judía y que ciertamente estaba tomando el verdadero judaísmo por una versión cristianizada de él. Los cristianos suelen dar el mismo tipo de respuesta cuando un hindú les dice que el hinduismo abarca completamente al cristianismo, siendo éste una manifestación particular más del único Brahman. No es sorprendente que a los cristianos les resulte difícil reconocer su propio credo y práctica en semejante versión hinduizada del cristianismo. En ninguno de estos ejemplos han sido respetadas las limitaciones teológicas, y el resultado se muestra inaceptable cuando se ve desde el contexto del pluralismo religioso.

Otro enfoque, derivado del humanismo moderno, resuelve el problema yendo en dirección opuesta. Pretende superar el problema considerando que tanto el cristianismo como las demás religiones del mundo son simples variaciones de una humanidad común. Éste es el método que suelen adoptar los teólogos que se han dejado seducir por psicólogos, sociólogos e historiadores de la religión. Se trata también de un reduccionismo, pero en dirección opuesta. En vez de considerar las religiones como manifestaciones particulares de lo divino único, esta solución reduce las experiencias trascendentes de las diversas religiones a no más que expresiones particulares de una humanidad común. En el primer caso, la diversidad humana de la experiencia religiosa se reduce a una realidad trascendente común; en el segundo, las múltiples experiencias de lo trascendente se reducen a la experiencia humana común.

Lo que todo esto implica es que los budistas madhyamika tienen razón. Si las limitaciones de teologizar se toman en su justa medida, entonces toda futura teologización sobre la pretensión de poseer el conocimiento último debe cesar. ¿Acaso la visión correcta del futuro es que los teólogos de las diversas religiones abandonen la pluma? ¿Y luego qué? ¿El silencio? Pese a que los budistas madhyamika, los escépticos modernos y los positivistas aprobarían esta moción, el silencio como la visión correcta del futuro de la teología y de las religiones debe rechazarse.

El futuro de las religiones en el diálogo

El deseo inherente de conceptualizar y de compartir la experiencia religiosa está demasiado enraizado en la naturaleza humana como para que el silencio sea una respuesta aceptable. En realidad, los mismos madhyamika están todo menos callados. Su prescripción de silencio era para ser aplicada a las pretensiones de conocimiento absoluto. Mientras se honre esa salvedad, entonces podrá haber discusión, incluso discusión teológica. Como primer paso, entonces, trataremos de indicar algunas de las premisas en las que deberá basarse el diálogo religioso del futuro. Estas premisas se desprenderán inductivamente de nuestro anterior análisis de la situación actual del pluralismo religioso. Las siete premisas claves son: 1) que en todas las religiones existe la experiencia de una realidad que trasciende la concepción humana; 2) que esa realidad se concibe de múltiples maneras tanto en el seno de la religión misma como entre otras religiones, y que admitir esa pluralidad es necesario para salvaguardar la libertad religiosa y para respetar las limitaciones humanas; 3) que las formas pluralistas de religión tienen una función instrumental; 4) que lo que es absoluto y decisivo en una religión es nuestro propio compromiso con la verdad, no obstante, nuestra comprensión de la verdad es y será limitada; 5) que la enseñanza de Buda sobre la tolerancia crítica y la compasión moral ha de observarse siempre; 6) que con el diálogo autocrítico debemos penetrar más hondo en nuestra propia experiencia particular de la realidad trascendente (y posiblemente también en la realidad trascendente de los demás); y 7) que, dentro de la pluralidad de nuestro encuentro entre credos, centrarnos en "el otro sufriente" y en "la tierra sufriente" podrá darnos un punto de partida común para el diálogo encaminado a la cooperación y el entendimiento mutuos. Veamos cada una en detalle.

La premisa 1 se limita a citar el reconocimiento que encontramos en todas las religiones que estudiamos; que Dios, Brahman o *dhamma* es una realidad trascendente que está por encima de lo mundano y que no es posible conceptualizarla enteramente. La premisa no juzga si la realidad trascendente es la misma o es diferente en cada religión. Este juicio sería absoluto, excedería los límites del conocimiento humano y, por tanto es mejor dejárselo a Dios, Brahman, *dhamma*, etcétera. Pero lo que sí hace esta aseveración es distinguir que esta experiencia y el resultante diálogo son religiosos (esto es, aunque es aceptable para todas las religiones, no es una aseveración que aceptarían el humanista ni el materialista). Wilfred Smith cuestiona esta distinción, quien pugna por la inclusión del humanista, aunque sólo del humanista racional.[24] Ciertamente, los méritos de un diálogo que incluya todas las pluralidades posibles de la comunidad global merece ser estudiada cuidadosamente. Pero aun si un diálogo así fuera aconsejable, no dejaría de ser necesaria una consulta separada entre quienes pudieran compartir alguna experiencia de la realidad trascendente.

La premisa 2 surge de la existencia y la naturaleza del pluralismo religioso y de las limitaciones a la teologización mencionadas arriba. Salvaguarda contra las pretensiones de absolutismo que pusieran al diálogo religioso en peligro de autodestrucción. También salvaguarda la libertad religiosa.

La premisa 3, que se sigue de la premisa 2, da importancia a la función instrumental de las formas religiosas a través de las que tiene lugar la experiencia religiosa: que las revelaciones, doctrinas y disciplinas espirituales de las múltiples religiones son el medio gracias al cual se alcanza la realidad trascendente. Por implicación, la pluralidad de formas instrumentales también apunta la variedad de disposiciones espiritual entre las personas, hecho que los absolutismos religiosos del pasado han ignorado a menudo en detrimento propio.

La premisa 4 es tal vez la más importante y la más difícil. En la superficie, parecería contraponerse con la premisa 2, que salvaguarda la pluralidad de las religiones. Pero no es así. El absolutismo descartado en la premisa 2 es el que impondría la experiencia del propio compromiso del individuo con la verdad a los demás, y esto porque reconoce que la aprehensión de esa verdad es limitada. Ésta es la paradoja que, como dice Langdon Gilkey, debe ser aceptada y vivida en el encuentro de las religiones.[25] Es el reconocimiento de que el compromiso religioso profundo con la verdad es necesariamente absoluto y de que, como tal, opera como criterio de validez de la experiencia personal total. Esto, sin embargo, no significa que se imponga a los demás ni descarta el reconocimiento de que otras personas tengan un similar compromiso absoluto con otra verdad, que como se dijo en la premisa, será diferente de la propia. Como Jaspers observa correctamente:

> El lenguaje de la trascendencia, entonces, se habla sólo en ciertas lenguas [...] En ellas [...] la verdad que se escucha es absolutamente cierta, mas el modo de hablar y de escuchar es tal que no puede ser tomado como universalmente o normativamente verdadero, sino que debe admitir la posibilidad de otras verdades, incluso opuestas.[26]

Así, uno puede honrar su propio compromiso con la verdad como absoluto y al mismo tiempo respeta los diferentes compromisos absolutos con la verdad de los demás. De esta forma las salvedades descritas arriba se respetan y al mismo tiempo se da cabida a la necesidad de compromiso absoluto con la verdad en una religión determinada. Como señala Knitter, esta distinción entre el propio compromiso con la verdad y la propia aprehensión de la verdad significa que "en tanto que no existen las expresiones absolutas de la verdad, sí hay compromisos absolutos —tiene que ser así si la religión ha de representar algún profético en este mundo en peligro".[27] En un diálogo interreligioso esto se traduciría en la preservación de nuestras diferencias con dignidad y respeto mutuo.

La premisa 5 describe el carácter del respeto mutuo como conteniendo tolerancia crítica y compasión moral. Si nos sentimos seguros en nuestra diferencia, nos animamos a criticar constructivamente y así aprendemos unos de otros. Nuestra crítica ha de ser constructiva, tolerante y apuntalada por compasión moral hacia los demás. En una atmósfera así, el pluralismo abre la oportunidad a la autoevaluación y el desarrollo. Sugiere que toda actividad teologizante debería, por así decir, ser escuchada por los teólogos de otras religiones. La teología resultante sería más honesta y humilde que aquella a la que estábamos acostumbrados.[28]

La premisa 6 declara que el crecimiento espiritual no surge del aislacionismo ni del exclusivismo religiosos sino del contexto del pluralismo religioso. Nuestro repaso de cada religión demuestra que en todos los casos los periodos creativos estuvieron marcados por el reto del pluralismo. Esta premisa está también sustentada en la experiencia de los que consistentemente han mantenido el diálogo, esto es, que el resultado es un enriquecimiento y una profundización de la propia experiencia religiosa. Quedará por explorar, en futuros diálogos, si esa profundización espiritual puede llegar a una experiencia compartida de trascendencia (como informa Samartha) o, en palabras de Tillich, un punto en el que la particularidad desemboca en libertad espiritual —y en una visión de la presencia espiritual en otras expresiones.

La premisa 7 es una percepción de Paul Knitter. Más que buscar un concepto teocéntrico, cristocéntrico o pluralista en el cual fundamentar el diálogo interreligioso, Knitter, como resultado de su experiencia con la teología de la liberación y con religiones diferentes a la suya, propone dirigir la atención, en la práctica de las religiones, en "el otro sufriente" y "la tierra sufriente".[29] Esta orientación práctica, sugiere Knitter, puede aportar sólidas posibilidades para alcanzar el entendimiento mutuo y la acción ética cooperadora sobre problemas globales. Esta percepción de Knitter ha sido verificada empíricamente durante los últimos diez años en mi trabajo como director del Centro para Estudios sobre Religión y Sociedad de la Universidad de Victoria, en Victoria, Columbia Británica, Canadá. Una parte importante del trabajo del Centro ha consistido en reunir equipos de teólogos de la ética (de todas las religiones), científicos, sociólogos y humanistas para trabajar con los principales problemas globales. Diferentes equipos de investigación han abordado: población, consumo y ecología; cómo desplegar una ética de servicios de salud con sensibilidad intercultural; conciencia religiosa, el estado y el derecho; y ética e ingeniería genética. Cada uno ha producido libros importantes.[30] Sin embargo, lo que es crucial para nuestro análisis aquí es que, en los dos o tres años de experiencia de cada uno de estos equipos de investigación, se sostuvo la veracidad de la percepción de Knitter. Mientras trabajaban en estas cuestiones globales, los participantes adquirieron una mayor comprensión de aquellos que pertenecían a religión diferente y encontraron maneras cooperativas de responder de sus tradiciones. El problema que los reunió (por ejemplo, "la tierra sufriente", con su carga de sobrepoblación y consumo excesivo) procuró el terreno común para el diálogo con mucho mayor fruto que si se hubiera pretendido forjar un concepto teológico como base.

Un requisito fundamental para el diálogo del futuro es que los participantes posean información correcta acerca de la religión de los otros. No llenar este requisito es tal vez el obstáculo mayor para el éxito del diálogo religioso. Hoy la mayor parte de las personas desconocen su propia religión así como las demás religiones. La disciplina académica de los estudios religiosos tiene un papel principal en la superación de este problema. El conocimiento intelectual de los datos de las religiones es necesario, pero no suficiente. No seremos capaces de empatizar con el sentido de la realidad trascendente que las formas de cada religión aspiran a comunicar si sólo se tienen conocimientos intelectuales o superficiales. La verdadera empatía y entendimiento exige que aprendamos otras lenguas, porque en la lengua están los matices de la experiencia trascendente que con frecuencia se pierden en la traducción, El requisito académico para el futuro diálogo es

205

inflexible y de gravedad, ya que se requiere dedicación y esfuerzo de todos los que deseen participar en él.

Anteriormente, muchos esfuerzos por establecer un diálogo han fracasado porque ese requisito no se cumplía. Grupos de bienintencionados judíos, cristianos, musulmanes, hindúes y budistas han sostenido reuniones con cortesía y amabilidad, y han vuelto a casa sin haber apenas penetrado en la forma de pensamiento de sus colegas. Aunque reuniones de este tipo han producido un piadoso respeto por los demás en su condición de finas personas religiosas, no han generado la profunda autocrítica y renovación espiritual (premisa 6) que el diálogo del futuro debe alcanzar. Si se emprenden y desarrollan estudios serios entre especialistas de otras lenguas, entonces los departamentos de estudios religiosos harán contribuciones importantes y oportunas. Las universidades de Canadá, Estados Unidos, Australia y Europa ofrecen programas sólidos y rigurosos de este tipo. Pero en otros lugares, en la India, por ejemplo, existen graves debilidades. Aunque sí se provee la oportunidad de estudiar religiones orientales con seriedad —incluyendo lenguas: sánscrito, tibetano y chino—, no se puede decir que lo mismo ocurra con las religiones occidentales, el hebreo, el griego y el árabe. Hasta que no se corrija esta deficiencia fundamental, los participantes indios que participen en diálogos interreligiosos se verán coartados por no poseer los requisitos para el diálogo efectivo. Es urgente abrir en las universidades de la India departamentos de estudios religiosos en los que se procure las mismas oportunidades para el estudio de las principales religiones y lenguas. Demos un paso adelante, y esperemos que en el futuro los seminarios en todo el mundo entiendan y reaccionen al hecho de que este tipo de estudio es un requisito indispensable para una teologización significativa.

En su libro *Towards a World Theology*, Wilfred Cantwell Smith destaca la importancia de la lengua en el diálogo religioso futuro. Aunque concuerda en que el conocimiento de la lengua de los demás es esencial, va un paso adelante y sugiere la necesidad de que haya términos operativos o genéricos comunes. Propone la construcción de categorías conceptuales para facilitar el diálogo, y da los primeros pasos definiendo los términos "fe", "salvación", "teología" y "Dios".[31] Nosotros aquí hicimos algo parecido para facilitar nuestras formulaciones (por ejemplo, nuestro uso general de la teología), pero se corre un gran peligro. Dada la inclinación de los eruditos a crear su propio universo cognitivo con la construcción de términos genéricos, hacerlo puede conducir a la formación de un metalenguaje, que no sería más que una forma de pensamiento más que agregar a las ya existentes. Naturalmente, no es necesario que esto ocurra si los eruditos tienen cuidado de no dar un estatus ontológico a sus categorías descriptivas. La mejor salvaguarda contra semejante peligro sería dejar que las diversas religiones hablen en la mayor medida posible en su propia lengua y con sus formas de pensamiento. Si en el curso del diálogo surgen términos útiles y aceptables, entonces el proceso de comunicación mejorará. Pero que los académicos se pongan deliberadamente a construir términos genéricos para el futuro diálogo, tal como Smith propone, es peligroso y desaconsejable. La propuesta de Knitter de que el diálogo y el estudio estén basados en la praxis ayudará a evitar estos problemas.

El análisis de las premisas y prerrequisitos anteriores no es más que un intento de comenzar a sentar las bases para el diálogo religioso futuro. Por ello, necesariamente sólo son esbozos, están incompletos y en algunas de sus partes hasta erróneamente concebidos. Pero representan el intento de reflexionar autocríticamente sobre las experiencia del pasado, y a partir de ahí formular algunos lineamientos para el diálogo, en el cual yace el futuro de las religiones.

Notas

Capítulo 1

1. Los especialistas difieren en el uso del término "judaísmo". Algunos, sobre todo los judíos, ven una continuidad desde sus comienzos entre los antiguos israelitas hasta las formas completamente desarrolladas del judaísmo, y usan el término para cubrir toda la historia; por ejemplo, véase Salo W. Baron, *A Social and Religious History of the Jews*, Nueva York, Columbia University Press, 1952. Otros estudiosos diferencian entre el hebraísmo clásico (el antiguo Israel desde Abraham hasta el exilio babilónico) y el judaísmo tal como emergió después del exilio babilónico; véase, por ejemplo, W. F. *Albright, From the Stone Age to Christianity*, Nueva York, Anchor, 1957. Para los fines de este libro adoptamos la primera interpretación.
2. Jacob Neusner, *The Way of the Torah: An Introduction to Judaism*, Belmont, CA, Dickenson, 1974, pp. 3-4.
3. Peter C. Craigie, *The Book of Deuteronomy*, William B. Eerdmans, Grand Rapids, 1976, p. 28.
4. *Ibíd.*, pp. 377-378.
5. *Ibíd.*, p. 379.
6. R. J. Zwi Werblowsky, "Judaism, or the Religion of Israel", en R. C. Zaehner (ed.), *The Concise Encyclopedia of Living Faiths*, Hawthorn Books, Nueva York, 1959, p. 31.

7. *Ibíd.*

8. J. Kenneth Kuntz, *The People of Ancient Israel*, Harper & Row, Nueva York, 1974, p. 356. Véase también Lamentaciones 2:4, Salmo 137 y Ezequiel 1-24.

9. *Ibíd.*, p. 416.

10. Steven Fine (ed.), *Sacred Realm: The Emergence of the Synagogue in the Ancient World*, Oxford, Nueva York, 1996, p. 10.

11. E. R. Goodenough, *An Introduction to Philo Judaeus*, Oxford, Blackwell, 1962. Véase también "Philo Judaeus", en *Encyclopedia Judaica*, Keter, Jerusalém, 1971.

12. Véase Raimundo Panikkar, *The Unknown Christ of Hinduism*, ed. revisada, Maryknoll, Nueva York, Orbis, 1981; y John B. Cobb, Jr., *Christ in a Pluralistic Age*, Westminister, Filadelfia, 1975.

13. "Philo Judaeus", en *Encyclopedia Judaica*.

14. "Philosophy, Jewish", en *Encyclopedia Judaica*.

15. Citado en A. Cohen, *The Teachings of Maimonides*, Ktav, Nueva York, 1968, pp. 116-117.

16. Citado en *ibíd.*, p. 120.

17. Moses Mendelssohn, *Jerusalem*, trad. de Alfred Josepe, Nueva York, Schocken, 1969.

18. *Ibíd.*, p. 66.

19. *Ibíd.*, p. 107.

20. *Ibíd.*, pp. 108-109.

21. Emil L. Fackenheim, *Encounters between Judaism and Modern Philosophy*, Nueva York, Basic Books, 1973, p. 173.

22. *Ibíd.*

23. *Ibíd.*, p. 174.

24. *Ibíd.*

25. *Ibíd.*, p. 192.

26. *Ibíd.*, p. 197.

27. Véase Franz Rosenzweig, *The Star of Redemption*, trad. de W. W. Hallo, Holt, Rinehart & Winston, Nueva York, 1971; y *Judaism Despite Christianity: The "Letters on Christianity and Judaism" between Eugen*

Rosenstock-Huessy and Franz Rosenzweig, University of Alabama Press, Tuscaloosa, 1969.

28. Nahum N. Glatzer, *Franz Rosenzweig: His Life and Thought*, Schocken, Nueva York, 1953, p. xxiii.

29. *Ibíd.*, p. xxv.

30. *Ibíd.*, p. xxvi.

31. Rosenzweig, *Star of Redemption*, p. 416.

32. Glatzer, p. 203.

33. Rosenzweig, *Judaism Despite Christianity*, p. 68.

34. *Ibíd.*

35. S. Daniel Breslauer, *The Ecumenical Perspective and the Modernization of Jewish Religion*, Scholars Press, Missoula, 1978.

36. *Ibíd.*, p. 17.

37. *Ibíd.*, p. 18.

38. *Ibíd.*, p. 19.

39. Jacob B. Agus, *Dialogue and Tradition: The Challenges of Contemporary Judeo-Christian Thought*, Abelard Schuman, Nueva York, 1971, p. 429.

40. Abraham J. Heschel, *The Insecurity of Freedom: Essays in Applied Religion*, Farrar, Straus & Giroux, Nueva York, 1966, p. 182.

41. Breslauer, p. 20.

42. Breslauer, p. 21. Breslauer identifica aquí a Agus, Gordis y Heschel.

43. Abraham J. Heschel, *Man Is Not Alone: A Philosophy of Religion*, Harper & Row, Nueva York, 1951, p. 171.

44. Paul Tillich, *The Protestant Era*, Chicago, Phoenix, 1963, p. VIII.

45. Véase Michael A. Meyer, *The Origins of the Modern Jew*, Wayne State University Press, Detroit, 1967.

46. "Tillich, Life and the Spirit" en vol. 3 de *Systematic Theology*, Chicago, University of Chicago Press, 1963, especialmente pp. 162-244. Para un pensador actual que afirma que para vivir en un mundo plural los judíos pueden y deben abandonar la convicción de que su comprensión de la Divinidad es definitiva y final, véase Daniel Cohn-Sherbok, "Jewish Religious Pluralism", *Cross-Currents*, 46, 1996, pp. 362-342.

47. Martin S. Jaffe, *Comunicación personal*, Universidad de Washington, 15 de octubre de 1999.
48. Werblowsky, p. 49.
49. *Ibíd.*
50. M. Amon (de la Universidad de Columbia Británica, Vancouver) dijo esto en una carta que me envió en junio de 1983. Véase también Aviezen Ravitzky, *Messianism, Zionism and Jewish Religious Radicalism*, University of Chicago Press, Chicago, 1995.
51. Martin Bubber y Hermann Cohen, "A Debate on Zionism and Messianism", en P. R. Mendes-Flour y J. Reinharz (eds.), *The Jew in the Modern World*, Oxford University Press, Nueva York, 1980, pp. 448-453.
52. En la Declaración de Independencia de Israel, por ejemplo, se incluye la garantía de la "libertad de religión". Este país ejerce la apertura hacia otras religiones, especialmente el cristianismo y el islamismo, basándose en el precepto bíblico de Éxodo 23:9: "vosotros sabéis cómo se halla el alma del extranjero, ya que extranjeros fuisteis en la tierra de Egipto". Las dos principales religiones no judaicas representadas en Israel son el cristianismo y el islamismo. Véase Joseph Badi, *Religion in Israel Today*, Bookman Associates, Nueva York, 1959, p. 55. Para un comentario judío ortodoxo véase Mayer Schiller, "We Are Not Alone in the World", *Tibbun*, 11, marzo de 1996, pp. 59-60.

Capítulo 2

1. Por ejemplo, véase Paul Tillich, *The Future of Religions*, Harper & Row, Nueva York, 1966; J. M. Carmody, "A Next Step for Catholic Theology", *Theology Today*, 32, 1976, pp. 371-381; Klaus Klostermaier, "A Hindu Christian Dialogue on Truth", *Journal of Ecumenical Studies*, 12, 1975, pp. 157-173; R. H. Drummond, "Christian Theology and the History of Religions", *Journal of Ecumenical Studies*, 12, 1975, pp. 389-405; John Hick, *God and the Universe of Faiths*, Londres, Macmillan, 1973; Hans Küng, *On Being a Christian*, Doubleday, Nueva York,

1976; Karl Rahner, *Anonymous and Explicit Faith*, vol. 16 de *Theological Investigations*, Seabury Press, Nueva York, 1979; Raimundo Panikkar, *The Trinity and the Religious Experience of Man*, Darton, Longman & Todd, Londres, 1973; J. A. T. Robinson, *Truth Is Two-Eyed*, SCM Press, Londres, 1979; W.C. Smith, *Towards a World Theology*, Westminster Press, Filadelfia, 1981; Alan Race, *Christians and Religious Pluralism*, Maryknoll, Orbis, Nueva York, 1985; Paul Knitter, *No Other Name; A Critical Survey of Christian Attitudes Toward the World Religions*, Maryknoll, Orbis, Nueva York, 1985; Gavin D'Costa, *Theology and Religious Pluralism*, Oxford, Basil Blackwell, 1986; John Hick y Paul Knitter (eds.), *The Myth of Christian Uniqueness: Toward a Pluralistic Theology of Religions*, Maryknoll, Orbis, Nueva York, 1987; John Cobb, Jr., y Christopher Ives (eds.), *The Emptying God: A Buddhist-Jewish-Christian Conversation*, Maryknoll, Orbis, Nueva York, 1990; Diana Eck, *Encountering God: A Spiritual Journey from Bozeman to Banaras*, Boston, Beacon, 1993; John Hick, *A Christian Theology of Religions: The Rainbow of Faiths*, John Knox, Louisville, 1995; Jacques Dupuis, S. J., *Toward a Christian Theology of Religious Pluralism*, Maryknoll, Orbis, Nueva York, 1997; Paul Knitter, *Jesus and the Other Names: Christian Mission and Global Responsibility*, Maryknoll, Orbis, Nueva York, 1996. Esta lista no es exhaustiva en absoluto. Por supuesto también es cierto que muchos teólogos fundamentalistas o evangélicos no están preparados para siquiera considerar semejantes cambios de posición.

2. Robley E. Whitson, *The Coming Convergence of World Religions*, Newman, Nueva York, 1971.

3. John S. Dunne, *The Way of All the Earth*, Macmillan, Nueva York, 1972. Para un análisis de mi experiencia personal en este sentido véase Harold Coward, "Hinduism's Sensitizing of Christianity to Its Own Sources", *Dialogue & Alliance*, 7:2, 1993, pp. 77-85.

4. Lucien Richard, *What Are They Saying about Christ and World Religions?*, Paulist Press, Nueva York, 1981, p. 3.

5. M. Wiles, "Christianity Without Incarnation?", en John Hick (ed.), *The Myth of God Incarnate*, Westminster Press, Filadelfia, 1977, p. 1.

6. E. D. Piryns, "The Church and Interreligious Dialogue: Present and Future", *Japan Missionary Bulletin*, 4, 1978.
7. *Ibíd.*, p. 173.
8. Wilfred Cantwell Smith, *The Faith of Other Men*, Harper & Row, Nueva York, 1972, pp. 9-23.
9. Piryns, p. 175.
10. K. S. Latourette, *A History of Christianity*, Eyre & Spottiswoode, Londres, 1955, p. 36.
11. *Ibíd.*, p. 79. Hugo Meynell ha demostrado que precisamente esta relación de identidad entre Jesús y Dios es definitiva para la fe cristiana ("Myth in Christian Religion", *Theolinguistics*, 8, 1983, pp. 133-141.
12. J. Jeremias, *Jesus' Promise to the Nations*, SCM Press, Londres, 1967. Knitter se ha centrado recientemente en esta relación pactada como fundamento para la reinterpretación de la singularidad del cristianismo. Paul Knitter, *Jesus and the Other Names*, *op. cit.*, p. 174, n. 6.
13. Jean Milet, *God or Christ: The Excesses of Christocentricity*, Crossroad, Nueva York, 1981, p. 10. Para un enfoque claro y equilibrado de hasta qué punto se puede atribuir esto al Jesús histórico o a las declaraciones de fe de las primeras iglesias cristianas véase Marcus J. Borg, *Meeting Jesus Again for the First Time*, Harper, San Francisco, 1995.
14. *Ibíd.*, p. 20.
15. Richard, *op. cit.*, pp. 6-7.
16. *Ibíd.*, p. 7.
17. Milet, *op. cit.*, pp. 18-19.
18. Krister Stendahl, "Notes for Three Bible Studies", en G. H. Anderson y T. F. Stransky (eds.), *Christ's Lordship and Religious Pluralism*, Maryknoll, Orbis, Nueva York 1981, p. 10.
19. *Ibíd.*, pp. 15-17.
20. Para una colección de estudios bíblicos sobre pasajes claves del Nuevo Testamento véase Kenneth Cracknell, *Why Dialogue?: A First British Comment on the WCC Guidelines*, Londres, British Council on Churches, 1980.
21. Latourette, *op. cit.*, pp. 120-121.

22. *Ibíd.*, p. 122.
23. H. W. Robinson, *Inspiration and Revelation in the Old Testament*, Oxford, Oxford University Press, 1950.
24. Latourette, *op. cit.*, p. 123.
25. *Ibíd.*, p. 124.
26. *Ibíd.*
27. Gerard Vallee, *A Study in Anti-Gnostic Polemics*, Wilfrid Laurier University Press, Waterloo, Canadá, 1981, p. 99.
28. El resumen que sigue está tomado de Latourette, *op. cit.*, pp. 142ss.
29. *Ibíd.*, p. 143.
30. Jaroslav Pelikan, *The Growth of Medieval Theology* (600-1300), vol. 3 de *The Christian Tradition*, University of Chicago Press, Chicago, 1977, p. 193.
31. Pelikan, *The Spirit of Eastern Christiandom* (600-1700), vol. 2 de *The Christian Tradition*, p. 289.
32. *Ibíd.*, p. 240.
33. *Ibíd.*, p. 287.
34. Véase, por ejemplo, Jacob Needleman, *The New Religions*, Doubleday, Garden City, 1970; y Harvey Cox, *Turning East*, Simon & Schuster, Nueva York, 1977.
35. "Declaration on the Relationship of the Church to Non-Christian Religions", en W. M. Abbott (ed.), *The Documents of Vatican II*, Guild Press, Nueva York, 1966.
36. En la reunión del comité central del Congreso Mundial de Iglesias (CMI), en Addis Abeba, en enero de 1971, se decidió establecer una subunidad para el diálogo (DIF) en Ginebra, con el fin de alentar el diálogo con otras religiones. En 1977, ante una fuerte oposición y acusaciones de sincretismo y de desdeñar el evangelismo, la DIF logró organizar una consulta mundial sobre el tema "Diálogo en comunidad", en Chiang Mai, Tailandia. Reuniones y diálogo con otros credos han continuado a lo largo de los años. Por ejemplo, en las reuniones del CMI de 1999, en Harare, se invitó a estudiosos de varias religiones; un hindú, Anatanand Rambachan, se dirigió a la asamblea. El CMI

publica también un periódico dedicado a las relaciones entre credos, titulado *Current Dialogue*, que ya va en el volumen 34.

37. Véase, por ejemplo, Cracknell.

38. En las reuniones anuales de la Academia Americana de Religiones, el pluralismo religioso ha sido el punto central de un número cada vez mayor de debates y ponencias.

39. Immanuel Kant, *Religion Within the Limits of Reason Alone*, Harper Torchbooks, Nueva York, 1960.

40. Friedrich Schleiermacher, *On Religion*, Harper & Row, Nueva York, 1958.

41. D. F. Strauss, *The Life of Jesus Critically Examined*, trad. de M. Evans, Calvin Blanchard, Nueva York, 1860.

42. Ernst Troeltsch, "The Place of Christianity Among the World Religions", en John Hick y Brian Hebblethwaite (eds.), *Christianity and Other Religions*, Fount, Glasgow, 1980, pp. 11-31.

43. *Ibíd.*, pp. 29-30.

44. Karl Barth, "The Revelation of God as the Abolition of Religion", en *Christianity and Other Religions*, p. 32. Este artículo es una reimpresión del capítulo 17 de la 2a. parte de *The Doctrine of the Word of God*, vol. 1 de *Church Dogmatics*, Clark, Edimburgo, 1961.

45. *Ibíd.*, p. 33.

46. *Ibíd.*, pp. 34-39.

47. *Ibíd.*, pp. 50-51.

48. Véase Richard, p. 12. Para un excelente análisis de Barth sobre otras religiones y San Pablo, véase S. G. Wilson, "Paul and Religion", en M. D. Hooker y S. G. Wilson (eds.), *Paul and Paulism*, SPCK, Londres, 1982, pp. 339-354. Wilson demuestra definitivamente que tanto la posición de san Pablo como la de Barth se basan en un apriori, esto es, que salvo la revelación de Dios en Cristo toda religión es falsa por definición.

49. Véase, por ejemplo, *Mekilta de Rabbi Ishmael*, trad. de Lauterbach, vol. 2, Jewish Publication Society of America, Filadelfia, 1976, p. 234.

50. El resumen que sigue se basa en Demetrios J. Constantelos, "An Orthodox Perspective", en *Christ's Lordship and Religious Pluralism*, pp. 181-190. El enfoque teocéntrico del pensamiento ortodoxo se refleja también en Kallistos Ware, "The Spiritual Father in Orthodox Christianity", *Cross. Currents*, 24, 1974, pp. 296-320.

51. Platón, *Critón* 47D-49B.

52. Constantelos, *op. cit.*, p. 186.

53. John Meyendorff, "The Christian Gospel and Social Responsibility", en E. G. Church y T. George (eds.), *Continuity and Discontinuity in Church History*, E. J. Brill, Leiden, 1979, p. 123.

54. *Ibíd.*, p. 126.

55. *Ibíd.*, p. 189.

56. Paul Tillich, *The Courage to Be*, Fontana, Londres, 1962, pp. 180-183. Véase también su *Systematic Theology*, University of Chicago Press, Chicago, 1951, vol 1, p. 237; vol. 2, p. 150.

57. El resumen que sigue se basa en Paul Tillich, *Christianity and the Encounter of the World Religions*, Columbia University Press, Nueva York, 1963; reimpreso en *Christianity and Other Religions*.

58. *Ibíd.*, p. 111 (en *Christianity and Other Religions*).

59. *Ibíd.*, p. 112.

60. *Ibíd.*, p. 121.

61. Tillich, *Systematic Theology*, vol. 1. Se puede cuestionar que incluyamos a Tillich en la categoría de cristocentrismo. Tillich efectivamente reconoce que en Jesús crucificado se encuentran los criterios con los que el cristianismo debe juzgarse a sí mismo y a las otras religiones (*Christianity and the Encounter of the World Religions*), p. 82. Pero la insistencia que hace en el "Dios por encima de los Dioses" y "el Espíritu Santo", con un desarrollo comparativamente superficial de la cristología en su *Systematic Theology* me llevaron a incluirlo en el grupo de los teocentristas. Es evidente que su enfoque es inclusivista.

62. John Hick, "Whatever Path Men Choose Is Mine", en *Christianity and Other Religions*, pp. 171-190.

63. *Ibíd.*, p. 180.

64. *Ibíd.*, p. 182.

65. *Ibíd.*, p. 183.

66. James D. G. Dunn, *Christology in the Making*, Westminster Press, Filadelfia, 1980, pp. 62-63. Los estudiosos contemporáneos del Nuevo Testamento están divididos entre los que consideran que Jesús se veía a sí mismo como un profeta judío revolucionario (como Dominic Crossan) o un profeta espiritual (como Marcus Borg) y los que consideran que Jesús se proclama como un profeta judío, el Mesías de Israel, el elegido de Dios, que inaugura el reino de Dios (como N. T. Wright). Véase Marcus Borg y N. T. Wright, *The Meaning of Jesus: Two Visions*, Harper, San Francisco, 1999.

67. Hick, p. 185.

68. *Ibíd.* Los estudiosos de la Biblia los presentan como declaraciones de fe de la iglesia primitiva.

69. *Ibíd.*, p. 186.

70. John Hick, *God Has Many Names*, Macmillan, Londres, 1980. Hick ha seguido refinando su posición sin ningún cambio fundamental. Véase su reciente *A Christian Theology of Religions: The Rainbow of Faiths*, John Knox, Louisville, 1995.

71. John Hick, "The Theology of Religious Pluralism", *Theology*, 86, 1983, p. 336. Para una crítica completa del pluralismo teocéntrico de Hick véase Gavin D'Costa, *Theology and Religious Pluralism: The Challenge of Other Religions*, Basil Blackwell, Oxford, 1986, pp. 22-51. Hick responde a las críticas que se han levantado contra su enfoque fundamental en el amor universal salvífico de Dios (inaceptable para los budistas y algunos hindúes, por ejemplo) sustituyendo el término "lo Real" por Dios. D'Costa afirma que esto no ayuda sino que crea más problemas, en el sentido de que, a menos que el amor universal de Dios sea la realidad última, "lo Real", el modelo plural de Hick no se sostiene. Así, cambiar el nombre Dios por "lo Real" no resuelve el problema para las tradiciones no teístas tales como el budismo. D'Costa concluye que "el intento de Hick de genuinamente ajustarse a las religiones del mundo termina no acomodándose a ninguna, el cristianismo incluido". Véase

Gavin D'Costa, "The New Missionary: John Hick and Religious Plurality", *International Bulletin of Missionary Research*, 15, 1991, p. 66. Entre otros críticos de Hick está John Lyden, "Why Only 'One' Divine Reality? A Critique of Religious 'Pluralism'", *Dialogue & Alliance*, 8, 1994, pp. 60-74; y Paul Eddy, "Religious Pluralism and the Divine: Another Look at John Hick's Neo-Kantian Proposal", *Religious Studies*, 30, 1994, pp. 467-478. Eddy concluye que la caracterización que D'Costa hace de la posición de Hick, "agnosticismo trascendental", es correcta.

72. Wilfred Cantwell Smith, *The Faith of Other Men*, p. 98.

73. *Ibíd.*, p. 123.

74. *Ibíd.*, p. 129.

75. *Ibíd.*, pp. 130-131.

76. *Ibíd.*, p. 132.

77. *Ibíd.*, p. 133.

78. *Ibíd.*, p. 139.

79. *Ibíd.*

80. Wilfred Cantwell Smith, *The Meaning and End of Religion*, Harper & Row, Nueva York, 1978, p. 140.

81. *Ibíd.*, p. 201.

82. *Ibíd.*

83. Wilfred Cantwell Smith, "Participation: The Changing Christian Role in Other Cultures", en W. G. Oxtoby (ed.), *Religious Diversity*, Harper & Row, Nueva York, 1976, pp. 131-132.

84. Smith, "Objectivity and the Humane Sciences: A New Proposal", en *Religious Diversity*, p. 178.

85. Wilfred Cantwell Smith, *Towards a World Theology*, Westminster Press, Filadelfia, 1981, p. 89. Para una crítica de este libro véase John Berthrong, "The Theological Necessity of Pluralism", *Toronto Journal of Theology*, 5, 1989, pp. 188-205.

86. *Ibíd.*, p. 103.

87. *Ibíd.*

88. Paul Knitter, *No Other Name?*, p. 32.

89. *Ibíd.*, p. 219.

90. Paul Knitter, "Toward a Liberation Theology of Religions", en John Hick y Paul Knitter (eds.), *The Myth of Christian Uniqueness*, Maryknoll, Orbis, Nueva York, 1987, pp. 181ss.

91. Stendahl, pp. 7-18.

92. Véase Hick, "Whatever Path Men Choose Is Mine", *op. cit.*, p. 179.

93. John Cobb, *Christ in a Pluralistic Age*, Westminster Press, Filadelfia, 1975.

94. Wolfhart Pannenberg, *Jesus – God and Man*, Filadelfia, Westminster Press, 1968, p. 37. Para una valoración reciente véase Steffen Losel, "Wolfhart Panneberg's Response to the Challenge of Religious Pluralism: The Anticipation of Divine Absoluteness", *Journal of Ecumenical Studies*, 34, 1997, pp. 499-519.

95. Pannenberg, "The Revelation of God in Jesus of Nazareth", en J. M. Robinson (ed.), *Theology as History*, Macmillan, Nueva York, 1967, p. 133.

96. Citado en Waldron Scott, 'No Other Name'? – An Evangelical Conviction", en *Christ's Lordship and Religious Pluralism*, pp. 59-60.

97. Citado en *Ibíd.*, p. 65.

98. *Ibíd.*

99. *Ibíd.*, p. 68.

100. Clark Pinnock, "An Inclusivist View", en D. L. Akholm y T. R. Phillips (eds.), *Four Views on Salvation in a Pluralist World*, Zondervan, Grand Rapids, 1996, p. 95.

101. *Ibíd.*, p. 106.

102. *Ibíd.*, p. 114.

103. Karl Rahner, "Christianity and the Non-Christian Religions", en *Christianity and Other Religions*, pp. 52-79.

104. *Ibíd.*, p. 63.

105. *Ibíd.*, pp. 76-77.

106. *Ibíd.*, p. 78.

107. Richard, *op. cit.*, p. 35.

108. Gavin D'Costa, *Theology and Religious Pluralism*. Véase también su *John Hick's Theology of Religions: A Critical Evaluation*, University Press of America, Lanham, 1987, y "The New Missionary: John Hick and Religious Plurality".

109. D'Costa, *Theology and Religious Pluralism*, pp. 117-136. D'Costa tiene un nuevo libro que apareció en la primavera de 2000 en Orbis, que es muy posible que desarrolle estos temas.

110. Jacques Dupuis, S. J., *Toward a Christian Theology of Religious Pluralism*.

111. *Ibíd.*, p. 10

112. *Ibíd.*, p. 23.

113. John V. Taylor, "The Theological Basis of Interfaith Dialogue", en *Christianity and Other Religions*, pp. 226-227.

114. *Ibíd.*, p. 218.

115. *Ibíd.*, p. 226.

116. Stanley J. Samartha, *Courage for Dialogue*, Maryknoll, NY, Orbis, 1981.

117. *Ibíd.*, p. 96.

118. *Ibíd.*, p. 97.

119. *Ibíd.*, p. 98.

120. *Ibíd.*, p. 99.

121. *Ibíd.*, p. 12.

122. *Ibíd.*, p. 98.

123. Raimundo Panikkar, *The Unknown Christ of Hinduism*, ed. revisada, Maryknoll, Orbis, Nueva York, 1981, p. 7. Para una valoración de la importancia del pensamiento de Panikkar en la discusión sobre el "pluralismo teórico" véase Gerald Larson, "Contra Pluralism", *Soundings*, 73, 1990, pp. 303-326.

124. *Ibíd.*

125. Harold Coward, "A Critical Analysis of Raimundo Panikkar's Approach to Inter-Religious Dialogue", *Cross-Currents*, 29, 1979, pp. 183-190.

126. Panikkar, p. 7.

127. *Ibíd.*, p. 12.

128. *Ibíd.*, p. 25.

129. *Ibíd.*, p. 26.
130. *Ibíd.*, p. 27.
131. *Ibíd.*, p. 29.
132. *Ibíd.*, p. 30.
133. *Ibíd.*, pp. 14ss.
134. *Ibíd.*, p. 21.
135. *Ibíd.*, p. 22.
136. *Ibíd.*
137. *Ibíd.*
138. Panikkar, *The Trinity and the Religious Experience of Man*, Maryknoll, Orbis, Nueva York, 1973, p. 42.
139. *Ibíd.*, p. 43.
140. *Ibíd.*, p. 52.
141. *Ibíd.*, p. 54.
142. *Ibíd.*, p. 58. Véase también Raimundo Panikkar, "The Jordan, the Tiber and the Ganges", en John Hick y Paul Knitter (eds.), *The Myth of Christian Uniqueness*, Maryknoll, Orbis, Nueva York, 1987, pp. 89-116.
143. Paul Knitter, *Jesus and the Other Names. op.cit.*
144. *Ibíd.*, p. 1.
145. *Ibíd.*, p. 16.
146. *Ibíd.*, p. 17.
147. *Ibíd.*, p. 19.

Capítulo 3

1. J. A. Hutchinson, *Paths of Faith*, 3a. ed., McGraw-Hill, Nueva York, 1981, p. 399.
2. *Ibíd.*, p. 400.
3. P. C. Craigie, *The Problem of War in the Old Testament*, William B. Eerdmans, Grand Rapids, 1978, p. 22.
4. Los musulmanes efectivamente formaron grupos minoritarios, por ejemplo en el imperio otomano antes de 1516, en el imperio mogul y durante el mandato de Umayyad en España.

5. Jacques Waardenburg, "World Religions as Seen in the Light of Islam", en A. Welch y P. Cachia (eds.), *Islam: Past Influence and Present Challenge*, Edinburgh University Press, Edimburgo, 1979, pp. 248-249.
6. Yvonne Haddad, "The Islamic Alternative", *The Link*, 15, 1982, p. 2.
7. 'Abd al-Tafahum, "Doctrine", in *Islam*, vol. 2 of *Religions in the Middle East: Three Religions in Concord and Conflict*, ed. A. J. Arberry, Cambridge University Press, Cambridge, 1969, p. 393.
8. *Ibíd.*
9. Fazlur Rahman, *Major Themes of the Qur'an*, Biblioteca Islámica, Chicago, 1980, p. 163.
10. *Ibíd.*, p. 164.
11. *Ibíd.*
12. Citado en *Ibíd.*, p. 165.
13. Citado en *Ibíd.*, p. 167.
14. Citado en Rahman, *Islam*, Anchor, Nueva York, 1966, pp. 15-16.
15. *Ibíd.*, p. 23.
16. Véase, por ejemplo, M. Perlmann, "The Medieval Polemics between Islam and Judaism", en S. D. Goitein (ed.), *Religion in a Religious Age*, Association for Jewish Studies, Cambridge, 1974, pp. 103-138.
17. Waardenburg, *op. cit.*, p. 255.
18. *Ibíd.* Waardenburg proporciona una lista detallada de autores y obras.
19. *Ibíd.*, p. 256.
20. *Ibíd.*
21. *Ibíd.*, p. 257. Este argumento se convirtió en una espada de dos filos, porque los estudiosos musulmanes leyeron entonces la Torá y encontraron que se menciona la venida de Mahoma y del islamismo.
22. *Ibíd.*, p. 258.
23. W. Montgomery Watt, "The Christian Criticized in the Qur'an", *Muslim World*, 57:3, 1967, pp. 197-201.
24. Waardenburg, *op. cit.*, p. 259.
25. Pruebas detalladas de estas afirmaciones se dan en Waardenburg, *op. cit.*, pp. 260-261.
26. *Ibíd.*

27. Véase H. G Dorman, Jr., *Toward Understanding Islam: Contemporary Apologetic of Islam and Missionary Policy*, Columbia University Press, Nueva York, 1948. Véase también Tarek Mitri, "Minority Rights in a Christian-Muslim Perspective", *Current Dialogue*, 33, 1999, p. 47.

28. William Shepard, "A Modernist View of Islam and Other Religions", *Muslim World*, 65:2, 1975, pp. 79-92.

29. *Ibíd.*

30. *Ibíd.*, p. 91.

31. *Ibíd.*, p. 88.

32. M. Freedman, *Journal of the American Oriental Society*, 95, 1975, p. 219.

33. Rahman, *Islam*, p. xxii.

34. *Ibíd.*

35. El resumen anterior del budismo en el islamismo medieval está basado en Waardenburg, *op. cit.*, pp. 251-252.

36. Rahman, *Islam, op. cit.*, p. 159.

37. Aziz Ahmad, *Studies in Islamic Culture in the Indian Environment*, Clarendon Press, Oxford, 1964, pp. 125-126.

38. R. A. Nicholson, *The Mystics of Islam*, 1914; reimpresión, PA, Routledge, Chester Springs, 1962, pp. 16-17.

39. Waardenburg, *op. cit.*, p. 253.

40. *Ibíd.*

41. *Ibíd.*, p. 254. Los artículos de Friedmann son: "The Temple of Multan: A Note on Early Muslim Attitudes to Idolatry", *Israel Oriental Studies*, 2, 1972, pp. 176-182; y "Medieval Muslim Views of Indian Religions", *Journal of American Oriental Society*, 95:2, 1975, pp. 214-221.

42. *Ibíd.*

43. *Ibíd.*, p. 255.

44. Citado en Seyyed Hossein Nasr, *Sufi Essays*, Nueva York, Schocken, 1977, p. 139.

45. Citado en *Ibíd.*, p. 140.

46. *Ibíd.*, p. 139.

47. Annemarie Schimmel, *Mystical Dimensions of Islam*, University of North Carolina Press, Chapel Hill, 1975, p. 361.
48. Nasr, *op. cit.*, p. 141.
49. Ahmad, *op., cit.* p. 167.
50. Solía aparecer en consejo con la marca hindú *tilak* en la frente y celebrar Dewali con el ardor de un devoto brahmín. También solía llevar un cíngulo parsi y postrarse delante del sol a la manera parsi típica. Los devotos de jainismo lo convencieron de la validez de *ahimsa*; los portavoces el sikismo encontraron en Akbar un atento escucha. Eruditos taoístas y confucionistas llegaron procedentes de China, y monjes budistas de Sri Lanka. En 1578 envió en busca de representantes del cristianismo a Goa, posesión portuguesa. Véase David Carroll, *The Taj Mahal*, Newsweek Books, Nueva York, 1972, p. 40.
51. Ahmad, *op. cit.*, p. 167.
52. Carroll, *op. cit.*, p. 41.
53. Ahmad, *op. cit.*, p. 169.
54. *Ibíd.*, p. 176.
55. *Ibíd.*, p. 180. El zoroastrismo no sólo influyó en Akbar, sino que continúa dando forma al shiismo iraní, en particular en las doctrinas del dualismo (por ejemplo, el bien vs. el mal). Véanse los artículos "Islam" y "Zoroastrianism" en John R. Hinnells (ed.), *A New Handbook of Living Religions*, Basil Blackwell, Oxford, 1997.
56. *Ibíd.*, p. 175.
57. M. G. S. Hodgson, *The Gunpowder Empires and Modern Times*, vol. 3 de *The Venture of Islam*, University of Chicago Press, Chicago, 1974, p. 80.
58. Yvonne Haddad, "The Qur'anic Justification for an Islamic Revolution: The View of Sayyid Qutb", *Middle East Journal*, 37, 1983, p. 15.
59. *Ibíd.*, p. 18.
60. *Ibíd.*, p. 26.
61. *Ibíd.*, p. 28.
62. Esta discusión se basa en Sheila McDonough, *Muslim Ethics and Modernity: A Comparative Study of the Ethical Thought of Sayyid Ahmad*

Khan and Mawlana Mawdudi, Waterloo, Wilfrid Laurier University Press, Canadá, 1984.

63. *Ibíd.,* p. 44.
64. Grant Mclure, "Sayid Ahmad Khan's Muslim Revival", tesis de maestría no publicada, University of Victoria, Victoria, 1998.
65. McDonough, p. 56.
66. *Ibíd.,* p. 57.
67. *Ibíd.,* p. 76.
68. *Ibíd.,* p. 113.
69. *Ibíd.,* p. 115.
70. Waardenburg, *op. cit.,* p. 266.
71. Nasr, *op. cit.,* p. 139.
72. Yvonne Haddad, "Muslims in Canada", en Harold Coward y Leslie Kawamura (eds.), *Religion and Ethnicity,* Wilfrid Laurier University Press, Waterloo, 1978, p. 85.
73. *Ibíd.*
74. Nasr, *op. cit.,* p. 148.
75. Citado en *Ibíd.,* p. 149. Los occidentales suelen abrazar aspectos del sufismo que son atractivos (el amor, las canciones, la poesía, las danzas) pero no como una parte integral del islamismo centrado en el *shari'ah.* Esto molesta al musulmán devoto, que ve esta apropiación como no auténtica.
76. Waardenburg, *op. cit.,* pp. 268-269.

Capítulo 4

1. "World Religion Statistics", en *Brittanica Book of the Year,* Encyclopædia Brittanica, Chicago, 1997. Véase también Denis Maceoin, "Baha'ism", en *A New Handbook of Living Religions,* ed. John R. Hinnells, Basil Balckwell, Oxford, 1997, p. 619.
2. Seena Fazel, "Religious Pluralism", en *Baha'i Encyclopedia,* en preparación, pero colocada en http://bahai-library.org/encyclopedia/pluralism.html.

3. *Ibíd.* Véase también Juan R. I. Cole, "'I am all the Prophets': The Poetics of Pluralism in Baha'i Texts", *Poetics Today*, 14:3, 1993, pp. 447-476.

4. William S. Hatcher y J. Douglas Martin, *The Baha'i Faith: The Emerging Global Religion*, Harper & Row, San Francisco, 1984, pp. 25-26.

5. Juan R. I. Cole, "Baha' Allah", en *Encyclopedia Iranica*, Routledge & Kegan Paul, Boston, 1988, vol. 3, pp. 422-429.

6. "The Writings of Baha'u'llah", citado en Hatcher y Martin, *op. cit.*, p. 3.

7. *Ibíd.*

8. Hatcher y Martin, *op. cit.*, p. 5.

9. *Ibíd.*, p. 40.

10. *Ibíd.*, p. 56.

11. *Ibíd.*, pp. 64-65.

12. Seena Fazel, "Religious Pluralism", en Baha'i *Encyclopedia*. El autor cita a Shoghi Effendi, carta, 19 de noviembre de 1945.

13. *Ibíd.*

14. *Ibíd.*

15. *Ibíd.*

16. *Ibíd.*

17. *Ibíd.*

18. *Ibíd.*

19. Como se cita en *Ibíd.*

20. Cole, *op. cit.*

21. *Ibíd.*, p. 448.

22. *Ibíd.*, p. 449.

23. *Ibíd.*, p. 450. También se acepta a mensajeros aborígenes en el pensamiento behai, aunque los nombres de las manifestaciones aborígenes individuales no son conocidos. Véase Christopher Buck, "Native Messengers of God in Canada? A test Case for Baha'i Universalism", *Baha'i Studies Review*, 6, 1996, pp. 97-134.

24. Moojan Momen, "Relativism: A Basis for Baha'i Metaphysics", en Moojan Momen (ed.), *Studies in Honor of the Late Hasan M. Balyuzi*, Kalimat Press, Los Ángeles, 1988, pp. 185-217.

25. *Ibíd.*, p. 195.
26. *Ibíd.*, p. 202.
27. Para enfoques occidentales y orientales de la teología negativa véase Harold Coward y Toby Foshay (ed.), *Derrida and Negative Theology*, State University of New York Press, Albany, 1992.
28. Momen, *op. cit.*, p. 203.
29. Como se cita en *Ibíd.*, p. 204.
30. *Ibíd.*, p. 211.
31. *Ibíd.*
32. Seena Fazel, "Interreligious Dialogue and the Baha'i Faith", en *Re-visioning the Sacred: New Perspectives on a Baha'i Theology*, ed. Jack McLean, Kalimat, Press, Los Ángeles, 1997, pp. 137-152.
33. *Ibíd.*, p. 139.
34. Como se cita en *Ibíd.*, p. 140.
35. William Garlington, "Baha'i Bhajans: An Example of the Baha'i Use of Hindu Symbols", *Occasional Papers in Shaykhi, Babi and Baha'i Studies*, 2:1, 1998, pp. 1-12.
36. *Ibíd.*, p. 1.
37. *Ibíd.*, p. 3.
38. *Ibíd.*
39. *Ibíd.*
40. *Ibíd.*
41. The *bhajan* "The Call of Baha'i", citado en *Ibíd.*, p. 5.
42. *Ibíd.*, p. 6.
43. *Ibíd.*
44. *Ibíd.*, p. 9.

Capítulo 5

1. W. D. O'Flaherty (ed.), *Karma and Rebirth in Classical Indian Traditions*, University of California Press, Berkeley, 1980, p. 139.
2. T. R. V. Murti, *The Central Philosophy of Buddhism*, Allen & Unwin, Londres, 1960, pp. 11-12.

3. *Ibíd.*, p. 12.
4. P. T. Raju, "The Development of Indian Thought", *Journal of the History of Ideas*, 13, pp. 528-550.
5. Véase *Chandogya Upanisad*, capítulo 6.
6. Alain Danielou, *Hindu Polytheism*, Pantheon, Nueva York, 1962, pp. 3-4.
7. *Ibíd.*, p. 5.
8. *Ibíd.*, p. 9.
9. Raju, *op. cit.*, p. 533.
10. *The Mandukyopanisad with Gaudapada's Karika*, trad. de Swami Nikhilananda, Sri Ramakrishna Ashrama, Misore, India, 1968.
11. A. L. Basham, *The Wonder that Was India*, Grove, Nueva York, 1959, p. 265.
12. David M. Miller y Dorothy C. Wertz, *Hindu Monastic Life and the Monks and Monasteries of Bhubaneswar*, McGill-Queen's University Press, Montreal, 1976, p. 4.
13. David Miller, "The Guru as the Centre of Sacredness", *Studies in Religion*, 6:5, 1976-1997, pp. 527-533.
14. *The Vishnu Purāna*, trad. de H. H. Wilson, Punth Pustak, Calcuta, 1972, pp. 269-270.
15. *Ibíd.*, p. 272. Algunos comentaristas hasta sugieren que la destrucción de los Daityas se refiere a la destrucción de los budistas por los mogules invasores (véase p. 272, n. 8).
16. Vettam Mani, *Puranic Encyclopedia*, Motilal Banarsidass, Delhi, 1975, p. 165.
17. Basham, *op. cit.*, p. 265.
18. Jan Gonda, *Change and Continuity in Indian Religion*, Routledge, Londres, 1965, pp. 7-8.
19. *Ibíd.*, p. 10.
20. Wendy Doniger O'Flaherty, *The Origins of Evil in Hindu Mythology*, Morilal Banarsidass, Delhi, s.f., p. 375.
21. *Ibíd.*, p. 377.

22. *Ibíd.* Véase, por ejemplo, la prescripción del *Bhagavad-Gita's* en contra de la mezcla de castas.
23. *Ibíd.*, p. 378.
24. *Ibíd.*, p. 379.
25. Citado en *Ibíd.*, p. 378. La cita es del *Mahimnastotra*.
26. Basham, *op. cit.*, p. 344.
27. S. A. A. Rizvi, "The Muslim Ruling Dynasties", en A. L. Basham (ed.), *A Cultural History of India*, Clarendon Press, Oxford, 1975, p. 245.
28. J. Estlin Carpenter, *Theism in Medieval India*, Oriental Books Reprint, Delhi, 1977, p. 451.
29. *Ibíd.*, p. 452.
30. Citado en *Ibíd.*, p. 455.
31. Kshitimohan Sen, *Medieval Mysticism of India*, Oriental Books Reprint, Delhi, 1974, p. 88. El autor luego dice que los padres fundadores del Kabir formaban parte de los primeros conversos del hinduísmo y el islamismo.
32. Carpenter, *op. cit.*, p. 457.
33. Kshitimohan Sen, *op. cit.*, p. 91.
34. *Ibíd.*, p. 100.
35. *Ibíd.*
36. Carpenter, *op. cit.*, p. 463.
37. Véase H. G. Coward, *The Sphota Theory of Language*, Motilal Banarsidass, Delhi, 1980.
38. Carpenter, *op. cit.*, p. 467.
39. Citado en Kshitimohan Sen, p. 98.
40. Carpenter, *op. cit.*, p. 504.
41. Raju, *op. cit.*, p. 540.
42. Kshitimohan Sen, *op. cit.*, pp. 102-103.
43. W. H. McLeod, *Guru Nanak and the Sikh Religion*, Clarendon Press, Oxford, 1968.
44. N. G. Barrier, *The Sikhs and Their Literature*, Manohar, Delhi, 1970, p. xix.
45. *Ibíd.*, p. xx.
46. *Ibíd.*, p. xxxiv.

47. *Ibíd.*, pp. xxxviii ss.
48. Carpenter, *op. cit.*, p. 485.
49. *Ibíd.*
50. *Ibíd.*, pp. 521ss. El resumen que sigue está basado en la sección titulada "Nota sobre el cristianismo en la India".
51. W. T. De Bary (ed.), *Sources of Indian Tradition*, vol. 2, Columbia University Press, Nueva York, 1969, pp. 1-2. Véase también Antony Copley, *Religions in Conflict: Ideology, Cultural Contact and Conversion in Late Colonial India*, Oxford University Press, Delhi, 1997, para un examen del impacto de las obras misioneras cristianas en el hinduísmo. El autor afirma que las instituciones hinduístas tradicionales de la India exitosamente enfrentaron este desafío misionero.
52. Raju, *op. cit.*, p. 540.
53. De Bary, *op. cit.*, pp. 23-25.
54. *Ibíd.*, p. 26.
55. Rāmmohun Roy, "Letter to the Editor of the *Bengal Hurkanu*", 23 de mayo de 1823, en De Bary, *op. cit.*, p. 28.
56. Rāmmohun Roy, "In Defence of Hindu Women", en De Bary, *op. cit.*, pp. 29-32.
57. De Bary, *op. cit.*, p. 50.
58. *Ibíd.*, p. 51.
59. Rammohun Roy, "Letter on Education", en De Bary, *op. cit.*, pp. 40-43.
60. De Bary, *op. cit.*, p. 64.
61. Keshub Chunder Sen, "Jesus Christ: Europe and Asia", en De Bary, *op. cit.*, pp. 68-69.
62. Keshub Chunder Sen, "We Apostles of the New Dispensation", en De Bary, *op. cit.*, p. 75.
63. *Ibíd.*, p. 76.
64. *Ibíd.*, pp. 76-77.
65. Véase "A Debate with a Christian and a Muslim", en De Bary, *op. cit.*, pp. 79-81.
66. G. R. Thursby, *Hindu-Muslim Relations in British India*, Leiden, E. J. Brill, 1975, p. 13.

67. Swami Dayananda Sarasvati, "Light of Truth", citado en *Ibíd.*, p. 13.
68. Thursby, *op. cit.*, p. 14.
69. De Bary, *op. cit.*, p. 77.
70. Thursby, *op. cit.*, pp. 34-73.
71. Raju, *op. cit.*, p. 546.
72. S. Radhakrishnan, *Eastern Religions and Western Thought*, Clarendon Press, Oxford, 1939.
73. *Ibíd.*, p. 18.
74. *Ibíd.*, pp. 20-21.
75. *Ibíd.*, p. 21.
76. *Ibíd.*, p. 306.
77. *Rg Veda* 1:164:46.
78. Radhakrishnan, *op. cit.*, p. 308.
79. *Ibíd.*, p. 310.
80. *Ibíd.*, p. 312.
81. *Ibíd.*, p. 313.
82. *Ibíd.*, pp. 316-317.
83. *Ibíd.*, p. 324.
84. *Ibíd.*, p. 327.
85. *Ibíd.*, p. 328. Este pnto de vista coincide con la noción de C. G. Jung de que los arquetipos son la memoria de la raza.
86. *Bhagavad-Gita* 3:26.
87. Radhakrishnan, *op. cit.*, p. 329.
88. *Ibíd.*, p. 335.
89. *Ibíd.*, p. 337.
90. *Ibíd.*, p. 338.
91. Anantanand Rambachan, "May God, Your God, Our God, No God?", *Current Dialogue*, 33, 1999, p. 38.
92. *Ibíd.*, p. 39.
93. *Ibíd.*, p. 40.
94. *Ibíd.*
95. *Ibíd.*

96. Robert D. Baird, "Religion and the Secular: Categories for Religious Conflict and Change in Independent India", en Bardwell Smith (ed.), *Religion and Social Conflict in South Asia*, E. J. Brill, Leiden, 1976, p. 47.

97. *Ibíd.*, p. 48.

98. *Ibíd.*, p. 50.

99. *Ibíd.*, p. 52.

100. Baldrishna Govind Gokhale, "Dr. Bhimrao Ramji Ambedkar: Rebel against the Hindu Tradition", en *Religion and Social Conflict in South Asia*, p. 21.

101. *Ibíd.*, p. 22.

102. Para un examen extenso de este problema véase Harold Coward, "India's Constitution and Traditional Presuppositions Regarding Human Nature", en Robert D. Baird (ed.), *Religion and Law in Independent India*, Manohar, Delhi, 1993, pp. 23-29.

103. Véase Ainslie T. Embree, *Utopias in Conflict*, Delhi, Oxford University Press, 1992; y Lise McKean, *Divine Enterprise: Gurus and the Hindu Nationalist Movement*, University of Chicago Press, Chicago, 1996.

104. Lo que sigue se basa en el análisis de Lise McKean del Savarkar en *Divine Enterprise*, pp. 71ss.

105. Véase, por ejemplo, el capítulo sobre "Gandhi y el pluralismo religioso", J. F. T. Jordens, en Harold Coward (ed.), *Modern Indian Responses to Religious Pluralism*, State University of New York Press, Albany, 1987, pp. 3-18.

106. Cynthia Keppley Mahmood, "Ayodhya and the Hindu Resurgence", *Religion*, 24, 1994, pp. 73-80.

107. *Ibíd.*, p. 75.

108. *Ibíd.*

109. Ainslie T. Embree, *Utopias in Conflict: Religion and Nationalism in Modern India*, Oxford University Press, Delhi, 1992.

110. Robert N. Minor, "Sarvepalli Radhakrishnan on the Nature of 'Hindu' Tolerance", *Journal of the American Academy of Religion*, 50, 1982, p. 276. Véase también J. Duncan y M. Derrett, "Unity in Diversity: The

Hindu Experience", *Baharata Manisha Quarterly*, 5, 1979, pp. 21-26; y Robert N. Minor, *Radhakrishnan: A Religious Biography*, State University of New York Press, Albany, 1987.

Capítulo 6

1. Aunque en la reciente literatura existe un gran debate alrededor del uso del término "religión" para otra cosa que no sean las tradiciones teístas, no he entrado en ese debate aquí. Sencillamente asumo el uso del término corriente entre los académicos contemporáneos, en el que la anterior y estrecha definición de religión se ha ampliado para incluir tanto el budismo como el hinduísmo. Muchos budistas contemporáneos parecen aceptar también esta perspectiva. Véase, por ejemplo, la opinión de Buddhadasa Bhikkhu de que al budismo se le puede dar el nombre de religión, en *Dharma – The World Saviour*, Friends Muslim Mission, Bangkok, s.f., p. 10. Véase también Seyfort Ruegg, "On the Supramundane and the Divine in Buddhism", *Tibet Journal*, 1, 1976, p. 25.
2. K.N. Jayatilleke, *The Buddhist Attitude to Other Religions*, Buddhist Publication Society, Kandy, Sri Lanka, 1975.
3. Arnold Toynbee, *A Historian's Approach to Religion*, Oxford University Press, Londres, 1956, p. 272.
4. Arnold Toynbee, *America and the World Revolution*, Oxford University Press, Nueva York, 1962, p. 49.
5. Edward Conze, *Buddhism: Its Essence and Development*, Harper, Nueva York, 1959.
6. Edward J. Thomas, *The History of Buddhist Thought*, Routledge & Kegan, Londres, 1967, p. 91.
7. Thomas, *op. cit.*, pp. 11ss.
8. Jayatilleke, *op. cit.*, p. 3.
9. *Ibíd.*, p. 14.
10. Citado en *Ibíd.*, p. 17.
11. *Ibíd.*, p. 17.

12. *Ibíd.*, p. 19.
13. *Ibíd.*, p. 20.
14. *Ibíd.*, p. 22.
15. *Ibíd.*
16. *Majihima Nikaya* 1:515-518.
17. Jayatilleke, *op. cit.*, p. 23.
18. Citado en *Ibíd.*, p. 24.
19. *Ibíd.*, p. 28.
20. *Ibíd.*, p. 29.
21. Comunicación personal de David Loy, 25 de octubre de 1999.
22. Buddhadasa, *No Religion*, Sublime Life Mission, Bangkok, s.f.
23. Buddhadasa, *Dharama – The World Saviour*, p. 16.
24. Buddhadasa, *No Religion*, *op. cit.*, pp. 16ss.
25. T. R. V. Murti especifica claramente la cuestión cuando afirma que "Sunyata no es positivismo: tiene un objetivo espiritual". *The Central Philosophy of Buddhism*, Allen & Unwin, Londres, 1960, p. 331.
26. Véase *Ibíd.*, capítulo 5, pp. 121-143.
27. Véase *Ibíd.*, p. 337.
28. Citado en *Ibíd.*
29. Y. Krishnan, "Buddhist Challenge and Hindu Response", *Studies in Pali and Buddhism*, Motilal Banarsidass, Delhi, 1979, pp. 217-227.
30. *Ibíd.*, p. 225.
31. *Ibíd.*
32. *Chao Lun: The Treatises of Seng-chao*, trad. de W. Liebenthal, Hong Kong University Press, Hong Kong, 1968, p. 21.
33. *Ibíd.*
34. *Ibíd.*, p. 22.
35. *Ibíd.*
36. Heinrich Dumoulin (ed.), *Buddhism in the Modern World*, Collier Books, Nueva York, 1976, p. 160.
37. David S. Snellgrove, *The Nine Ways of Bon*, Prajñā Press, Boulder, 1980, p. 20.
38. *Ibíd.*, p. 15.

39. Per Kvaerne, "Aspects of the Origin of the Buddhism Tradition in Tibet", *Numen*, 19, 1972, p. 32.
40. Snellgrove, *op. cit.*, p. 12.
41. Véase, por ejemplo, la publicación periódica *Buddhist-Christian Studies*, University of Hawaii Press. Véase también David Loy (ed.), *Healing and Deconstruction: Postmodern Thought in Buddhism and Christianity*, Scholars Press, Atlanta, 1996 para un ejemplo de la naturaleza creativa de este diálogo entre académicos.
42. Dalai Lama, "Spiritual Contribution to Social Progress", *Tibetan Review*, 16, noviembre de 1981, p. 18.

Capítulo 7

1. Wilfred Cantwell Smith, "The Christian in a Religiously Plural World", en W. Oxtoby (ed.), *Religious Diversity*, Harper & Row, Nueva York, 1976, p. 9.
2. Véase John F. Kane, *Pluralism and Truth in Religion*, Scholar Press, Chico, 1981.
3. John Hick, *Philosophy of Religion*, Prentice Hall, Englewood Cliffs, 1973.
4. Wilfred Cantwell Smith, *Towards a World Theology*, Westminster Press, Filadelfia, 1981.
5. Charles Davis, "Religious Pluralism", ponencia presentada ante la reunión anual de la Sociedad Canadiense para el Estudio de la Religión, Montreal, mayo de 1980.
6. Schleiermacher sí dice que las escrituras son sobre todo para los principiantes en religión *On Religion*, Harper & Row, Nueva York, 1958, p. 34, y Paul Tillich sí insiste en que las escrituras son intrínsecamente trascendentes (participan de aquello que señalan). Pero ninguno de los dos admite la completa trascendencia de las escrituras que proclaman el Advaita Vedanta y el budismo. También es cierto que en el hinduísmo (por ejemplo, en Purva Mimamsa, Vsistadvaita Vedanta,

bhakti) y en algunas formas del budismo jodo shinshu la trascendencia total de las formas intrumentales no es aceptada.

7. Wilfred Cantwell Smith, "Traditions in Contact and Change: Towards a History of Religion in the Singular", en P. Slater et al. (ed.), *Traditions in Contact and Change*, Wilfrid Laurier University Press, Waterloo, 1983, pp. 1-23.

8. *Ibíd.*

9. Smith, *Towards a World Theology, op. cit.*, pp. 137-139, 151-153, 183ss.

10. *Ibíd.*, p. 184.

11. *Ibíd.*, p. 185. John Hick ha empezado a utilizar el término "Lo Real" para hacer frente a este problema. Véase John Hick, *A Christian Theology of Religions*, Westminster John Knox Press, Louisville, 1995, pp. 57-82.

12. *Ibíd.*, p. 187.

13. *Ibíd.*, p. 186.

14. Véase, por ejemplo, Richard E. Wentz, *The Culture of Religious Pluralism*, Westview, Boulder, 1998.

15. Karl Rahner, *Confrontations 1*, vol. 11 de *Theological Investigations*, trad. de David Bourke, Darton, Longman & Todd, Londres, 1974, p. 7.

16. *Ibíd.* La sugerencia de Knitter de que pase uno de la teoría teológica a cada una de las prácticas religiosas al responder "a las personas que sufren y a la tierra que padece" en la crisis global de nuestros días puede exitosamente proveer de un terreno común sobre el cual llevar un diálogo. Paul Knitter, *Jesus and Other Names*, Maryknoll, Orbis, Nueva York, 1996.

17. *Ibíd.*, p. 139. El estudio que emprendió Dupuis sobre el gran plan de Dios de un pluralismo religioso no toma esta limitación con la debida seriedad (véase el capítulo 2 de este libro). Jacques Dupuis, S.J., *Toward a Christian Theology of Religious Pluralism*, Maryknoll, Orbis, Nueva York, 1997.

18. Nāgārjuna, *Mulamadhyamikakarika*, trad. de K.K. Inada, Hokuseido Press, Tokio, 1970. Las fechas que da Nāgārjuna son *ca.* 150-250 d.C.

19. Immanuel Kant, *Religion within the Limits of Reason Alone*, Harper, Nueva York, 1960.

20. Calvin S. Hall, *A Primer of Freudian Psychology*, Mentor, Nueva York, 1958, pp. 89-91.

21. Hans Küng, *On Being a Christian*, Doubleday, Nueva York, 1976, p. 123. Küng tiene ahora un mejor conocimiento de otras religiones y ha modificado su enfoque, centrándose en encontrar una ética común, pero sigue defendiendo lo "determinante del acontecimiento crístico". Véase Knitter, *Jesus and Other Names*, p. 9.

22. Véase Paul Knitter, "World Religions and the Finality of Christ: A Critique of Hans Küng's *On Being a Christian*", *Horizons*, 5, 1978, pp. 151-164.

23. *Ibíd.*, p. 156.

24. Smith, *World Theology*, pp. 123, 145ss.

25. Tal como lo cita Knitter en "Making Sense of the Many", *Religious Studies Review*, 15, 1989, p. 207. Estoy en deuda con Knitter por su formulación de esta premisa.

26. La posición de Jasper es parafraseada por Kane, p. 113.

27. Knitter, "Making Sense of the Many", *Ibíd.*

28. En un artículo reciente Heinrich Ott insiste en la "apertura" necesaria para el diálogo: "El diálogo entre las religiones debe ser tan abierto que no requiera de premisas doctrinarias comunes y no espere resultados doctrinales. Este diálogo lleva más bien a un respeto mutuo en el que la experiencia de una religión ilumina a la otra y permite que la otra la ilumine a su vez" ("Does the Notion of 'Mystery' – as Another Name for God – Provide a Basis for a Dialogical Encounter between the Religions?", en. F. Sontag y M. D. Bryant (ed.), *God: The Contemporary Discussión*, Rose of Sharon Press, Nueva York, 1982, p. 15.

29. Knitter, *Jesus and the Other Names*, *op. cit.*, pp. 10ss.

30. Para ejemplos de los libros resultantes véase: Harold Coward y Dan Maguire (eds.), *Visions of a New Earth: Religious Perspectives on Population, Consumption and Ecology*, , State University of New York Press,

Albany 2000; Harold Coward y Pinit Ratanakul (eds.), *A Cross-Cultural Dialogue on Health Care Ethics*, Wilfrid Laurier University Press, Waterloo, 1999; y John McLaren y Harold Coward (eds.), *Religious Conscience, The State and the Law*, State University of New York Press, Albany, 1999.

31. Smith, *World Theology, op. cit.*, pp. 180-191.

Índice de materias

Abdul-Beha, 121, 128-129, 130-131
absolutismo, 28-29, 49, 51, 65, 72, 189
actividad misionera, 190-191
    del behaísmo, 120-122, 131-136
    del cristianismo, 33, 34, 37, 46, 47,
    61, 66, 75, 84, 100, 101, 151-152,
    164
    del judaísmo, 37
    del sikhismo, 150
advaita vedanta, 58, 87, 141, 178,
    191
Akbar, emperador, 106-107, 149
al-Biruni, 103, 105
Alianza de Lausana, 68
Ambedkar, Bhimrao Eamji, 162-163
Amin, Ahmad, 101
antisemita, 46
apego del ego, 178, 180
    y el diálogo teológico, 199
apertura, 39-40, 43, 46, 55, 70-71, 76,
    81-82, 89, 101, 133
Ario y Atanasio, disputa entre, 44-45
Arya Samaj, 150, 154-155
asramas (etapas de la vida), 141, 144
atman (ser puro inalterable), 137-138

atman contra anatman tradiciones, 137-138,
    141
autoridad
    contra elección individual, 112
    contra experiencia personal, 48, 157,
    171, 175
avatar (encarnaciones de Dios), 133-135,
    142-143, 149, 158, 181, 190

Baha'u'llah, 118, 120, 122-123, 124, 125,
    126, 127
Barth, Kart, 50-51, 176
behaísmo
    e islamismo, 117-121
    teología del, 121-130
    y misión a la India, 131-135
Bhagavad-Gita, 56, 134, 157, 159
bhajans, canto de, 133-135
bhakti (devocional), hinduismo, 142,
    144-145, 147, 148, 150
bienestar ecohumano, 83
bon, influencia en el budismo mahayana, 183
Buber, Martin, 30, 62
Buda, 142-143, 157, 170-171

budismo
    e hinduismo, 137-138, 141-143
    e islamismo, 101-103
    no teísta, 24, 29, 55-56, 58, 63, 75, 87, 119, 127, 191
    y la revelación, 64, 143
budismo madhyamika, 124, 127, 178-180, 198, 199
budismo theravada, 177-178, 192
budismo yogacara, 180
budismo zen, 47

Cábala, 21-22, 31
castas, sistema de, 132, 141, 145, 147, 150, 154, 163, 164-165
causalidad, ley de la, 173, 181
Clemente de Alejandría, 20, 44, 53
colonialismo, 64, 109
compasión, 161, 169, 177, 179, 180, 204
comunidad, 59, 62, 66, 77
conciencia corporativa de nosotros mismos, surgimiento de la, 63
Concilio Vaticano II, 35, 47, 71
conflicto interreligioso, 124-125, 164, 191
confucianismo, 46
conocimiento
    científico, como la verdad, 64
    como encuentro entre las personas, 62
    insuficiente para la salvación, 69
    significado del, en el budismo, 172
Consejo Mundial de Iglesias, 47
Constitución de la India, documento religioso, 162, 166
convergencia de religiones mundiales, 63, 74, 123

Cristianismo
    e induismo, 150-162
    e islamismo, 46, 54, 97-101
    y judaísmo, 22, 24-26, 36-37, 40, 85
cristianos anónimos, 56, 72-73, 74, 190
Cristocéntrico, 56, 64, 67-75, 76, 83, 86, 200
Cristología, 34, 35-41, 43-46, 48-49, 50, 57, 60, 67-69, 80, 86
cultos de misterios, 41
chiismo islámico, y el surgimiento del behaísmo, 117, 118-119

D'Costa, Gavin, 73-74
Dalai Lama, 184
darsana (punto de vista), en el hinduismo, 139
Dayananda Sarasvati, 152-155
democracia, 112, 118
dhamma (verdad), 174, 175, 188, 190, 202
    y el concepto de Dios, 191-192
dharma (ley), 143, 173
dialéctica, método budista, 178-179
diálogo entre religiones, 24, 35, 47, 59, 69, 74, 115, 184
    enfoque behaí de, 130-131, 135
    enfoques cristianos de, 75-85
    futuro de, 201-207
    y las limitaciones de la teología, 195-201
diálogo véase diálogo interreligioso
diáspora judía, 15, 18-19, 21, 22
dimensión profunda de la fe, 28, 32
diversidad, 27-28, 32, 74, 123, 157, 159, 187
doctrina, 42, 60, 99

dualismo
    contra monismo, 127-128
    cuerpo/espíritu, 41-42
    sujeto/objeto, 180
Dupuis, Jacques, 74-75

educación
    como requisito para el diálogo futuro, 205-206
    importancia de la, 110-111, 112, 116
Effendi, Shoghi, 121, 125
elitismo, 73
encarnación, de Cristo
    rechazo islámico de, 46, 93, 99
    véase también cristología
encarnaciones de Dios (avatares), 133, 135, 142, 143
escépticos, budistas, 102, 113
escrituras sagradas
    autoridad de, 110
    como instrumental, 188
    como revelación divina, 148
    corrupción de, 98, 99, 113
    evolución de, 127
    islámicas, como culminación, 93
    traducción de, 105
Espíritu Santo, 29, 44, 53, 54, 70-71, 76, 77, 82, 85
estudios religiosos, necesidad de, 205-206
ética, 110, 130, 145, 174, 205
exclusivismo, 191
    del cristianismo, 33, 34, 37, 45, 46-47, 50, 60, 61, 65, 68, 70, 76, 81, 85, 158
    del judaísmo, 18, 21
    rechazo del, en el behaísmo, 117, 122
experiencia personal *contra* autoridad, 48

Fackenheim, Emil L., 23
fe, 51, 100, 171, 178
Filón el Judío, de Alejandría, 19, 22, 31, 32, 43, 82
Freud, Sigmund, 198
función instrumental de las formas religiosas, 186, 188-189, 202-203
fundamentalismo, 63, 110, 112, 113, 116, 194

Gandhi, Mahatma, 161, 164
Gaon, Saadiah, 20
gnosticismo, 21, 42-43, 44, 45, 80, 85, 190
gracia, 50-51, 72-73, 75, 86, 176, 180
guerra santa (*jihad*), 89-90, 100, 112

hermenéutico, círculo, 64
Heschel, Abraham, 26-28, 32
Hick, John, 56-57, 73, 82, 191
hinduismo, 46
    e islamismo, 103-108, 146-149, 154-155
    orígenes del, 137-138
    periodo clásico, 139-146
    y budismo, 137-138, 141-144, 165
    y cristianismo, 151-162
    y la India secular, 161-166
    y los sikhs, 150, 165
    y sufismo, 147
Hindutva, 164, 166
holocausto, el, 15, 30

idolatría, 21, 24, 31, 61, 102, 148, 150, 154
    en el islamismo, 89, 93, 98, 103, 115
igualdad, 81, 162, 164
imperio mogul, 92-93, 102-103, 151

inclusivista, 40, 71, 117, 122, 135
influencias griegas, 20, 41, 46, 53, 85, 103, 190
inmanente, 80, 81, 82
integridad, 25, 32
intocables, 161, 163
    véase también sistema de castas
ishtadevata (Dios de elección), 160
islam, islamismo
    difusión del, 90, 91-93, 102
    e hinduismo, 103-108, 146-149, 154-155
    y behaísmo, 118-121
    y budismo, 102-103
    y cristianismo, 46, 54, 91-92, 98-101
    y judaísmo, 21, 24, 25, 28, 89, 93-95, 96-97
jainismo, 137-138
jihad (guerra santa), 89-90, 100, 112
judaísmo
    definición del término, 15, 86
    e islamismo, 21, 24, 89, 92
    y cristianismo, 18-19, 40, 85

Kaaba (experiencia de unión con Dios), 115
Kabir, 148-149, 150
Kant, Immanuel, 22, 48, 58
karma, 137, 138, 144, 163, 181
Khan, Sayyid Ayhmad, 110, 111
Knitter, Paul, 64-65, 74, 83-85, 199, 204-205, 207
kuffar (no creyentes), cristianos como, 98
Küng, Hans, 199

lengua, 148
    aprender la del otro, 191-193, 205
    confesional, 66, 81

inglesa, en la educación hindú, 153
    limitaciones de la, 160
    necesidad de una, mundial, 118
    para describir la verdad, 80, 81, 203
ley mosaica, 23, 30, 100
libertad religiosa, 123, 162, 163, 164, 187
libre albedrío, 174, 176
"Libro, El", totalidad de la revelación divina, 94-96
Logos, 19, 22, 31, 32, 85, 115, 148, 187, 200
    Cristo como el, 36, 40, 43-46, 53

Mahoma, 94, 96, 97, 113
    "Sello de los Profetas", 118
Maimónides, 20, 21, 24, 31
mal, tratamiento hindú del, 144
Mawdudi, Mawlana, 110, 111-113
meditación, 47, 169, 180
Mendelssohn, Moses, 22-23
mesianismo, 30, 37, 117, 120, 127
metafísica, 105-106, 182
método científico, paralelos en el budismo, 173
militancia, 92, 108-113, 154-155, 157, 191, 194
minorías, 15, 90, 114, 116
misticismo, 21-22, 31, 37, 41, 92, 115, 125, 126
mitología, las religiones son, 73
modernidad
    e islamismo, 108-113
    y cristianismo, 47-51
    y judaísmo, 22-31
monasticismo, 141-142
monismo
    contra dualismo, 127-128
monoteísmo, 18

moralidad, 60, 161, 175
mujeres
    en el moderno islam, 112
    opiniones de Roy sobre las, 152-153
    reclusión de las, 100
    sujeción de las, 154

nacionalismo hindú, 162-166
Nagarjuna, técnica dialéctica de, 178-179,
    189
Namdev, 147, 148
Nanak, 150
naturaleza progresiva de la revelación,
    22-23, 117, 120, 122, 125-126, 129,
    134
neoplatonismo, 21, 41
nihilismo, 179, 180
no contradicción, principio teológico de,
    195-196
Nuevo Testamento, 36-40

objetivo misionero del budismo, 169, 173
ordenamiento social, e hinduismo, 141
orfismo, 41, 138
Orígenes, 20, 44, 53
ortodoxia, 29, 52-53
"otro sufriente", el, 56, 83, 87, 204

padres de la iglesia, los (cristiana), 43-45,
    52, 85
Panikkar, Raimundo, 78-79, 190
paz universal, 123
perspectiva ecuménica, 26-29
Pinnock, Clark, 70-71
Platón, 19, 138
platonismo, 41

pluralismo
    como un desafío, 185-187
    cultural, 194
    en el hinduismo, 139, 143, 170
    y las limitaciones de la teología, 194-
    201, 203
poligamia, 100
pragmatismo, 29
prakriti (naturaleza), símbolo de una reali-
    dad más elevada, 139
principio protestante, 28, 32, 54-55
problemas globales, tratamiento de, 204
profetas, 101
    mensajes proféticos, 94-95
    negación de, de los hindúes, 105,
    113
    sucesión de, en el islamismo, 93-94
    y el behaísmo, 117-118
    y la abrogación (naskh), 97-98
progreso evolutivo
    y el relativismo, 49-50, 86, 124-125
    y la teología behaí, 123
proyección, mecanismo de, 198, 199-200
psicología, y limitaciones en el diálogo
    teológico, 198-201
"Pueblo del Libro", 93-96, 98, 109, 118-
    119
Puranas, 142-143, 181

Qutb, Sayyid, 108-109

racionalismo, 50, 110
Radhakrishnan, Sarvepalli, 155-160, 167
Rahman, Fazlur, 94, 101-102
Rahner, Karl, 56, 67, 71-75, 174, 189-190,
    195-196
Ramakrishna, 161

Rambachan, Anantanand, 160-161, 166-167

realidad trascendente, común a todas las religiones, 79-80, 81-82, 201-203

reduccionismo, 78, 80, 200

reformadores hindúes, 151-162

reformas sociales, 110, 113, 115, 118, 162

relación pactada, de los judíos con Dios, 16, 17
    continuidad de, en el cristianismo, 38

relativismo, 48-49, 51, 73, 81, 86, 124-125, 135

religión, definición del término, 61, 162, 174

religiones no teístas, 24, 28, 52, 55-58, 63-65, 74, 86-87, 119, 191-192

revelación, 22-23, 25, 65
    comprensión behaí de, 117-118
    doctrina cristiana, 34, 44-45, 48, 49, 77, 86
    escrituras sagradas como, 140, 143, 149, 166
    profética, 94, 96
    progresiva, 65, 117, 119, 122, 126, 129, 134
    y budismo, 180
    unidad de la, en el sufismo, 115

Rosenzweig, Franz, 24-25, 29, 31

Roy, Rammohun, 152-153, 160

salvación
    desde la perspectiva de los griegos, 41
    doctrina cristiana de la, 34, 35, 37, 38, 44, 45, 70, 71-73, 75, 76
    doctrina gnóstica de, 42
    doctrina judaica de la, 22-23
    el conocimiento es insuficiente para la, 69
    no inevitable, 174

Samartha, Stanley, 76-77, 204

samsara, 137, 138

sánscrito, 149, 153, 206

Sarasvati, Dayananda, 154-155

sati (quema de las viudas), 152

Savarkar, V.D., 164

Schleiermacher, 48

secularismo, 26, 29, 55, 161-166

Sen, Keshub Chunder, 153

Shankara, 141

shariah (ley), 104, 109, 115

sikhs, e hinduismo, 150, 165

sincretismo, 126

singularidad, de las religiones, 27

sionismo, 30-31

Smith, Wilfred Cantwell, 59-64, 82, 189, 191-193

sobreimposición, de criterios validatorios, 186, 190-194

soteriocéntrico, 65

Stendahl, Krister, 39, 40, 65-66, 81

sucesión apostólica, 42

sufismo, 92, 94, 102, 104, 116, 148, 191
    como misioneros del islamismo, 150
    influencia de ideas budistas en el, 102-103
    influencia del hinduismo en, 147

svadharma, doctrina védica de, 144-145

Talmud, 18

taoísmo, 46, 182-183

teísmo, 176-177, 191
    véase también religiones no teístas

teocentrismo, 51-66, 73, 76, 84, 86

teología de la liberación, 64-65, 74, 83-84, 204

teología evangélica, 68-72

teología
  analogía copernicana de, 57
  behaísta, 121-130
  cristiana, 34-35, 53, 59, 191
  de la liberación, 64-65, 74, 83-84, 204
  dialogal, católica romana, 78-82
  evangélica, 68-72
  limitaciones de la, y el pluralismo, 195-200
  modelo madhyamika para el debate, 198-199
  significado del término, 195
  y el diálogo, 130, 195-201; *véase también* diálogo entre religiones

Tertuliano, 44, 53

Tillich, Paul, 28, 32, 54-56, 87, 204

tolerancia, 23, 32, 50, 73, 106, 139, 154, 157, 159, 163, 165, 166, 167

tolerancia crítica, promovida por el Buda, 169, 171-173, 183, 204

Torá, 16, 19, 21, 30, 53, 65, 94, 97, 106

tradición brahmánica, 137-138

tradición, necesidad de, 158-159

Trinidad, doctrina de la, 44, 70, 81-82, 99

Troeltsch, Ernst, 49, 50, 51, 86, 189, 195

unidad
  concepto de, en el behaísmo, 118, 125, 127, 130
  islámica, 92-96, 104, 116
  y diversidad, 27-28, 32, 187

universalismo, 38, 40, 187

Uno, manifestándose como muchos, 138-139, 165-166, 186-187, 200

Upanishads, 137, 138, 144, 157

Vedas, 104, 146, 154
  como instrumentales, 188
  como revelación divina, 140, 143, 166

verdad, 22, 23, 25, 26, 34, 35, 36, 37, 42, 49, 50, 51, 53, 57, 60, 61, 62, 63, 64, 69, 161, 173, 174, 190, 192, 201

Zohar, 21

zoroastrismo, 89, 107

Una introducción al pluralismo
en las religiones del mundo,
escrito por Harold Coward,
nos invita a abandonar las
"guerras santas" y a emprender un
diálogo respetuoso, abierto y constructivo
que permita la coexistencia pacífica
de los diversos credos y de las numerosas
versiones de la divinidad.
La edición de esta obra fue compuesta
en fuente goudy y formada en 11:13.
Fue impresa en este mes de enero de 2003
en los talleres de Compañía Editorial Electrocomp, S.A. de C.V.,
que se localizan en la calzada de Tlalpan 1702
colonia Country Club, en la ciudad de México, D.F.
La encuadernación de los ejemplares se hizo
en los mismos talleres.